日本監査研究学会リサーチ・シリーズ XIV

監査役監査と公認会計士監査との連携のあり方

■秋坂朝則［編著］

Japan Auditing Association

同文舘出版

はしがき

　本書は，2015年9月に開催された日本監査研究学会第38回全国大会における課題別研究部会の最終報告書「監査役監査と公認会計士監査との連携のあり方」の内容に，その後の動向を加筆・修正して取りまとめたものである。

　本研究部会は，監査役監査と公認会計士監査との連携の意義を明らかにし，その充実を図るための施策を法的視点および監査論的視点から検討し，あるべき連携のあり方を示すことを目的として設置した。このため，本課題別研究部会には，監査論だけではなく商法・会社法の学者も参加している。また，実務上の問題をより掘り下げるため，公益社団法人日本監査役協会および日本公認会計士協会に研究メンバーの推薦を依頼し，その参加をお願いした。その際，日本監査役協会からは3名の研究協力者の参加も得た。

　研究会では，監査役監査と公認会計士監査との連携の実務の状況を理解するため，それぞれの立場から，連携をどのように考え，またどのような点に課題があると考えているかにつき，報告を受けることから進めた。その後，監査役監査と公認会計士監査との連携の歴史や諸外国の状況の報告を受け，そこから得られる示唆について検討した。そして，監査役監査と公認会計士監査の連携にとって重要となる個別論点として，「会計監査人の選任と報酬を巡る問題」，「金融商品取引法193条の3を巡る問題」および「共同研究報告を巡る問題」を取り上げ，検討した。

　近年，金融商品取引法上のディスクロージャーをめぐり，不正による有価証券報告書の虚偽記載等の不適切な事例が相次いで生じたことから，監査人には財務諸表監査を通してコーポレート・ガバナンスの充実・強化に資することが期待されることとなり，また監査役等と監査人との相互連携をより図ることにより監査の品質を向上させることが重要となってきた。このため，2013年3月に設定された「監査における不正リスク対応基準」だけではなく，改訂「監査基準」においても，監査役等と監査人との連携に関する規定が明記されている。そこで本課題別研究部会においても，監査役監査と公認会計士監査との連携強化の必要性を，企業統治の一層の充実を図るためという視点に立ち研究を進め，最終報告書の取りまとめを行った。

なお，研究を進める過程，2014年（平成26年）6月に会社法が改正され，会計監査人の選解任または不再任の議案の決定権が監査役（会）に与えられた。また，2015年6月に，東京証券取引所が有価証券上場規程の別添として公表した「コーポレートガバナンス・コード」にも，監査役等と監査人の連携に関する補充原則が設けられた。これらの内容は，課題別研究部会の最終報告書には，時間的関係から十分に反映することはできなかったので，必要に応じて本書において加筆している。

　今後ますます重要となる監査役等の監査と公認会計士の監査との連携に，本書が少しでも役立てば幸いである。

　最後になったが，本書は，2年にわたる研究会の議論に積極的に参加して頂くとともに，本書の作成に尽力を賜った本課題別研究部会のメンバーの献身的な努力により，どうにか1冊にまとめ上げることができた。心より感謝を申し上げたい。また，このような研究の機会を与えて下さった日本監査研究学会，お忙しい中研究会の議論に参加頂いた公益社団法人日本監査役協会の宮本照雄氏（当時），永田雅仁氏及び小島美奈子氏，さらに，出版に際して献身的にご協力を頂いた同文舘出版の青柳裕之氏・大関温子氏に対して心より御礼申し上げる。

　2016年　盛夏

日本監査研究学会・課題別研究部会
「監査役監査と公認会計士監査との連携のあり方」
部会長　秋坂朝則

はしがき i

序章 監査役監査と会計監査人監査との連携に関する研究の目的

1．監査役等と監査人との連携の必要性 …………………………………1
2．監査役等と監査人の連携の必要性に関する議論の展開 ……………2
3．監査役監査と会計監査人監査の連携に関する研究の目的 …………6

第1章 監査役監査と公認会計士監査との連携の歴史

1．はじめに …………………………………………………………………9
2．1974年（昭和49年）商法改正前の議論と制度 ……………………10
3．重畳的会計監査体制の法制化以降の議論と制度 …………………14
4．監査役監査と公認会計士監査との連携実務の足跡 ………………25
5．おわりに ………………………………………………………………31

第2章 会計監査人の選任と報酬の決定を巡る問題
～会社法上の論点整理とその検討を踏まえて～

1．はじめに ………………………………………………………………35

2．改正前会社法上の規定 ………………………………………………… 37
3．会計監査人の選任議案および報酬に関する改正議論 ……………… 39
4．平成26年会社法及び会社法施行規則の規定 ………………………… 48
5．監査役による会計監査人報酬の決定権付与の是非 ………………… 50
6．立法的措置に向けた課題 ……………………………………………… 55
7．おわりに ………………………………………………………………… 58

第3章　金商法193条の3を巡る実務上の課題

1．はじめに ………………………………………………………………… 63
2．監査基準と不正等による重要な虚偽の表示への対応 ……………… 64
3．監査人の法令違反等事実発見への対応 ……………………………… 68
4．財務諸表の信頼性確保のための一考察 ……………………………… 73
5．おわりに ………………………………………………………………… 84

第4章　日本監査役協会・日本公認会計士協会の共同研究報告の運用の課題

1．はじめに ………………………………………………………………… 85
2．監査役等を取り巻く環境の変化 ……………………………………… 85
3．2004年（平成16年）の監査役監査基準改定の主要なポイント …… 86
4．2004年（平成16年）の監査役監査基準の影響とその後の変化 …… 88
5．監査役の悩みと日本的コーポレート・ガバナンスの在り方 ……… 90
6．共同研究報告の成果 …………………………………………………… 100
7．共同研究報告の運用の課題 …………………………………………… 101
8．おわりに ………………………………………………………………… 108

第5章 アメリカにおける連携の状況

1. はじめに ……………………………………………………………… 111
2. 信認義務 ……………………………………………………………… 112
3. 監査委員会 …………………………………………………………… 115
4. 独立取締役 …………………………………………………………… 118
5. 外部監査人の独立性 ………………………………………………… 119
6. 発行者・経営者に対する規制の強化 ……………………………… 120
7. 監査基準16号「監査委員会とのコミュニケーション」………… 123
8. おわりに ……………………………………………………………… 126

第6章 イギリスにおける連携の状況

1. はじめに ……………………………………………………………… 131
2. イギリスにおけるコーポレート・ガバナンス関連法規 ………… 132
3. 2014年EU指令改革の概要 ………………………………………… 137
4. ストラテジックレポート …………………………………………… 139
5. 2014年CGC改定の概要 …………………………………………… 145
6. イギリスにおける連携の現状 ……………………………………… 147
7. おわりに ……………………………………………………………… 152

第7章 ドイツにおける連携の状況

1. はじめに ……………………………………………………………… 159

2．監査役会の役割 …………………………………………………… 160

3．決算監査人の役割 ………………………………………………… 162

4．法規定に見る連携の方法
　　　──商法典321条「監査報告書」の規定内容 …………………… 163

5．ドイツにおける「連携」強化の背景 …………………………… 168

6．「連携」強化のための諸規定 …………………………………… 170

7．監査基準に見る連携の方法──監査報告書の記載事項 ……… 173

8．決算監査人と監査役会の連携の実態 ………………………… 179

9．おわりに …………………………………………………………… 185

第8章 監査役監査と公認会計士監査との連携の実務
〜監査役の視点から〜

1．はじめに …………………………………………………………… 189

2．監査役監査基準等 ………………………………………………… 190

3．監査役による会計監査人との連携の事例 …………………… 195

4．監査役と会計監査人の連携が重要となるその他の場面 …… 200

5．事例を踏まえた連携に関する課題 …………………………… 202

6．課題を巡る近時の動向　〜法令・基準等の改正等〜 ……… 206

7．課題解決に向けての提言 ……………………………………… 210

8．おわりに …………………………………………………………… 211

第9章 監査役監査と公認会計士監査との連携の実務
　　　　～監査人の視点から～

1．はじめに ……………………………………………………………………… 215
2．監査人と監査役等との連携に関する法令および監査基準等の規定
　　…………………………………………………………………………………… 216
3．コミュニケーションの実務 ……………………………………………… 238
4．実務上の課題 ………………………………………………………………… 242
5．おわりに ……………………………………………………………………… 246

第10章 監査役監査と公認会計士監査との連携に対する提言

1．はじめに ……………………………………………………………………… 249
2．連携の目的の変化の認識 ………………………………………………… 250
3．共有化する情報の明確化 ………………………………………………… 252
4．監査役の資格としての財務・会計に関する適切な知見 …………… 254
5．おわりに ……………………………………………………………………… 255

索　引　257

監査役監査と公認会計士監査との連携のあり方

序章 監査役監査と会計監査人監査との連携に関する研究の目的

1．監査役等と監査人との連携の必要性

　不正による有価証券報告書の虚偽記載等の不適切な事例が相次ぐと，こうした事例においては，結果として公認会計士監査が有効に機能していないのではないかとの指摘がなされ，こうした事例にも対応したより実効的な監査手続の開発・設定が求められる。このような社会的な要請を受け，企業会計審議会は，公認会計士監査をより実効性あるものとするという観点から，重要な虚偽表示の原因となる不正（以下単に「不正」という）に対応した監査手続等についての検討を行い，2013年（平成25年）3月に「監査基準の改訂及び監査における不正リスク対応基準の設定に関する意見書」を公表した。

　当該意見書は，その前文において，不正に対応するには，公認会計士監査における監査手続等の充実だけではなく，企業のコーポレート・ガバナンスのあり方の検討などを含めた，幅広い観点からの取組みが重要であるとしたうえで，虚偽表示リスクの評価に当たって，企業の内部統制の整備状況等が重要な要素となることから，監査人は，企業における内部統制の取組みを考慮するとともに，取締役等の職務の執行を監査する監査役等[1]と適切に連携を図っていくことが重要であるとした。このため，新たに設けられた「監査における不正リスク対応基準」（以下「不正リスク対応基準」という）には，「監査人は，監査の各段階において，不正リスクの内容や程度に応じ，適切に監査役等と協議する等，監査役等との連携を図らなければならない」ことが明記された（不正リスク対応基準第二17項）。また，監査役等との連携は，監査人による監査において不正が疑われる場合に限らず重要であることから，改訂監査基準においても，

---

[1] 監査役等とは，監査役もしくは監査役会または監査委員会をいう。しかし，2014年（平成26年）会社法改正により，監査等委員会制度が法定されたことから，文脈によっては，監査等委員会を含む。

「監査人は，監査の各段階において，監査役等と協議する等適切な連携を図らなければならない」ことが明記されている（監査基準第三・一7項）。

なお，監査人が不正による重要な虚偽の表示の疑義があると判断した場合や経営者の関与が疑われる不正を発見した場合には，監査役等と連携を図ることが有効であることから，そのような場合には，「速やかに監査役等に報告するとともに，監査を完了するために必要となる監査手続の種類，時期及び範囲についても協議しなければならない」ことが，不正リスク対応基準には明記されている（不正リスク対応基準第二17項）。

つまり，監査人が不正に対応したより効果的な監査を実施するには，企業における内部統制の取組みを考慮した虚偽表示リスクを適切に評価するとともに，監査の各段階において，監査役等との連携を図ることが有効であり，重要となる。ただしこの連携は，何も不正が疑われる場合に限られるのではなく，そのような状況にない場合であっても重要となる。

2．監査役等と監査人の連携の必要性に関する議論の展開

監査役等と監査人との連携の必要性に関する議論は，第1章で検討しているように，割と古くから行われていた。ただしそれは，1948年（昭和23年）に証券取引法が制定され，わが国に公認会計士による監査制度が導入された時に始まったのではなく，1974年（昭和49年）に「株式会社の監査等に関する商法の特例に関する法律」（以下「商法特例法」という）が制定され，商法上の大会社に会計監査人による会計監査が義務付けられ，重畳的会計監査体制が導入された時から始まっている。このため，当時の議論の内容は，監査役がその監査報告書に，会計監査人の監査の方法または結果が相当でないと認めたときに，その旨等を記載しなければならなくなったことへの対応として，監査役がどのように会計監査人による監査の方法および結果の相当性を評価するのか，という視点からの議論が中心であった。このため，公益社団法人日本監査役協会が中心となりその議論を進め，連携[2]に係る実務指針等[3]の整備を行った。このよ

---

[2] 2015年（平成27年）に改定されるまで，監査役監査基準では，「連係」の文字が用いられていた。その趣旨については，監査役監査基準の前文「監査基準の改定について」参照。

うなことから，公認会計士側からの対応は冷ややかなものであったとされている。

　このような状況は，2002年（平成14年）12月に金融審議会公認会計士制度部会が「公認会計士監査制度の充実・強化」を公表し，監査人を被監査会社のコーポレート・ガバナンスの重要な担い手と位置づけたことにより少しずつではあるが変化していく。この報告の中で，監査人には財務諸表監査を通じてコーポレート・ガバナンスの充実・強化に資することが期待され，監査役等との相互連携の強化により積極的に取り組んでいくことが求められた。このことを受け，日本公認会計士協会は，2004年（平成16年）2月に国際監査基準（International Standards on Auditing：ISA）260やアメリカの監査基準書（Statements on Auditing Standards：SAS）AU380を参考として，監査基準委員会報告25号「監査役若しくは監査役会又は監査委員会とのコミュニケーション」を公表し，「監査人は，…監査において判断した事項及び発見した事項のうち監査役等の職務執行に関連して重要と判断する事項について，監査役等とコミュニケーションを行わなければならない」とその目的を定め，コミュニケーションの範囲と内容に係る実務指針を明らかにした。したがって，その内容は相互連携に関するものというよりは，監査人に要求される監査役等とのコミュニケーションを行わなければならない事項に関する内容となっている。

　2004年12月に金融庁が公表した「ディスクロージャー制度の信頼性確保に向けた対応（第二弾）について」において，コーポレート・ガバナンスに係る開示の充実の一環として，内部監査，監査役（監査委員会）監査および監査人による監査の相互連携の開示が取り上げられた。このことを受けて，2005年（平成17年）3月31日に企業内容等の開示に関する内閣府令が改正され，2005年3月期決算から有価証券報告書の「コーポレート・ガバナンスの状況」の一部として，監査役等と監査人との相互連携の記載が義務付けられた。この開示に対応するため，日本監査役協会と日本公認会計士協会は，2005年（平成17年）7月29日に，相互連携を意識した共同研究報告として，「監査役若しくは監査役

3　1980年（昭和50年）に定められ監査役監査基準に連係に関する規定が設けられ，実務指針として「監査役と会計監査人との間の実務指針第1号」（1980年（昭和55年）），「監査役と会計監査人との連係を保つための実務指針」（1988年（昭和63年））が定められた。

会又は監査委員会と監査人との連携に関する共同研究報告」(以下「共同研究報告」という)を公表している。ただし，ここでも監査役等から監査人に対するコミュニケーションの内容は，具体性を欠いており，十分なものとはなっていなかったと思われる。この公表を受け，日本監査役協会は2006年(平成18年) 5月11日に従前の実務指針を改正し，「会計監査人[4]との連携に関する実務指針」(以下「連携に関する実務指針」という)とし，監査役の立場から，会計監査人との連携の具体的な例を示している。ただしその内容も会計監査人からの報告が中心となっている。

　2005年(平成17年) 7月26日に成立した会社法にも，改正前商法特例法と同様に監査役等と会計監査人[5]の連携に関する規定が設けられている。すなわち，会計監査人が，その職務を行うに際して取締役等の職務の執行に関し不正の行為等を発見した場合には，これを監査役等に報告することが義務付けられるとともに，監査役等がその職務を行うため必要があるときは，会計監査人に対し，その監査に関する報告を求めることが認められている(会社法397条)。また，会計監査人設置会社の監査役等は，「会計監査人の監査の方法又は結果を相当でないと認めたときは，その旨及びその理由」を監査報告の内容としなければならないので(会社計算規則127条2号，128条2項2号，129条1項2号)，会計監査人は，特定監査役に会計監査報告の内容を通知する際に，会計監査人の職務の遂行に関する事項として，独立性に関する事項等の通知をすることが義務付けられている(会社計算規則130条)。さらに，監査役等には，一定の条件の下での会計監査人の解任権が認められ，会計監査人の選任・解任・不再任に関する議案の提出等についての同意権[6]が与えられるとともに，会計監査人の報酬等の決定に関する同意権が与えられている(会社法340条，399条，平成26年改正前会社法344条)。

---

[4] 日本監査役協会の作成する基準や実務指針は，会社法に基づく会計監査を念頭に取りまとめられていることから，会計監査における独立監査人を会計監査人としている。

[5] この段落では，会社法に関する説明となっているので，「会計監査人」を使用している。なお，以下の文脈においても，商法・会社法に関する記述について，必要がある場合には「会計監査人」を使用する。

[6] ただし，会計監査人の選任議案の提出等に関する監査役の同意権は，2014年(平成26年)会社法改正により，当該議案の内容の決定権に変更され(平成26年会社法344条)，その権限は，委員会設置会社(改正法では，指名委員会等設置会社(平成26年会社法2条12号))における監査委員会と同様の内容となり，いわゆるインセンティブのねじれの一部が解消された。

そして，2007年（平成19年）の公認会計士法等の一部を改正する法律により金融商品取引法が改正され，193条の3が新設され，公認会計士または監査法人が財務諸表の監査証明を行うにあたって，上場有価証券の発行者による法令違反の事実等を発見した場合における対応に関する規定が設けられた。このことにより，金融商品取引法においても，監査役等と監査人との連携が法的に必要となったといえる。

　その後，冒頭で述べたように，2013年（平成25年）3月に企業会計審議会から「監査基準の改訂及び監査における不正リスク対応基準の設定に関する意見書」が公表されたのを受け，同年11月に日本監査役協会と日本公認会計士協会の共同研究報告が改正され，相互連携に関する内容がより具体的なものとなった。なお，共同研究報告の名称も「監査役等と監査人との連携に関する共同研究報告」に改められている。この改正を受け，日本監査役協会は，2014年（平成26年）4月に「連携に関する実務指針」を改正している。

　2014年（平成26年）には会社法が改正され，監査役等と監査人の連携に関連する事項として，監査等委員会制度が新たに導入されたことにより，監査人の連携対象である監査役等に監査等委員会が追加され，監査役（会）と監査等委員会に監査委員会と同様に会計監査人の選任・解任・不再任に関する議案の決定権が付与されることとなった（会社法344条）。これにより，いわゆるインセンティブのねじれの一部が解消され，両者の連携の強化が図られることが期待されている。

　2015年（平成27年）3月に公表されたコーポレートガバナンス・コード原案を基に，東京証券取引所は，同年6月に有価証券上場規程の別添としてコーポレートガバナンス・コード（以下「コード」という）を公表した。コードは，法的拘束力を有するものではないが，「コンプライ・オア・エクスプレイン」の手法を用いて，その実行を促している。その中で，外部会計監査人は株主・投資家に対して責務を負っているとされ（原則3-2），監査役会には，外部会計監査人候補を適切に選定し外部会計監査人を適切に評価するための基準の策定および外部会計監査人が独立性と専門性を有しているか否かの確認についての対応が求められている（補充原則3-2①）。また，コードは，取締役会及び監査役会に対して，高品質な監査を可能とする十分な監査時間の確保，外部会計監

査人と監査役（監査役会への出席を含む），内部監査部門や社外取締役との十分な連携の確保などに関する対応も求めている（補充原則3-2②）。このように，監査役等と監査人の連携に関する規定がコードにも設けられ，両者の連携の強化は今後ますます進められていくものと考えられる。

このような制度改正が行われる中で，日本公認会計士協会は，監査役等とのコミュニケーション項目を明確化することなどを目的として，監査基準委員会報告書260「監査役等とのコミュニケーション」を2015年（平成27年）5月に改正している。また，日本監査役協会は，コードに対応するため，同年11月に「会計監査人の評価及び選定基準策定に関する監査役等の実務指針」を公表している。

3．監査役監査と会計監査人監査の連携に関する研究の目的

以上のように，監査役等と監査人との相互連携に関するニーズが高まり，様々な法改正等が行われているが，実際にどのように連携をしたらいいのか，又はどのようなに連係が図られているのか，についてはまだ十分な研究が進められていないと考えられる。そこで，本書においては，監査役監査と会計監査人監査の連携について，歴史，諸外国の状況および実務の状況等を総合的に検討し，その課題を明らかにし，今後の連携のあり方について提言することを目的としている。

このため，本書においては，まず第1章で，監査役監査と会計監査人監査の連携の歴史について検討している。そして第2章および第3章で，現在の連携の実務に重要な影響を与えた法改正等を個別に取り上げ，その内容と課題について検討し，制度上の問題を明らかにしている。最近の法改正の中で，相互連携の実務に重大な影響を及ぼしたと考えられるのは，2007年（平成19年）の金融商品取引法の改正と2014年（平成26年）の会社法改正であるから，これらの内容につき，個別に検討している。また，日本監査役協会と日本公認会計士協会の共同研究報告には法的な拘束力はないが，相互連携の実務に重大な影響を与えているものと考えられるので，この内容を，第4章で個別の検討項目に加えている。

序章　監査役監査と会計監査人監査との連携に関する研究の目的

　また，課題解決には，諸外国の取扱いがどのようになっているかにつき検討することが有意義であることから，アメリカ，イギリスおよびドイツにおける連携の状況を，第5章から第7章において取り上げている。その上で，連携に関する現在の実務の状況を，第8章および第9章において，監査役の立場および監査人の立場からまとめており，実務上どのような点について課題が内在しているのかを明らかにしている。

　これらの内容を踏まえ，最後の第10章において，今後の連携のあり方についての提言をまとめている。

● 参考文献
　企業会計審議会（2013）「監査基準の改訂及び監査における不正リスク対応基準の設定に関する意見書」（http://www.fsa.go.jp/news/24/sonota/20130326-3/01.pdf〔最終閲覧日：2016年5月31日〕）。
　金融審議会公認会計士制度部会（2002）「公認会計士監査制度の充実・強化」（http://www.fsa.go.jp/news/newsj/14/singi/f-20021217-1.pdf〔最終閲覧日：2016年5月31日〕）。
　金融庁（2004）「ディスクロージャー制度の信頼性確保に向けた対応（第二弾）について」（http://www.fsa.go.jp/news/newsj/16/syouken/f-20041223-2.html〔最終閲覧日：2016年5月31日〕）。
　公益社団法人日本監査役協会会計委員会（2014）「会計監査人との連携に関する実務指針」（http://www.kansa.or.jp/support/el002_140410_01.pdf〔最終閲覧日：2016年5月31日〕）。
　公益社団法人日本監査役協会会計委員会（2015）「会計監査人の評価及び選定基準策定に関する監査役等の実務指針」（http://www.kansa.or.jp/support/el001_151110_1_1aa.pdf〔最終閲覧日：2016年5月31日〕）。
　公益社団法人日本監査役協会＝日本公認会計士協会（2005）「監査役若しくは監査役会又は監査委員会と監査人との連携に関する共同研究報告」（http://www.hp.jicpa.or.jp/specialized_field/files/01007-003226.pdf〔最終閲覧日：2016年5月31日〕）。
　公益社団法人日本監査役協会＝日本公認会計士協会（2013）「監査役等と監査人との連携に関する共同研究報告」（https://www.hp.jicpa.or.jp/specialized_field/files/2-99-0-2-20131111.pdf〔最終閲覧日：2016年5月31日〕）。
　東京証券取引所（2015）「コーポレートガバナンス・コード～会社の持続的な成長と中長期的な企業価値の向上のために～」（http://www.jpx.co.jp/news/1020/nls-geu000000xbfx-att/code.pdf〔最終閲覧日：2016年5月31日〕）。
　日本公認会計士協会監査基準委員会（2004）「監査役若しくは監査役会又は監査委員会とのコミュニケーション」（監査基準委員会報告第25号）（http://www.hp.jicpa.or.jp/specialized_field/files/00523-001580.pdf〔最終閲覧日：2016年5月31日〕）。

日本公認会計士協会監査基準委員会（2015）「監査役等とのコミュニケーション」（監査基準委員会報告書260）（https://www.hp.jicpa.or.jp/specialized_field/files/2-24-260-2-20150529.pdf〔最終閲覧日：2016年5月31日〕）。

(秋坂朝則)

第1章 監査役監査と公認会計士監査との連携の歴史

1．はじめに

　本章に与えられたテーマは，会計監査制度における監査役監査と公認会計士監査との連携に関する歴史を確認することである。2015年（平成27年）の法務省令改正やコーポレートガバナンス・コードの有価証券上場規程への設定を受けて，さらなる監査の品質向上が求められる中，双方の連携についてはより具体的な検討が必要となろう。その検討のための布石として，これまでの連携に関する議論や制度変遷それに実務対応の足跡などを追っておきたい。

　会計情報に対する監査品質の低迷については，古く明治期より批判があった。ただ，この批判は，業務監査を含む監査役制度全般が機能していなかったことに対する批判の一環としてなされていた感がある。その後，会計職業専門家による会計監査が，法制度上も必要との議論に変化していった。

　会計職業専門家による会計監査への希求が実を結んだのは，商法（会社法。以下，文脈に応じ両者を使い分ける）上の制度としてではなく，証券取引法（金融商品取引法。以下，文脈に応じ両者を使い分ける）上の制度であった。1948年（昭和23年）の証券取引法制定時に，わが国では会計職業専門家による会計監査が初めて導入された[1]。他方，商法上の制度としては，監査役による会計監査が依然として残されていった。

　こうして1945年（昭和20年）時のGHQによる占領下以降も，商法上の制度

1　証券取引法の制定に伴い，同年には公認会計士法も制定された。1950年（昭和25年）には財務諸表等の用語，様式及び作成方法に関する規則（以下「財務諸表等規則」という），翌1951年（昭和26年）には財務書類の監査証明に関する規則（現，財務諸表等の監査証明に関する内閣府令（以下「監査証明府令」という）が制定されている。職業的監査人制度としては，それ以前に「経理士制度」が1927年（昭和2年）に制度化されていたが，この制度を吸収する形で証券取引法上の会計監査が展開されることになる。ただ，資格者の調整が難しく，1950年（昭和25年）商法改正までに公認会計士法は数回に及び改正された。この間の事情については，原（1989）463-471頁参照。

として存続してきた監査役による会計監査制度と、証券取引法上の公認会計士による会計監査制度は、1974年（昭和49年）の商法改正までそれぞれ別の道を進むことになる。同年商法改正では、商法上の会計監査制度として会計職業専門家による会計監査も新たに加えられ、会計監査については、会計監査人（公認会計士または監査法人。以下、文脈により「公認会計士」と「会計監査人」を使い分ける）と監査役による重畳的会計監査体制が設計され現在に至っている。ここに、商法上の両者の連携問題が生じてきたのである。

現在、法制度上、監査役と公認会計士との関係が規定されているのは、金融商品取引法193条の3および監査証明府令7条を除き、基本的には会社法の規定であるから、本章では、両者の関係を基本的に会社法上のものとして捉え、監査役と会計監査人が関係する各期の商法改正時の議論や改正事項、それに伴う実務の動きなどを基軸に取り上げることにする。

まず前段階として①1974年（昭和49年）商法改正以前の制度や議論にも触れ、②1974年（昭和49年）商法改正による重畳的監査体制の法制化以降の議論・法制度について、その流れを確認する。他方、③1974年（昭和49年）以降の実務運用上の問題や実務指針等を取り上げ、近時の流れも整理したうえで、今後の課題と思われる点に若干触れてみることにする。

2．1974年（昭和49年）商法改正前の議論と制度

(1) 1950年（昭和25年）商法改正前の議論

商法・会社法では、1899年（明治32年）の新商法以降、一貫して監査役に会計監査権を付与してきた。現行会社法では、とくに会計職業専門家の資格が求められていない監査役による会計監査が会社法上は存在する旨の明文規定まで置かれている（会社計算規則121条2項）。

ところが、会計の素人である監査役による会計監査については、厳しい目が注がれてきた。現在の大規模公開会社（上場会社等にみる規模水準の会社を想定している。以下、同じ）における監査役制度は、後述するように監査の実効性や実質が伴ってきているように思われるが、明治期から昭和期にかけては監査役制度全体に対する根強い批判が見受けられる。明治期の株式会社はもとも

第1章　監査役監査と公認会計士監査との連携の歴史

と大規模公開会社を想定しており，会社の規模に比し会計監査権も業務監査権も付与された監査役の監査自体の実効性を疑う論調が当初から少なからずあった。この一環として，特に会計監査については，国際比較の面から，監査役に対し厳しい論調に展開していったのである。

1911年（明治44年）の頃からすでに，次のような議論がある[2]。いずれも監査役が有名無実化していたことを前提にしたものである。

① 監査役を株主の中から選任する制度をやめて，株主以外の者から広く人材を求めるべきである。

② イギリスの公認会計士にならって，公認の会計専門家制度を設け，会社の会計につき監査させるべきである[3]。

③ 監査役が独立して職務を行うための方法としては，監査役に専属の書記（現在の監査役スタッフまたは各種専門家の活用）を置き，監査役の命ずるままに会社の会計を審査させることも考えられるが，肝心の監査役が取締役に対して独立の地位を有しない限り，問題の解決にならないことは明らかである。

上記②については，会計監査を社内の会社機関のみで運営する私的自治原則の枠外で設定すべきかの議論につながる。「単に会計の正否を検査するだけの機関にすぎない法制度下ならともかく，会社業務の全般が中心の，会社の業務に通暁周知していなければ十分にその職責を尽くせないわが国商法の下では，職業的計算人に託することは到底許されない」とする反対意見が強かった[4]。

監査役制度が機能していなかったことについて，1943年（昭和18年）における次のような田中耕太郎博士の論説がある（なお，表現等は現代文に書き改めている箇所がある）[5]。

「……［ドイツの監査役と比べて］わが国においては，監査役の権力は小

---

[2] 佐藤（2010）56頁。
[3] その典型が，農商務省による1909年（明治42年）の『公許会計士制度調査書』である。わが国においても，「アカウンタント・システムが緊要である」ことが主張された。原（1989）32-36頁に詳しい。
[4] この時代よりは遅れるが，株式会社の経理については，私的自治原則よりも公益的見地から，国が干渉すべきとする論調が見られる。このような論調が1950年（昭和25年）改正後も続いた。大住（1950）11-12頁参照。
[5] 田中（1943）589-590頁。

であって，概ね取締役の鼻息を伺い監督の実を上げざるを得ない状態にある。ドイツでは監査役が主・取締役が従であり，わが国ではその反対であるが，いずれの場合にも監督は有名無実になる。あるいは英仏における常任検査役すなわち会社業務に関与せずして単に会社の計算を審査し，それを株主総会に報告する機関を設置してこの弊害を除去すべしという意見がドイツにもわが国にも存在する。この制度たるや監督機関が業務執行に関与することにより生ずるドイツにおける通弊を矯正すべく，他方，監査役が計数に暗く大会社の計算を監査する技術的知識を具備しないことから生ずる欠陥を充たすことができるのであるが，しかしながら実現が容易でないのは，彼我において監査人に人材を得ることが困難であることに要因がある。近時，信託会社の発達に伴い，この会社が監査に適当な人物を擁することをもって，これを監査役にさせるべきであるとの主張があるが，これは注目に値する所論である。要するに監督機能が正しく行われるかどうかは，会社のみならず一般公衆の利害に関するところが大である。法は株式会社設立に関し準則主義を採用しているが，設立後の国家的監督は行われておらず，私的監督機能の無力なることこれまで述べてきたとおりである。我々は，株式会社の著しき発達に鑑み，特殊銀行に対し為される国家的監督を一般株式会社に及ぼすために特別の行政機関を設置する必要を痛感する。」

(2) 1950年（昭和25年）商法改正前後の議論と制度

　1950年（昭和25年）の改正により，商法はGHQ占領下の影響を受けて大きく変化を見せることになった。商法はそれまでドイツ法の継受法とし，会社機関のあり方も（取締役に対する人事権はともかく）ドイツ法を範としていたが，アメリカ法の影響を受けざるを得なかった。1950年（昭和25年）の改正では，取締役の権限強化とそれに伴う取締役会制度の創設およびその業務監査（監督）機能という他の諸制度の改正がまず優先され，監査役制度の改正はその影響を受けた「さや寄せ的」な改正であった。そして監査役制度はまるで別種の制度のごとく変貌した。すなわち，下記の1950年（昭和25年）改正商法の監査役関連条文のように，監査役は業務監査権限を剥奪され，会計監査のみがその権限となった。

> **商法274条　会計帳簿閲覧権，報告徴収権**
> 　1項　監査役ハ何時ニテモ会計ノ帳簿及書類ノ閲覧若ハ謄写ヲ為シ又ハ取締役ニ対シ会計ニ関スル報告ヲ求ムルコトヲ得
> 　2項　監査役ハ其ノ職務ヲ行フ為特ニ必要アルトキハ会社ノ業務及会社財産ノ状況ヲ調査スルコトヲ得
>
> **商法275条　株主総会提出書類の調査報告義務**
> 　監査役ハ取締役ガ株主総会ニ提出セントスル会計ニ関スル書類ヲ調査シ株主総会ニ其ノ意見ヲ報告スルコトヲ要ス

　政府原案は，進んでその名称も「会計監査役」と改め，むしろ従来の監査役制度はこれを廃止し，もっぱら会計監査を担当する「会計監査制度」を新設するという考え方を採っていた。しかし，参議院では，そのように名称まで改める必要はないとして，「監査役」という名称に復帰することになった。結果的には，従来の監査役の権限が会計監査のみに縮小されたものと考えられよう[6]。

　会計の専門的監査機関を置く以上は，公認会計士監査とする方が一層その意義が大きいことは当然であるにしても，それには公認会計士制度が実質的に充実されることが前提とされる。しかし，当時はまだ公認会計士制度が確立されていなかったから，監査役の会計監査権限を全て公認会計士に譲り，監査役制度を直ちに廃止することもできなかった。そのため，1950年（昭和25年）の改正では，一応過渡的に監査役の存在を認めるが，公認会計士制度が確立されれば，監査役制度は，早晩廃止されるべきものであるという論議が散見された[7]。

　一方，監査の独立性に関する次のような当時の論調に注目すべきであろう[8]。すなわち，大住達男氏は，「会社の機関たる監査役の独立性と第三者たる外部監査人の場合の独立性は本質的に相違するという主張は当たっていない。機関なるがゆえに独立性を欠如するというならば，国家の機関たる裁判所も会計検査院もその独立性を否認せられるべきである。第三者なるがゆえに独立性ありというならば，それは「第三者」をあまりにも過重評価することのそしりを免れず，全く世間の実情に疎いというほかない」また，「株主総会において選任

---

[6] 浦野（1968）100頁。
[7] 浦野（1968）101頁。
[8] 大住（1950）249-250頁。

されれば誰でも監査役になれる。そこでややもすれば全く独立性を欠如し，取締役に隷属するような監査役が選任される機会が多く，その機能が全く失われているのは，おおうべかざる事実である。しかしこれは，監査役が会社の機関なるがゆえに独立性がないという本質的な欠陥ではなく，法の不備が，かくのごとき事態を導いたものに過ぎない」と論じている。

3．重畳的会計監査体制の法制化以降の議論と制度

(1) 1974年（昭和49年）商法改正前後の議論と制度

　1950年（昭和25年）の商法改正以降，高度成長に伴う営業・売上第一主義の下で，監督・監査といった機能自体は追いやられていった。上場会社を中心とする大規模公開会社でさえ取締役会の監督機能が無機能化するとともに，会計監査に限定された監査役監査も無機能化した。中小規模の会社において監査役監査はさらに名目上のものとなり，監査役は閑職の典型で，ただ商法に定められているから置いているにすぎないという状況が多くを占めた。一方，証券取引法適用会社では，公認会計士による会計監査が1957年（昭和32年）以降は，本格的に全面的に開始したが，高度成長に向かって歩み始めた1960年代に入ると，山陽特殊鋼など大規模な粉飾決算事件が相次いだ。まさに高度成長の影ともいえる部分が露呈した形となった[9]。

　そこで，監査制度（業務監査と会計監査の双方に係る制度を意味する）見直しの機運が高まり，1974年（昭和49年）商法改正では，監査役に再び業務監査権限が付されるとともに，会計職業専門家による会計監査たる会計監査人制度が創設された。いわば同改正によって，現在の会計監査制度の原型ができあがったものといえよう。

　ただ，同改正は難産をきわめた。法制審議会が改正に着手したのは1966年（昭和41年）であるが，証券取引法上の公認会計士監査の実効性確保問題，会社法会計と証券取引法会計との調整問題などに時間を要し，さらに税理士会等の反

9　佐藤（2010）63-64頁。

対運動によって9年の月日が経過した[10]。

1967年（昭和42年）には当初のたたき台が法務省民事局によって取りまとめられた。これによって，監査役の権限，資格，選任・解任，職務執行，任期・報酬，取締役会の在り方などに関し，次の4案が提案された。A案を除き，制度改正の主眼は監査役制度に当てられ，1950年（昭和25年）改正以来の監査役制度を根本的に見直そうとするものである。

A案　監査役はこれまでどおり会計監査を行うものとし，独立性の保持その他会計監査機能の強化のための措置を講ずるものとすべきかというものである。

B案　監査役は業務監査を行うものとし，独立性の保持その他監査機能の強化のための措置を講ずるものとすべきかというものであり，再び1950年（昭和25年）の改正前の制度に戻そうとする発想であった。

C案　監査役会を設けて，これが業務監査とともに取締役の選任および解任をも行うものとし，監査機能強化のため監査役制度と取締役制度を併せて検討すべきかというものであり，ドイツ株式法の制度を範とした発想であった。

D案　監査役を廃止し，取締役会の業務監査機能を強化する措置を講ずるものとすべきかというものであり，アメリカ会社法の制度を範とした発想であった。

以上の4案は，A案とB案とに絞り込まれ，さらにそれぞれの案を採った場合の問題を加え，新しいA案およびB案として作成された。すなわち，新A案は，監査役は会計監査のみを行うものとしつつ，その会計監査機能と取締役会の業務監査機能を強化することを前提とした場合に監査役，取締役会に生じ得る問題点などを記したものであり，新B案は，監査役が会計監査に加え業務監査をも行うものとし，その監査機能を強化する場合に監査役に生じ得る問題点などを記したものであった。

法制審議会商法部会は，各方面から監査制度について意見が出されることを期待して新A案および新B案の内容を「監査制度に関する問題点」として1967

10　この間の事情については，鈴木＝竹内（1977）479-483頁，山村（1975）5-7頁，上田（1999）373-399頁に詳しい。

年(昭和42年)5月に公表したうえで,さらに検討を続けることになった。公表された問題点に対し商工会議所をはじめ各界から意見が寄せられたが,監査役に会計監査機能のみならず業務監査機能をも担わせるとする意見,すなわち新B案が比較的多数を占め,改正の方針が決定した[11]。

会計監査人の選任母体は,(監査役の同意を得たうえで)取締役会となったが,会計監査人の選任を株主総会にすべきではないかとの質問について,当時の川島政府委員は,次のように回答している[12]。すなわち,「外国の立法例をみると,株主総会で選任されることもある。たしかに一つの考え方であるが,株主総会を開催して選任することになると,いったん選任した会計監査人が死亡したり欠格事由が生じたりした場合,このために株主総会を開くのはたいへんである。そういった場合の不都合を考えると,取締役会での選任が実際的である」旨の回答をしている。

1974年(昭和49年)改正では,法技術的に格段の進展が見られる。商法のみならず,特別法として「株式会社の監査等に関する商法の特例に関する法律」(以下「商法特例法」という)が制定された。この商法特例法は監査の受け入れ態勢を考慮して,株式会社を大会社・中会社・小会社に三区分したことが特徴である。資本金額5億円以上(経過措置として10億円以上)の大会社では,監査役監査のほかに,会計監査人による会計監査が必要になった。なお,小会社は資本金額が1億円以下の会社で,中会社は,両者の間にある会社である。

監査役と会計監査人との関係では,商法特例法14条において重畳的会計監査体制が敷かれたほか,8条において,会計監査人が監査の過程で取締役等の不正行為等を発見した場合には監査役に報告する義務が課された。

下記に,同改正における監査役と会計監査人に関する条文を抜き出しておこう。

---

11 味村=加藤(1977)17頁以下参照。
12 中央会計事務所編(1974)76頁。

【商法】

商法274条　監査役の業務監査権，会社財産調査権
　1項　監査役ハ取締役ノ職務ノ執行ヲ監査ス
　2項　監査役ハ何時ニテモ取締役ニ対シ営業ノ報告ヲ求メ又ハ会社ノ業務及会社財産
　　　ノ状況ヲ調査スルコトヲ得

商法274条ノ3　子会社調査権
　1項（…略）親会社ノ監査役ハ其ノ職務ヲ行フ為必要アルトキハ（…略）子会社ニ対
　　シ営業ノ報告ヲ求ムルコトヲ得
　（2項以下略）

商法275条　株主総会提出書類の調査報告
　監査役ハ取締役ガ株主総会ニ提出セントスル議案及書類ヲ調査シ法令若ハ定款ニ違反
　シ又ハ著シク不当ナル事項アリト認ムルトキハ株主総会ニ其ノ意見ヲ報告スルコトヲ
　要ス

【商法特例法】

商特2条　（会計監査人の監査）
　資本の額が5億円以上の株式会社は，商法281条1項1号［貸借対照表］，2号［損益
計算書］及び4号［準備金及び利益又は利息の配当に関する議案］に掲げる書類並びに
その附属明細書について，監査役の監査のほか，会計監査人の監査を受けなければなら
ない。

商特3条　（会計監査人の選任）
　1項　会計監査人は，監査役の過半数の同意を得て，取締役会の決議をもって決する。
　2項　会計監査人を選任したときは，その旨を株主総会に報告しなければならない。

商特6条　（会計監査人の解任）
　1項　会計監査人は，監査役の過半数の同意を得て，取締役会の決議をもって解任す
　　　ることができる。
　2項　会計監査人を解任したときは，取締役はその旨及び解任の理由を株主総会に報
　　　告しなければならない。

商特7条　（会計監査人の権限等）
　1項　会計監査人は，何時でも，会社の会計の帳簿及び書類の閲覧若しくは謄写をし，
　　　又は取締役に対して会計に関する報告を求めることができる。
　2項　会計監査人は，その職務を行うため必要があるときは，会社の業務及び財産の
　　　状況を調査することができる。
　3項　会計監査人は，その職務を行うため必要があるときは，子会社に対して会計に
　　　関する報告を求めることができる。

（4項以下略）

商特8条　（取締役の不正行為等を発見した場合の会計監査人の報告義務）

　会計監査人がその職務を行うに際して取締役の職務遂行に関し不正の行為又は法令若しくは定款に違反する重大な事実があることを発見したときは，その会計監査人は，これを監査役に報告しなければならない。

商特11条　（会計監査人，取締役及び監査役の連帯責任）

　会計監査人が会社又は第三者に対して損害賠償の責め任ずべき場合において，取締役又は監査役もその責め任ずべきときは，その会計監査人，取締役及び監査役は，連帯債務者とする。

商特13条　（会計監査人の監査報告書）

　1項　会計監査人は，前条の書類［計算書類等］を受領した日から4週間以内に，監査報告書を監査役及び取締役に提出しなければならない。

　2項　（略）

　3項　監査役は，会計監査人に対して，第1項の監査報告書につき説明を求めることができる。

商特14条　（監査役の監査報告書）

　1項　監査役は，前条第1項の監査報告書を受領した日から1週間以内に，監査報告書を取締役に提出し，かつ，その謄本を会計監査人に送付しなければならない。

　2項　前項の監査報告書には，次に掲げる事項を記載しなければならない。

　　　1号　会計監査人の監査の方法又は結果を相当でないと認めたときは，その旨及び理由並びに自己の監査の方法の概要又は結果

　　（2号以下略）

　3項　（略）

商特18条　（定時総会における会計監査人の意見陳述）

　1項　第2条の書類が法令又は定款に適合するかどうかについて会計監査人が監査役と意見を異にするときは，会計監査人は，定時総会に出席して意見を述べることができる。

　2項　定時総会において会計監査人の出席を求める決議があったときは，会計監査人は，定時総会に出席して意見を述べなければならない。

(2) 1981年（昭和56年）商法改正前後の議論と制度

　1974年（昭和49年）改正後も引き続き，商法の根本改正作業として，積み残された事項について議論が続けられていた。しかし，ロッキード・グラマン社事件など会社事件を契機に，とりあえず株式，計算・公開（企業情報開示が中心。これに監査制度も含まれている）の部分を中心に切り離し，急遽改正することになった。特に大会社の不祥事防止，透明性確保の観点からの改正事項が中心であった。企業不祥事事例を見てみると，企業情報の透明性確保や監査機能実現のための配慮が不足していたのではないか，特に監査については，実務的観点から監査をしやすくする仕組みが必要である，といった論調から多くの改正が行われた。

　監査役と会計監査人との重畳的会計監査体制についても議論があった。1974年（昭和49年）改正以降，商法特例法2条において監査役の監査"のほか"，会計監査人の監査を受けなければならないことになっている。つまり，法制度的には，会計監査人の監査は，監査役の会計監査を補完するものとなっているが，実質的に，会計監査人の会計監査と監査役のそれが同一対象について同一の方法で行われ，しかも監査能力の点からも監査役が会計監査人に依存する形をとるほうが合理的なので，相当性判断の規定を置いていた。しかし，依存せざるを得ない実質があるのであれば，大会社の会計監査は専ら会計監査人に委ね，監査役は業務監査に専念すべきではないかとの議論を誘発するのではないかとも考えられた[13]。

　2014年（平成26年）改正会社法では，会計監査人の選解任等に関する議案の内容の決定権は監査役に与えられることになったが（平成26年会社法344条），本件についての議論は1981年（昭和56年）改正の頃からすでにあった。法務省参事官室が作成した当時の「株式会社の機関に関する改正試案」の段階では，会計監査人の候補者の指名権を監査役に与えることが提案されていたが，結果として取締役が株主総会に提出する会計監査人の選解任の議案について，監査役の同意を得ることに止まった。その理由は，「監査役が直接に提出することにすると，その議題・議案について，取締役・取締役会はその提出如何を知

---

[13] 酒巻（1982）132-133頁。このような分業体制について，高田（1981）118-120頁参照。

ことができない結果となり，株主総会の運営に支障をきたす」というものである[14]。

　会計監査人の地位が会社の機関であるかどうかについても，一応の決着がついたように考えられる[15]。次のような論調が典型であろう。すなわち，酒巻俊雄博士は「会計監査人が会社の機関たる地位を有するかどうかは問題である。従来は，株主総会に対し会計監査の結果を報告する職務を有するが，総会によって選出するわけではなく，監査役の過半数を得て取締役会によって選出されるものであり，かつその監査が明確に外部監査の性格を有することからも，これを否定的に解するのが多数説であった。しかし，今回［昭和56年］の改正でその選任・解任の権限が株主総会に移管され，任期も法定され，正当の理由なく解任された場合に会社に対し損害賠償を請求しうるとされたことなどからすると，外部監査の性格を有することに変わりはないにしても，会社の機関たる地位を有するものと解される」（［　］内筆者）と述べている[16]。

　1981年（昭和56年）改正では，商法特例法の規模基準に負債基準（貸借対照表の負債の部の計上金額200億円以上の会社は大会社となる）が追加された。注目すべきは，同改正に伴い，法務省令の拡充整備が行われたことである。①株式会社の貸借対照表，損益計算書，営業報告書及び附属明細書に関する規則（以下「計算書類規則」という），②大会社の監査報告書に関する規則（以下「監査報告書規則」という），③大会社の株主総会の招集通知に添付すべき参考書類等に関する規則（以下「参考書類規則」という）といった法務省令が整備された。これによって，会社法上の企業情報開示制度および監査制度は飛躍的に拡充した。

　監査に関する部分だけでも，監査役の資格・権限・責任，監査役の報酬・費用，監査報告書記載事項の追加，会計監査人監査が強制される会社の範囲拡大，

14　元木（1981）266頁。会計監査人が取締役会によって選任されることについて，監査する者が監査される者に選任されるとの批判もあったが，まずは株主総会で選任することにして，取締役会からの影響を排除しようとの結論となった。法務省民事局参事官室（1981）58頁。
15　現在でも，会計監査人は機関ではないとする主張もある。江頭（2008）283頁では，「会計監査人は，職業専門家として外部監査を行う者とされ，会社の機関とは一般に解されていない」とする。会計監査人は役員ではないことは明らかであるが（会社法329条1項），すでに1981年（昭和56年）改正の時点において会社の機関としての位置づけになったものと解するのが順当であろう。なお，会社法326条1項参照。
16　酒巻（1982）154頁。

大会社における複数監査役・常勤監査役の強制，会計監査人の選任・解任，決算確定権の移行（株主総会から取締役会へ）に関する会計監査人・監査役の監査意見の取扱い，等々が盛り込まれている。

監査役と会計監査人との関係に関する改正では，商法特例法8条2項において，監査役がその職務行うため必要があるときは会計監査人に対してその監査に関する報告を求める権限を追加し，商法特例法6条の2において，監査役による会計監査人の解任権が設けられたことをはじめ，1981年（昭和56年）改正商法の監査役・会計監査人に関連した下記の条文が改正になっている。

【商法】

商法281条　計算書類の取締役会での承認
1項　取締役ハ毎決算期ニ左ノ書類及其ノ附属明細書ヲ作リ取締役会ノ承認ヲ受クルコトヲ要ス
　　1号～3号　（略）
　　4号　利益ノ処分又ハ損失ノ処理ニ関スル議案（旧：準備金及利益又ハ利息ノ配当ニ関スル議案）
2項　（略）

商法281条ノ3　監査役の監査報告書記載事項
1項　（略）
2項　前項ノ監査報告書ニハ左ノ事項ヲ記載スルコトヲ要ス
　　1号～4号　（略）
　　5号　貸借対照表又ハ損益計算書ノ作成ニ関スル会計方針ノ変更ガ相当ナルヤ否ヤ及其ノ理由
　　6号　営業報告書［現行の事業報告］ガ法令及定款ニ従ヒ会社ノ状況ヲ正シク示シタルモノナルヤ否ヤ
　　7号　利益ノ処分又ハ損失ノ処理ニ関スル議案ガ法令及定款ニ適合スルヤ否ヤ
　　8号　利益ノ処分又ハ損失ノ処理ニ関スル議案ガ会社財産ノ状況其ノ他ノ事情ニ照シ著シク不当ナルトキハ其ノ旨
　　9号　第281条第1項ノ附属明細書ニ記載スベキ事項ノ記載ナク又ハ不実ノ記載若ハ会計帳簿，貸借対照表，損益計算書若ハ営業報告書ノ記載ト合致セザル記載アルトキハ其ノ旨

商法283条　営業報告書を除く書類の承認
1項　取締役ハ第281条第１項各号ニ掲グル書類ヲ定時総会ニ提出シテ同項第３号ニ掲グル書類［営業報告書］ニ在リテハ其ノ内容ヲ報告シ，同項第１号［貸借対照表］，第２号［損益計算書］及第４号［利益処分案］ニ掲グル書類ニ在リテハ其ノ承認ヲ求ムルコトヲ要ス
（２項以下略）

【商法特例法】

商特２条　（会計監査人の監査）
　次の各号の一に該当する株式会社は，商法第281条第１項の書類（同項第３号に掲げる書類［営業報告書］及びその附属明細書については，会計に関する部分に限る）について，監査役の監査のほか，会計監査人の監査を受けなければならない。
　　　　１号　資本の額が５億円以上であること
　　　　２号　最終の貸借対照表の負債の部に計上した金額の合計額が200億円以上であること

商特３条　（会計監査人の選任）
1項　会計監査人は株主総会において選任する。
2項　取締役は，会計監査人の選任に関する議案を株主総会に提出するには，監査役の過半数の同意を得なければならない。
3項　監査役は，その過半数の同意をもって，取締役に対し，会計監査人の選任を株主総会の会議の目的とすることができる。会計監査人の選任に関する議案の提出についても，同様とする。
（４項以下略）

商特５条の２　（会計監査人の任期）
1項　会計監査人の任期は，就任後１年以内の最終の決算期に関する定時総会の終結の時までとする。
2項　会計監査人は，前項の定時総会において別段の決議がされなかったときは，その総会において再任されたものとみなす。
3項　第３条第３項の規定は，会計監査人を選任しないことを株主総会の会議の目的とする場合について準用する。

商特６条　（会計監査人の解任）
1項　会計監査人は，何時でも，株主総会の決議をもって解任することができる。
2項　前項の規定により解任された会計監査人は，その解任について正当な理由がある場合を除き，会社に対しこれによって生じた損害の賠償を請求することができる。

3項 第3条第2項及び第3項前段の規定は,会計監査人の選任を株主総会の会議の目的とする場合について準用する。

商特6条の2
1項 会計監査人は,次の各号の一に該当するときは,監査役の全員の同意をもって解任することができる。
1号 職務上の義務に違反し,又は職務を怠ったとき
2号 会計監査人たるにふさわしくない非行があったとき
3号 心身の故障のため,職務の遂行に支障があり,又はこれに堪えないとき
2項 前項の規定により会計監査人を解任したときは,監査役は,その旨及び解任の理由を解任後最初に招集された株主総会に報告しなければならない。
3項 第1項の規定により解任された会計監査人は,前項の株主総会に出席して意見を述べることができる。

商特6条の3 (会計監査人の選任等についての意見陳述権)
会計監査人は,会計監査人の選任,不再任又は解任について,株主総会に出席して意見を述べることができる。

商特8条 (監査役に対する会計監査人の報告)
1項 会計監査人がその職務を行うに際して取締役の職務遂行に関し不正の行為又は法令若しくは定款に違反する重大な事実があることを発見したときは,その会計監査人は,これを監査役に報告しなければならない。
2項 監査役は,その職務行うため必要があるときは,会計監査人に対してその監査に関する報告を求めることができる。

商特16条 (定時株主総会における貸借対照表及び損益計算書の取扱い等)
1項 各会計監査人の監査報告書に第13条第2項の規定[会計監査人監査報告書の記載事項]による商法第281条の3第2項第3号に掲げる事項の記載があり,かつ,各監査役の監査報告書にその事項についての会計監査人の監査の結果を相当でないと認めた旨の記載がないときは,商法第283条第1項の規定[計算書類の定時総会での承認]にかかわらず,取締役は同法第281条第1項第1号及び第2号に掲げる書類[貸借対照表及び損益計算書]について承認を求めることを要しない。
(2項以下略)

(3) 1981年(昭和56年)商法改正後の関連制度

1981年(昭和56年)の商法改正によって,会計監査制度の枠組みはほぼ完成

したものと考えられてきたので，その後は，監査役と会計監査人の関係に関する目立った改正事項は見られない。

そこで本節では，間接的には両者の関係にも影響を与えてきたのではないかと思われる各期の商法・会社法の改正事項のみ簡単に触れておくことにする。

1993年（平成5年）の商法改正では，監査役制度の実質的な改正が行われた。監査役任期の伸長等を除き主に大会社の監査役に関するものであり，商法特例法の改正として扱われている部分が多い。大会社における監査役員数の増員，社外監査役の導入，監査役会の導入などが行われた。これらの事項のうち，監査役会の創設については，監査役の実務界から要望が強かったものである。そして法定された（非常勤が多くを占める）社外監査役をも取り込んだ常勤監査役を中心とする組織的監査体制が，法的にも認められた。また，社外役員制度を導入するのは，商法の制度として初めてのことであった[17]。

2001年（平成13年）と2002年（平成14年）には，続けて商法改正が行われた。前者の第3次改正は議員立法によるものであったが，後者は法制審議会の議論を経た政府提案によるものであった。とりわけ後者の改正では，国際化対応を眼目として，当初からコーポレート・ガバナンスの実効性の確保，高度情報化社会への対応，資金調達手段の改善，企業活動の国際化への対応などが柱とされた。中でも，経営監視機関の選択制の採用が特筆されよう。大会社の経営監視機関は，監査役会と監査委員会との選択が可能になった。また，国際化対応の一として，会社情報の開示制度拡充に関する改正もあった。すなわち，商法上の会計情報として初めて連結計算書類（連結貸借対照表と連結損益計算書のみ）の導入が行われた。同時に，繰延資産や引当金規定など商法中の計算規定のかなりの部分を，商法本則から法務省令である計算書類規則へ落とし込むことが行われている。さらに，これまでの計算書類規則・監査報告書規則・参考書類規則の3法務省令が，商法施行規則として一本化された。

翌2003年（平成15年）には，国際財務報告基準（International Financial Reporting Standards：IFRS）への対応策として，商法施行規則は大幅な改正が行われた。国際化の進展とともに，IFRSへの対応が求められる時代に入り，

---

[17] 当時の事情については，佐藤（1996）281-308頁参照。

商法会計もその対応がより柔軟にできるようにしたものである[18]。

2005年（平成17年）には，これまでの商法は，その主要部分が会社法として引き継がれることになった[19]。株式会社と有限会社との統合，最低資本金制度の見直し，組織再編行為の規制の見直し，株主に対する利益還元方法の見直し，取締役の責任の見直し，株主代表訴訟制度の合理化，内部統制システム関連事項の整備，会計参与制度の創設，会計監査人の任意設置拡大，合同会社の創設，等々が改正事項として挙げられる。

会計や監査に関する規定は，会社法制定時に（および翌年の法務省令の公布によって），これまでの本法による規制から法務省令に多くが委任された。これまで商法施行規則として一本化されたものが，再び会社法施行規則・会社計算規則・電子公告規則など単行の法務省令となった。会計事項については，会社計算規則で規制されることとなった。

4．監査役監査と公認会計士監査との連携実務の足跡

(1) 1974年（昭和49年）商法改正前後の実務の動き

前述のとおり1974年（昭和49年）商法改正によって会計監査人制度が導入され，現行の重畳的会計監査体制が確立されたが，本節ではこれに伴う実務界の動きを追っていきたい。

同商法改正に先立つこと2年前から，当時の監査役間では会計監査人制度の導入を見据えて，「会計監査基準（試案）」が作成されていた[20]。同基準は，社団法人（当時）日本監査役協会の前身である監査役センターの会計監査基準起草委員会によるものである。ここに，両者の連携の端緒がうかがえる。その1条1項では，「監査役は，会計監査人と緊密な連係[21]を保ち，かつ，会計監査

---

18 その理由について，久保（2010）780-781頁参照。
19 改正前の商法典にあった条文が部分的に商法典として残された。「総則（の一部）」，「商行為」，「海商」などの規定が，会社法制定後も商法典の中に存在している。商事法務編（2005）389頁以下参照。
20 監査役センター会計監査基準起草委員会が1972年（昭和47年）4月に作成したもの（監査役センター会計監査基準起草委員会（1972）20頁参照）。
21 ここでは，「連携」ではなく「連係」の語が使用されている。従前の監査役監査基準では一貫して「連係」の語が使用されていた。他の公表物では「連携」の語が使用されていたこともあり，2015年（平成27年）には監査役監査基準でも「連携」に修正されることになった。ここでは，当時の公表物に記載されたままの表記にしている。

人の監査を活用しつつ，自らの監査成果を達成するよう努める」とあり，同条2項では，「監査役は，必要ありと認めた事項については，独自に監査を実施しなければならない」と規定されている。また，4条1項では，「監査役は，必要に応じ会計監査人の往査に立会い，または往査結果につき報告を求めなければならない」と具体的な方法まで述べるほか，同条2項では，「前項の場合において，監査役は意見を述べることができる」とある。

1972年（昭和47年）には，これに続き「監査役監査基準（事務局試案）」が公表され[22]，監査役監査基準の制定に向かっての動きが見られる。同基準案は一般基準と実施基準とに分けられ，会計監査人との連係については実施基準17条において，上記会計基準にあった事項に加え，「監査役は，毎事業年度の初めに，会計監査人からその会計監査計画の概要について説明を受け，もし意見があればその意見を述べなければならない」（3項），「監査役は，会計監査人により監査報告書を受領する際には，報告書に関する説明を求めなければならない」（6項）といった具体的な事項も見られる。

そして1974年（昭和49年）の商法改正と同時に，日本監査役協会が設立されることになったが，同年に監査役監査基準の案も公表されている。翌年には日本監査役協会による監査役監査基準として正規のものが公表された[23]。その実施基準である21条では，監査役と会計監査人との連係に関し以下のように規定されている。

1項　監査役は，会計監査人と緊密な連係を保ち，かつ会計監査人の監査を活用し，自らの監査成果を達成するよう努める。

2項　監査役は，会計に関する監査について必要ありと認めた場合には，独自に監査を実施する。

3項　監査役は，毎営業年度の初めに会計監査人から監査計画の概要について報告を受け，また監査役の会計に関する監査計画についても説明をして，その調整をはかる。

4項　監査役は，会計監査人と平素から調査の状況について話し合い，互いに誤解が生じないよう心掛ける。

22　監査役センター事務局（1972）11頁。
23　社団法人日本監査役協会（1974）2頁以下。

5項　監査役は，会計監査人が取締役の職務遂行に関し法令定款に違反する重大な事実のおそれがあると認めたときは，ただちに通知してもらうよう会計監査人に求める。

6項　監査役は，会計監査人から監査報告書を受領する際には，報告書に関する説明を求める。

　上記3項や4項は，相互の意思疎通や連携を高めるための具体的要請と見ることができよう。すでに，両者の連携はこの時代から強く意識されていたことの証左であろう。ただ，このような意識や努力はもっぱら監査役サイドに見られたように思われる。個別の会社ごとの連携はともかく，長い間，無機能化していた監査役側に対し，公認会計士側の反応は冷ややかなものがあったのではないだろうか。また，それまで証券取引法上の会計監査と商法上の会計監査が全く別の道を歩んできたことも要因として加えられよう。

(2) 1974年（昭和49年）以降の実務の流れ

　1979年（昭和54年）には，日本監査役協会と日本公認会計士協会双方の役員レベルでの会合が持たれ，翌年には双方の連絡会が始まった。ここに，両協会レベルでの意見交換・情報交換が公式に始まることになった。

　日本監査役協会としての公表物ではあるが，1980年（昭和55年）には，「監査役と会計監査人との間の実務指針第1号」が上記連絡会での議論も踏まえ公表された。なお，同指針では各種の個別テーマにつき連続して公表すべく「第1号」とされたが，第2号以降については途絶えている。同実務指針第1号に対し，日本公認会計士協会ではこれをバックアップする旨の担当役員談話もあった。

　1988年（昭和63年）には，日本監査役協会・商法監査協議会が「監査役と会計監査人との連係を保つための実務指針」を公表した[24]。これは先の実務指針第1号を発展させたものである。同実務指針では，連携の基本方針として，①監査役は，会計監査人と会計監査上必要な情報交換を行い，効率的な監査を実

24　社団法人日本監査役協会編「監査役監査資料集」(1997) 23頁以下参照。その後，1994年（平成6年）の改正があったが，2006年（平成18年）には「会計監査人との連携に関する実務指針」と名称変更され，さらに2009年（平成21年），2011年（平成23年），2014年（平成26年）と改正を行ってきた。

施するよう努めること，②監査役は，会計監査人と定例的会合を持つとともに，必要に応じ随時所要の連絡を行うこと，を基本としており，監査計画時・期中・期末ごとにかなり具体的な指針を示した。この指針に沿って，各社では具体的な実務関係が形成されたが，特に，定例的会合を持つことの意義は大きかったものと思われる。

　以上見てきたように，この間の両者連携問題については，日本監査役協会からの積極的働きかけが中心であり，日本公認会計士協会はこれをバックアップするという構図であった。そして，このような関係が当分続くことになる。

(3) 金融商品取引法193条の3の創設による変化

　2007年（平成19年）の公認会計士法改正に伴う2008年（平成20年）の金融商品取引法改正により193条の3が新設されたことが，両者の連携を加速させることになった。法令違反等事実を発見した際の当局への申出制度（同条2項）などの法制化である。法令違反等事実を発見した場合に，「法令違反の是正その他の適切な措置」を特定発行者（関与先の会社。193条の2第1項参照。）に通知しなければならないが（193条の3第1項），この通知の相手方は監査役であるから（監査証明府令7条），業務監査面でも監査役との連携が日頃から重要なものに変化することを意味する。

　2013年（平成25年）には，企業会計審議会から「監査基準の改訂および監査における不正リスク対応基準の設定に関する意見書」が公表され，この中で，監査の各段階において監査役と連携を図らなければならないことが明記されることになった。

　こうした一連の動きが，日本公認会計士協会を動かしたように思われる。近時は，日本公認会計士協会における監査役との連携に対する姿勢が大きく変化してきており，むしろ日本公認会計協会側の対応が積極的なようにも見える。

(4) 両協会による実務指針等の急展開

　2012年（平成24年）以降は，両協会相互の連携がかなり進んでおり，急展開の様相がある。上記の金融商品取引法系の法令や監査基準によって大幅に変化してきたのである。こうして両者連携に関する実務指針やガイドラインが多く

第1章　監査役監査と公認会計士監査との連携の歴史

設定されるようになってきている。このうち筆者が特に重要と思われるものを図表1-1に掲げる（なお，両協会による共同研究の別紙には，両者連携に関連する実務指針等の一覧が掲載されている）。

ちなみに，両協会名による共同声明として，2012年（平成24年）には「企業統治の一層の充実に向けた対応について」，2013年（平成25年）には「『監査基準の改訂および監査における不正リスク対応基準の設定に関する意見書』の公表に伴う監査役等と監査人とのより一層の連携について」を公表している。そして，2013年（平成25年）には，両協会名による「監査役と会計監査人との連携に関する共同研究」が公表された。

2014年（平成26年）会社法改正および2015年（平成27年）法務省令改正ならびに2015年（平成27年）コーポレートガバナンス・コードの確定（同年6月には有価証券上場規程への設定）などを受けて，いくつかの実務指針が策定ないし改訂されている。詳細は，本書の第2章，第4章，第8章，第9章などに譲るが，すでに日本監査役協会からは，2015年（平成27年）3月に，「改正会社法および改正法務省令に対する監査役等の実務対応」中の別添1「会計監査人

図表1-1　日本監査役協会と日本公認会計士協会の実務指針・声明等

日本監査役協会の実務指針・声明等	日本公認会計士協会の実務指針・声明等
1　監査役監査基準 2　監査役監査実施要領 3　会計監査人との連携に関する実務指針 4　監査役と会計監査人との連携に関する共同研究報告 　（両協会名） 5　改正会社法および改正法務省令に対する監査役等の実務対応 6　会計監査人の評価及び選定基準策定に関する監査役等の実務指針	1　法令違反等事実発見への対応に関するQ&A 2　内部統制の不備に関するコミュニケーション 3　監査役等とのコミュニケーション 4　監査役と会計監査人との連携に関する共同研究報告 　（両協会名） 5　「監査基準の改訂および監査における不正リスク対応基準の設定に関する意見書」の公表に伴う監査役等と監査人とのより一層の連携について 6　不正リスク対応基準等を踏まえた監査役等とのコミュニケーションの充実に向けた監査人の対応

の選解任等に関する議案の内容の決定権行使に関する監査役の対応指針」および「コーポレートガバナンス・コードに対する当協会の考え方及び今後の方針について」が公表されるほか，監査役監査基準，内部統制に関する実務指針などの改訂が行われた。さらに，同年11月には「会計監査人の評価及び選定基準策定に関する監査役等の実務指針」が公表され，監査役側としては一応の実務指針が整備されたように思われる。他方，日本公認会計士協会でも，同年5月に，監査基準委員会報告書260号「監査役等とのコミュニケーション」および関連指針の改正を公表している。両協会からのこうした実務指針やガイドラインは，より詳細かつ実務的な傾向が見られる。

(5) コーポレートガバナンス・コードの設定による推進

上記のように，監査役と公認会計士との連携に影響を与えてきた要因は，各種挙げられるが，とりわけこれからの両協会相互の連携を一段と加速させる要因（ないし上場会社等の会計監査実務に大きく影響を与えつつある要因）は，2015年（平成27年）コーポレートガバナンス・コードの東証の有価証券上場規程への設定（同上場規程への「別添」形式）といえよう。前述のとおり詳細は本書の第2章，第4章，第8章，第9章などに譲るが，ここでは本章と直接関連する部分についてのみ簡単に触れておこう。

コーポレートガバナンス・コードの第3章は「適切な情報開示と透明性の確保」をテーマとするものであるが，その補充原則3-2では，監査役等に対し，次のような会計監査人への対応について記載されている。

3-2-1 監査役会は，少なくとも下記の対応を行うべきである。
  i 外部会計監査人候補を適切に選定し外部会計監査人を適切に評価するための基準の策定
  ii 外部会計監査人に求められる独立性と専門性を有しているか否かについての確認

3-2-2 取締役会および監査役会は，少なくとも下記の対応を行うべきである。
  i 高品質な監査を可能とする十分な監査時間の確保
  ii 外部会計監査人からCEO，CFO等の経営幹部へのアクセス（面談等）

の確保
- iii 外部会計監査人と監査役（監査役会への出席を含む），内部監査部門や社外取締役との十分な連携の確保
- iv 外部会計監査人が不正を発見し適切な対応を求めた場合や，不備・問題点を指摘した場合の会社側の対応体制の確立

　上記3-2-1全体および3-2-2(i)については，前述のとおり日本監査役協会から「会計監査人の選解任等に関する議案の内容の決定権行使に関する監査役の対応指針」や「コーポレートガバナンス・コードに対する当協会の考え方及び今後の方針について」その他の指針が公表されている。

　上記3-2-2(iv)については，本書第3章で個別に取り上げているので，同章を参照されたい。上記3-2-2(ii)については，日本公認会計士協会の監査基準委員会報告書260号「監査役等とのコミュニケーション」にも取り上げられているが，まずは経営幹部ないし執行部側での認識が望まれるところである。コーポレートガバナンス・コードは，コンプライ・オア・エクスプレイン型の適用とされてはいても，本来的には全面的なコンプライが望ましい。少なくとも補充原則3-2の連携問題については，コンプライを目指すべきであろう。

5．おわりに

　2014年（平成26年）の改正会社法により，会計監査人の選任議案は監査役が決定することになっている（平成26年会社法344条。なお，会計監査人の報酬等の決定権を監査役に移すことは見送られた）。この改正によって，監査する側の会計監査人の選任議案が，監査される側の取締役から発せられていたという形式的独立性の欠如問題は，少なくとも法形式上は解決されたように考えられる。そして，コーポレートガバナンス・コードが上場会社等における両者連携の実務面に与えた影響は極めて大きいものというべきであろう。こうして，両者による会計監査体制を巡る環境が一段と整備され強固なものになった以上，会計監査の品質についてもさらなる水準の向上が求められる。

　実質的な監査品質の向上は，日頃からどの程度の相互補完的な連携が達成されるかにかかっているのではないだろうか。現行会社法の重畳的会計監査体制

自体の当否はともかく(おそらく今後も継続するものと思われるが),各社の現場に臨む監査役と会計監査人の個々人が,現実に両者連携の実務指針等の精神をどれほど汲み上げていくかによるところが大である。両者の連携とは,両者の善管注意義務遂行過程における監査品質向上のための意見交換ないし情報交換のことであるといっても過言ではないであろう。そして,意見交換・情報交換である以上,なるべく双方向でなされることが望まれる[25]。

金融商品取引法上の公認会計士監査制度においては,国際動向を踏まえ,長文式監査報告書ないし監査重点事項等の記載(いわゆるkey audit matters：KAM)等の法制化について,検討が進められていくであろう。ここでは,有価証券報告書・四半期報告書等における財務情報はもとより,非財務情報(有価証券報告書でいえば,主に第1から第4の部分)[26]の取扱いが課題となろう。なお,コーポレートガバナンス・コード基本原則3では,「とりわけ非財務情報が,正確で利用者にとってわかりやすく,情報として有用性の高いものとなるようにすべきである」とされている。

現行の金融商品取引法では,公認会計士による非財務情報の監査は直接求められていないが(金商法193条の2),非財務情報といっても業務内容を説明す

---

[25] 現実問題としては何らかのメリットが必要であろう。そのメリットは,社会から求められている高いレベルの監査品質に対し,両者が善管注意義務を遂行していくうえでの"ある種の安心感"に求められよう。その安心感は,意見交換または情報交換によってもたらされる。実施面からは,IFRSを取り込んだ会計基準など会計専門分野が話題になることもあり,いきおい監査役が会計の専門家から話を伺うような一方通行の状態に陥ってしまうことも否めない。そうなると,会計監査人にとっては負担が多くメリットは少なくなり,低調気味に推移してしまうおそれがある。
このような観点からすると,残された制度上の課題として,監査役会メンバーの会計的素養の問題が浮上してくる。双方向の意見交換を狙う限り,監査役側にも財務・会計の知見ないし専門性がある程度求められるのではないだろうか。すでにアメリカの監査委員会では,全員が知見者(literacy)でうち1人は専門家(expertise)という形で採用されている制度であり,また日本でもコーポレートガバナンス・コード原則4-11において表明され2015年6月から東証の有価証券上場規程に添付されている制度でもある。ただ,同規程の適用対象会社はあくまでも上場会社である。上場会社以外の会計監査人設置会社においても,会社法・会社法施行規則などの法令で規制するのか,もしくは日本監査役協会でガイドラインを示すのかなどとして,少なくとも1名以上は,会計監査人と財務・会計の話題が対等にできるような人材を監査役会のメンバーとすることが望ましく思われる。
[26] 有価証券報告書における第1〜第4の部分は,純然たる財務情報である第5「経理の状況」に対し,いわば業務情報ともいえる部分である。ここでは,「主要な経営指標等の推移」「財政状態・経営成績・キャッシュフローの分析」などのように,業務全体に関する文章情報ではあるが内容はほぼ財務数値と見られる部分がある。また,「事業等のリスク」「主要な設備の状況」「大株主の状況」など業務情報プロパーと考えられる情報でさえ会計数値が入り込む。日本公認会計士協会による非財務情報に対するアプローチの一端が見られたが(日本公認会計士協会リサーチセンター審理情報No.20「有価証券報告書等の記載事項の適正性の確保について」2005年3月公表),2011年に廃止となった。

る文章情報のみならず会計数値（管理会計上の数値が含まれることもある）による表現部分が存することでもあり，監査報告書が長文化あるいは少なくとも拡充されるようになれば，有価証券報告書・四半期報告書等における非財務情報に対する公認会計士監査の要否問題あるいは非財務情報に対する両者の連携問題に及ばざるを得ないであろう[27]。同時に，監査重点事項等を記載する際の切り口からも，非財務情報の開示内容に対する何らかの連携は避けて通れないのではないだろうか。今後はこうした点も，監査役と公認会計士との連携問題として重要論点になり得るように思われる。そして，この切り口は同時に，会社法上の事業報告の監査にも妥当する。現在，事業報告の監査義務は監査役等による監査だけであるが（会社法436条），会計監査人設置会社においては，「事業の経過・成果」「財産・損益の状況の推移」（会社法施行規則120条4号，6号）などについて何らかの連携があるべきであろう。

● 参考文献

相澤哲編著（2005）『新・会社法』商事法務。
稲葉威雄＝尾崎安央編著（2008）『改正史から読み解く会社法の論点』中央経済社。
上田純子（1999）「日本的機関構成への決断」『北澤正啓先生古稀祝賀論文集　日本会社立法の歴史的展開』商事法務，373-399頁。
浦野雄幸（1968）「株式会社監査制度論」商事法務。
江頭憲治郎（2008）『株式会社法（第2版）』有斐閣。
大隅健一郎（1987）『新版・株式会社法変遷論』有斐閣。
大住達男（1950）『株式会社会計の法的考察』白桃書房。
太田誠一＝片田哲也＝鳥飼重和（2002）『コーポレートガバナンスの商法改正』商事法務。
片山義勝（1932）『会社法原論（第6版）』有斐閣。
川口哲哉（1975）「会計監査人との連係の仕方」『月刊監査役』74号，7-16頁。
監査役センター会計監査基準起草委員会（1972）「会計監査基準（試案）」『月刊監査役』34号，20頁。
監査役センター事務局（1972）「監査役監査基準・事務局試案」『月刊監査役』48号，11頁。
久保大作（2010）「会計基準と会社法」中東正丈＝松井秀征編著『会社法の選択』商事法務，759-812頁。

---

[27] 日本監査役協会の2015年11月のアンケート調査「役員等の構成の変化などに関する第16回インターネット・アンケート」によれば，監査役が有価証券報告書の監査を実施している会社は，全体で72.8％である。このうち非財務情報の監査を監査役が実施している会社は，71.9％となっており，現状では有価証券報告書における非財務情報の監査については，多くの会社で監査役がカバーしていることになるが，非財務情報の中にも，本来，公認会計士と連携してチェックすべき項目が多いように思われる。

酒巻俊雄（1982）『会社法改正の論理と課題』中央経済社。
坂本三郎（2014）『一問一答・平成26年改正会社法』商事法務。
佐藤敏昭（1996）「社外監査役の役割と監査役制度の課題」『長浜洋一先生還暦記念論文集 現代英米会社法の諸相』281-308頁。
佐藤敏昭（2010）『監査役制度の形成と展望』成文堂。
始関正光編著（2003）『平成14年商法改正』商事法務。
社団法人日本監査役協会（1974）「監査役監査基準」『月刊監査役』67号，2-9頁。
商事法務編（2005）『会社法・整備法全条文』商事法務。
鈴木竹雄＝竹内昭夫（1977）『商法とともに歩む』商事法務。
高田正淳（1981）「監査役監査と会計士監査との関係」『企業会計』33巻1号，118-120頁。
田中耕太郎（1943）『改正会社法概論』岩波書店。
中央会計事務所編（1974）『昭和49年商法改正関係・衆参両院法務委員会議録』商事法務。
中東正丈＝松井秀征編著（2010）『会社法の選択』商事法務。
西村あさひ法律事務所太田洋＝高木弘明編（2014）『会社法改正と実務対応』商事法務。
浜田道代ほか（1999）『日本会社立法の歴史的展開』商事法務。
原征士（1989）『わが国職業的監査人制度発達史』白桃書房。
法務省民事局参事官室（1981）別冊商事法務50号『改正商法の概要』商事法務。
町田祥弘(2015)「外部監査人と監査役等との連携の新たな可能性─外部監査人による監査報告書の改革の動向を踏まえて（後編）」『監査役』637号，13-23頁。
松本烝治（1935）『会社法講義（第17版）』厳松堂書店。
味村治＝加藤一昶（1977）『改正商法及び監査特例法の解説』法曹界。
元木伸（1981）『改正商法逐条解説』商事法務。
山村忠平（1975）『新商法による株式会社監査』同文舘出版。
吉戒修一（1996）『平成5年・6年改正会社法』商事法務。

（佐藤敏昭）

第2章 会計監査人の選任と報酬の決定を巡る問題
～会社法上の論点整理とその検討を踏まえて～

1．はじめに

　会計監査人は，株式会社の計算書類およびその附属明細書，臨時計算書類ならびに連結計算書類を監査する権限があり（会社法396条1項前段），会計監査報告の作成義務がある（会社法396条1項後段）。そして，会計監査人は，いつでも，会計帳簿またはこれに関する資料を閲覧・謄写したり，取締役や使用人に対して，会計関係の報告請求権限がある（会社法396条2項）。

　会社による正確かつ適切な計算書類等の開示は，株主や債権者等利害関係者にとって当該会社に対する大事な判断基準となることから，会計監査人は，会社にとって重要な役割を担っていることを意味する。したがって，会社法においては，会計監査人は，公認会計士または監査法人（5名以上の公認会計士を社員として設立された法人）でなければならないと規定している（会社法337条1項）。そして，職業的会計専門家である会計監査人は，会社から法的に独立した外部の立場から[1]，会社の会計が一般に公正妥当と認められる企業会計の慣行に従っているか否かを見極めるために会計監査を実施し，その結果は取締役や監査役への通知を通じて，広く株主等に開示される。

　他方，会計監査人は，会社と委任関係にあること（会社法330条）から，会社に対して善管注意義務を負う（民法644条）。会計監査人が，善管注意義務を果たさずに，職務につき任務懈怠によって会社に損害を及ぼせば，会社に対して損害賠償の支払義務を負うことになり（会社法423条1項），株主代表訴訟の対象ともなる（会社法847条1項）[2]。このような会社法上の規定に基づき，会計

1　公認会計士の資格を保有している経理部や財務部の使用人は，会社に所属している限りは，当該会社の会社法上の会計監査人になることができるわけではない。
2　会社のみならず，その職務を行うについて，悪意または重大な過失を要件として債権者等の第三者に対しても，損害賠償責任を負う（会社法429条1項）。

監査人は，その職務を全うするように努める。

　会計監査人は，経営から独立した立場から監査をするわけであるから，不適切な会計処理や不正と思われる会計表示が行われたり，そのおそれがある場合には，経営側に質したり，是正を申し入れる必要がある。このような局面においては，経営側と会計監査人との間で見解の相違を理由として，対立することもあり得る。しかし，会計監査人が経営者の都合で安易に交代させられたり，監査活動の源となる監査報酬が不当に下げられたりすると，全うな監査に支障を来すことになる。したがって，監査をされる側（経営者）が監査をする側（会計監査人）の人事権である選解任・不再任権と報酬の決定権を掌握することは，会計監査人の立場を弱体化させ，健全な会計監査の観点から問題であるとの指摘は従来から存在した[3]。

　このために，会計監査人と同じく，経営執行部門から法的に独立した立場にある監査役に，会計監査人の選解任・不再任権や報酬決定権を付与したらどうかという主張が行われるようになってきた。このような背景から，2010年（平成22年）4月から開始された法制審議会会社法制部会（以下「会社法制部会」という）において，会計監査人の選解任・不再任の議案内容や報酬等の決定権を監査役に付与することが妥当かどうかについて審議の対象項目となった。

　その後，約2年半の審議を経て，要綱としてまとめられた後，2013年（平成25年）11月29日に，「会社法の一部を改正する法律案」として国会に提出され，最終的には，2014年（平成26年）6月20日の第186回国会（常会）において承認・可決され（改正された会社法を，以下「平成26年会社法」という），2015年5月1日から施行されている。

　そこで，本章では，会計監査人の選解任・不再任と報酬を巡るこれまでの論点を整理したうえで，平成26年会社法の内容を踏まえて，今後の課題や方向性について検討する。なお，会計監査人の選解任・不再任については，便宜上，会計監査人の選任として以下記述する。

---

[3] 例えば，金融審議会金融分科会（2009）12-13頁。

2．改正前会社法上の規定

(1) 会計監査人の選任関連

　改正前会社法（以下「平成17年会社法」という）においては，会計監査人の選任議案を株主総会に提出するには，監査役（2人以上の場合は，その過半数，監査役会設置会社では監査役会）の同意が必要であった（平成17年会社法344条1項1号・3項）。また，監査役（会）は取締役に対して，会計監査人の選任に関する議案を株主総会に提出することの請求が可能であった（平成17年会社法344条2項1号・3項）。

　これらの規定は，1981年（昭和56年）の商法改正で導入されたが，その立法趣旨は，取締役にとって都合の良い会計監査人を一方的に選任する恣意性を排除することによって，結果として会計監査人の独立性を図り，監査役と会計監査人の連携協力を確保するためであった[4]。

　会計監査人の選任議案を株主総会に提出する前に，監査役（会）の同意が必要であるということは，監査役にいわば拒否権を付与したことに相当する[5]。したがって，監査役は，取締役が会社の会計方針や処理の仕方に異議を唱えない会計監査人を選任しようとする意図に対して，歯止めをかけるという意義があったといえよう[6]。

　なお，監査役の過半数の同意を得ずして株主総会で承認・可決された場合においては，株主総会決議取消訴訟の対象（会社法831条1項）と解される[7]。

(2) 会計監査人の報酬関連

　会計監査人の報酬等（職務執行の対価として受ける財産上の利益を含む。以

---

[4] 龍田（1987）522-523頁。
[5] 潘（2010）119頁。
[6] ちなみに，アメリカでは監査委員会が会計監査人を選任し，イギリスでは，株主総会で選任されるが，上場会社では選任議案は監査委員会の提案に基づき提出される（監査委員会の提案に基づかない場合は，年次報告書にその旨の理由を記載）。他方，ドイツでは，株主総会で会計監査人を選任し，上場会社では監査役会が指名する。また，フランスでは，株主総会で選任されるものの，上場会社では，選任議案の作成には，業務執行者の参画は不可となっている。
[7] 龍田（1987）528頁。

下「報酬」という）を定める場合には，監査役（2人以上の場合はその過半数，監査役会設置会社では監査役会）の同意が必要である（会社法399条）。

　この規定の背景には，取締役（経営者）のみが会計監査人の報酬に係ると，十分な質・量の役務を提供することが困難な水準に抑制するインセンティブが働く懸念があるからである[8]。すなわち，会計監査を受ける経営者は，コスト削減の必要性から会計監査報酬が少しでも低額であることが望ましいと考える可能性が否定できないということである。他方で，会計監査の作業時間と比較して多額の報酬を支払うことは，会計監査人と取締役の癒着の原因となりかねず[9]，取締役が不適切な会計処理等を見逃してもらうことを期待することもないとは限らない。したがって，監査役に同意権を付与していることは，会計監査人が独立した立場から適切な会計監査を実施できるためともいえよう。

　なお，会計監査人の報酬については，取締役や監査役等の他の会社役員と異なり，株主総会の決定を必要としないことから，監査役による報酬同意は，取締役による一方的な会計監査人に対する報酬決定を防止する意味からも，重要な意義を持つといえる。ちなみに，本規定は，平成17年会社法で実現された[10]。

　もっとも，ここでいう会計監査人の報酬の同意には，コンサルタントや金融商品取引法（以下「金商法」という）に基づく財務諸表の監査報酬は含まれていない。したがって，監査役の同意を必要とする本来の監査報酬を低額に抑えつつ，コンサルタント等の報酬等を多額にすることによって，会計監査を自社に有利な方向とする可能性がある問題点も指摘されている[11]。このような懸念に対して，会社法上では，本来の会計監査に基づく会計監査人の報酬額と，非監査業務によって会社から対価の支払いを受けている場合には，事業報告にその非監査業務の内容を記載しなければならないとしている（会社法施行規則126条2号・3号）。しかし，あくまでも非監査業務の内容であって，非監査業務の報酬額そのものの開示ではないこと，金商法に基づく財務諸表監査に対す

---

[8]　江頭（2015）611頁。
[9]　江頭（2015）612頁。
[10]　平成17年改正商法前は，会計監査人の報酬は，代表取締役または代表執行役と会計監査人との交渉によって報酬額を決定することも認められるものと考えられていた。法務省民事局参事官室（2003）105頁。
[11]　久保（2012）347頁。

る報酬は開示対象外であることから、必ずしも完全な開示がなされているとはいえないであろう[12]。

(3) 監査役（会）と監査委員会における相違

　以上記述した前提は、監査役（会）設置会社が対象となっている。2002年（平成14年）の改正商法で新たに導入された委員会等設置会社（その後、委員会設置会社に名称変更が行われ、現行法では指名委員会等設置会社）においては、会計監査人の選任については、当初より監査委員会に会計監査人の選任議案の内容の決定を行うことができる決定権が付与されていた（旧商法特例法21条の8第2項）。そしてこの規定は、会社法に継承された（平成17年会社法404条2項2号）。当時の委員会設置会社では、監査委員会が業務全般の監査を行う点では監査役と同様であるが、この点については、監査役の権限と異なっていた[13]（図表2-1参照）。

図表2-1　監査役（会）vs監査委員会（平成17年会社法の規定）

	監査役（会）	監査委員会
会計監査人の選任	同意権・請求権（344条）	決定権（404条2項2号）
会計監査人の報酬	同意権（399条1項・2項）	同意権（399条3項）

出典：筆者作成。

3．会計監査人の選任議案および報酬に関する改正議論

(1) 背景

　前述したように、監査を行う会計監査人の選任と報酬について、監査を受け

---

[12] 会計監査人の報酬に関して、アメリカでは監査委員会が決定し、イギリスでは、株主総会での決定と監査委員会の承認が必要である。また、ドイツでは監査役会が決定し、フランスでは、経営者と会計監査人との交渉で決定され、交渉がまとまらなければ、会計高等評議会等の第三者機関に、その決定が委ねられているようである。

[13] 監査役設置会社と委員会設置会社との制度上の違いとして、監査役は独任制を前提とするのに対して、監査委員は組織監査であり、監査報告の内容も監査委員会の多数決で決定されたり、内部統制システムの構築を前提に監査を行うことが挙げられる。

る経営者（取締役）が決定することに異議を唱える向きはかねてより存在した。しかし，カネボウ事件，ライブドア事件等による世間の注目を受けた会計不祥事が散見されるに当たり，会計監査人のあり方に関心が集まった状況において，会計監査人の経営者側からの独立性の確保を強化することなどを目的とした公認会計士法の改正が行われた。このときに「財務情報の適正性の確保のためには，企業のガバナンスが前提であり，監査役又は監査委員会の機能の適切な発揮を図るとともに，監査人の選任決議案の決定権や監査報酬の決定権限を監査役に付与する措置についても，引き続き真剣な検討を行い，早急に結論を得るように努めること」という附帯決議がなされた（公認会計士法等の一部を改正する法律案に対する附帯決議2007年（平成19年）6月8日衆議院財務金融委員会）[14]。

この附帯決議が契機ともなり[15]，その後会計監査人の選任議案や報酬について，監査役への決定権の付与の是非が本格的に議論されるようになった。それでは，何故に監査役なのか。監査役には，すでに同意権が付与されていたが，同意権から決定権に変更される意義はどのように考えるべきであろうか。

会計監査人は，監査対象会社に常駐しているわけではない。あらかじめ定めた監査計画に基づいて，会社の現場に赴き，会計帳簿を確認したり，必要に応じて経理・財務担当者からヒアリングを行ったりする。そもそも，通常は，会計監査人は複数の会社を担当し，サイナークラスのベテラン会計監査人ともなると，多くの会社を担当するのは通常である。このために，会社の情報をタイムリーに入手できるわけでも，機動的な会計監査を実践できるわけでもない。このために，同じ監査を担う（常勤）監査役との連携が特に重要となってくる[16]。

---

[14] 参議院の附帯決議は「財務情報の適正性の確保のためには，企業内におけるガバナンスの充実・強化が不可欠であることにかんがみ，監査役の専門性及び独立性を踏まえて，その機能の適切な発揮を図るとともに，監査人の選任議案の決定権や監査報酬の決定権を監査役等に付与する措置についても，引き続き検討を行い，早急の結論を得るように努めること」（2007年（平成19年）6月15日参議院財政金融委員会）とされ，基本的には衆議院財務金融委員会の附帯決議と同様の内容である。

[15] この背景には，監査委員会が監査人の任命・報酬・監督につき直接責任を負うとしているアメリカの規定や，監査役会が会計監査人との間で報酬に関する事項を含む監査契約を締結するドイツの制度との比較法的観点もあったようである。髙橋（2015）13頁。

[16] 監査役から見て，会計監査人は意思疎通を図る者に該当するはずである（会社法施行規則105条2項3号）。

監査役は，取締役の職務執行を監査する（会社法381条1項）。会計監査人が会計監査に特化しているのに対し，監査役は業務全般を監査する[17]。特に，監査役会設置会社では，常勤の監査役を選定しなければならず（会社法390条2項2号），常勤の監査役からの情報をもとに会計監査につなげることは，会計監査を行ううえで効率的かつ効果的である。また，監査役にとっても，職業的会計専門家である会計監査人に一次的に監査業務を行ってもらい，最終的にその相当性を判断する方法とした方が確実かつ効率的である。言い換えれば，監査役と会計監査人とは相互協力関係にあるといってよいであろう。

　しかし，会計監査人の実質的な選任権と報酬決定権を経営者が掌握しているとすれば，会計監査人にとって，監査役よりも経営者の意向を重視することにもなりかねない。しかも，経営者側には，最高財務責任者（Chief Financial Officer：CFO）をはじめとした財務・会計に知見のある者が会計監査に全面的に対応する。法的に独立した立場から経営を監査するという点では，会計監査人と監査役とは同じ立場であるにもかかわらず，監査役よりも経営者（とりわけ財務担当役員）を意識することにもつながる。本来，会計監査人は，会計監査を通じて得た取締役の不正行為または法令・定款違反行為を監査役に報告する義務があり（会社法397条1項），また，監査役にも，必要に応じて会計監査人に対して監査に関する報告請求権がある（会社法397条2項）にもかかわらず，本規定を相互に十分に活用していない懸念がある。すなわち，財務部等の出身監査役でもない限り，財務・会計についての知見が十分でないと考える監査役は，会計監査人に遠慮が生じるであろうし，会計監査人にとっても，監査役よりも財務部門に話を通した方が報酬等への反映が期待できると考えている可能性もある。

　会計監査人の選任や報酬に関して，同意権から決定権に移行するということは，監査役がこれらの点について，イニシアティブを持つことを意味する。同意権では，経営者側の案に対して，拒否権を保持する受身の対応であることに

17　監査役会設置会社および会計監査人設置会社以外の非公開会社の場合，監査役の監査の範囲を会計に関するものに限定する旨を定款で定めることが可能である（会社法389条1項）。この規定は，商法特例法において，小会社（資本金1億円以下かつ負債総額200億円未満）の監査役や有限会社が任意に設置した監査役の職務権限が会計監査に限定されていた旧商法上の制度を継承したものである。潘（2012）308-309頁。

対して,決定権となった場合には,自らが意思決定を行うことを意味する。監査役が会計監査人の選任等について同意権から決定権に移行したからといって,その判断のための情報収集を執行部門から受けてはいけないということを意味するわけではない。しかし,会計監査人から見れば,自らの選任等について,最終的な意思決定を持つのは監査役であるとの認識が高まれば,会計監査人と監査役との実質的な連携が高まるとも考えられるであろう。

　すなわち,監査をする会計監査人にとって,監査される経営者が保有する選任権や報酬決定権から解放されることは,会計監査人の独立性の確保の問題(「インセンティブのねじれ」問題)に対する1つの解決方法とはいえるであろう。

(2) 会計監査人の選任議案・報酬に関する本論点に対する各界の意見

　それでは,会計監査人の選任議案・報酬に関して,監査役に同意権ではなく決定権を付与するという本論点について,各界はどのような主張をしたのであろうか。会社法制部会における主張点を紹介してみたい。

① 日本公認会計士協会

　日本公認会計士協会としては,会計監査人の選任および報酬の決定権を監査役に付与すべきとの結論を主張した[18]。その理由としては,第一に,監査を行う会計監査人と監査を受ける側とは利益相反が生じる可能性があるのに対し,経営を監視する立場にある監査役には利益相反がないこと,第二に,資本市場において投資者の信頼を得るためには,会計監査人の外観的独立性を担保するガバナンスの仕組みが必要と思われること,第三に,業績が悪化する局面では,財務情報の虚偽記載のリスクが高まり,会計監査人は十分な時間の確保が必要となるが,経営者からは逆に効率性が要求されることを挙げている。

　第一の理由では,利益相反という言葉を使用しているが,要するに監査をする側とされる側との関係を利益相反という言葉で表現しているものと思われる。そして,第二の理由は,第一の理由からの帰結として,監査をする側にとって監査をされる側に選任等の決定権が付与されていることは,会計監査人の独立

18　友永(2010)1頁。

性に疑義を生じさせるものであるとの主張であろう。また，第三の理由は，業績の悪化という具体的な場面を想定し，報酬の制限から十分な会計監査を実行できない懸念を表明したものと考えられる。

なお，補足説明として，監査役には少なくとも1名の財務・会計の知見を有する者が選任される必要があるとするとともに，監査役の選任方法等も含め，会社からの実質的な独立性確保の重要性も主張されている。

前者の主張に関して，事業報告の中で，監査役が財務および会計に関する相当程度の知見を有している者であるときは，その事実を記載しなければならないとされている（会社法施行規則121条8号）。この規則自体は，監査役が直ちに財務および会計に関する知見を有していなければならないことを意味するものではない。しかし，日本公認会計士協会の主張の意図は，監査役と会計監査人との間で意見交換をしたり質疑をしたりする際に，監査役に財務や会計の知見があることは有益であることから，現在の開示義務を進めて，財務および会計の知見者を義務付けるべきとの方向性を示したものであろう。会計監査人の側からの日頃の感触からの主張と考えられる[19]。

② 日本監査役協会

公益社団法人日本監査役協会も，日本公認会計士協会と同様に，会計監査人の選任議案および報酬の決定権を監査役に付与すべきとの結論を主張した[20]。

その理由として，第一は，会計監査人の独立性の担保と会計監査の実効性確保のために，監査役がより一層の役割を果たすことが制度設計として必要であること，第二に，同意権の行使が形式的な手続きに終わっており，実質的には経営執行部門の提示額を事後的に同意しているにすぎない場合も見受けられること，第三に，監査役に決定権を付与することで，将来的には経営サイドにおいても，監査役がその職務を執行するのに適した人材を選任するインセンティブが醸成されることが期待できること，を挙げている。

第一は，日本公認会計士協会も主張していた会計監査人の独立性について，

---

19 日本公認会計士協会によるアンケート結果を見ても，会計監査人から見た監査役に求められる資質として，「財務及び会計に関する知見を有する者が選任される必要がある」を挙げている割合は，86.4％と高い割合となっている。友永（2010）4頁。
20 築舘（2010）4頁。

監査役側の立場から主張された理由付けである。第二は，監査役の同意権の問題を端的に指摘している。すなわち，本来，同意権の権限によって，監査役は経営者からの提案の是非を検討することを通じて，同意権の行使の有無を判断することを期待されているものの，事後的な同意を行っているのであれば，そのこと自体は法が求めている同意権限を適切に行使しているとは言い難い[21]。言い換えれば，同意権限にとどまっているからこそ，このような状態が生じているのであり，仮に決定権が付与されていれば，自ら主体的に行動しなければならないことから，後追い的な行動が行われる余地は極めて小さくなるといえよう。

第三の理由は，監査役の人選に言及した興味深い理由付けである。例えば，会計監査人の報酬の決定権を監査役に移行したとすると，経営者としては，予期しない多額の報酬額の決定が行われる可能性もあることから，適切な報酬を決定できるような人材が監査役に選任されることに期待を示したものである。この点については，監査役の選任そのものも，実質上，代表取締役社長に掌握されているという監査役制度の問題点を挙げる主張も多いこと[22]を意識した理由付けとも考えられる。

なお，日本監査役協会として，監査役が会計監査人の報酬決定権を有効に運用するための環境整備の必要を補足説明している。具体的には，監査役の内，少なくとも1人は，財務および会計に関する相当程度の知見を有するものが望ましいこと，十分な情報に基づき，適正な判断が可能となる体制・プロセスの確保の必要性，監査役スタッフのさらなる充実を主張している。

財務および会計に関する知見者については，日本公認会計士協会は，その必要性を強く主張しているのに対して，日本監査役協会は，望ましいという表現で，そのトーンをやや弱めている。監査役に財務および会計の知見者であることを法的に義務付けると，監査役が1人就任している会社では，必然的に財務・経理出身者や公認会計士等の有資格者に限定されてしまうことを考慮したもの

---

21 日本監査役協会のアンケート結果では，会計監査人の報酬が担当取締役との間でほぼ結論が出されてから，同意判断に必要な情報を初めて得ている割合が，34.8％にも上っている実態が示された。築舘（2010）5頁。
22 研究者と実務家双方から指摘されている。例えば，研究者からは，森（1994）232頁；浜田（1997）115頁；岩原（2009）23-24頁，実務家からは，久保利（2004）21頁・28頁；藤田（2014）を参照。

と考えられる。監査役の監査業務は，広くガバナンス一般を対象とし，会計関連以外の知見者も必要とするからと考えているからであろう。

　2番目の補足説明については，監査役に決定権が付与されるとしても，その前提にあるのは十分な情報収集体制であり，このための執行部門からの協力体制は不可欠との認識を示しているものと思われる。また，監査役スタッフについての言及は，仮に監査役が財務および会計の知見者でなかったとしても，監査役スタッフが財務や経理部門の出身者であれば，その代替機能を持つことができること，また2番目の補足説明の情報収集体制にとっても，有益であることを念頭においた主張であろう。

③　経済界（日本経団連）

　経済界の代表的位置付けにある一般社団法人日本経済団体連合会は，監査役に同意権の付与を維持すればよいとの結論を主張した[23]。その理由として，第一は，選任議案や報酬は，業務執行権限であり，非業務執行役員である監査役に付与することと矛盾し，業務執行の意思決定の二元化を招くこと，第二は，同意権の活用により，取締役への牽制機能は十分に反映可能であることを挙げている。

　第一の理由の業務執行の意思決定の二元化論は，監査役は適法性監査に限定されるのか，妥当性監査にまで及ぶのかという従来からの根の深い議論とも関係してくる[24]。確かに，会計監査人をどの監査法人とするのか，会計監査人の報酬をどの程度にするのかは業務執行における意思決定であることは間違いなく，例えば，会計監査人の報酬については，報酬契約書という形で，会社（代表者）と会計監査人との間で締結されている。他方，監査役は直接的には業務執行をせずに，取締役の職務執行を監査することをその権限として規定するとともに（会社法381条1項），取締役会では出席義務と必要に応じた意見陳述義

23　八丁地（2010a）38頁；（2010b）39頁。
24　適法性監査限定論としては，矢沢（1975）3-4頁；大隅＝今井（1992）304頁；鈴木＝竹内（1994）314頁等。他方，妥当性監査まで及ぶとする意見として，田中（1993）723-724頁がある。もっとも，最近の論調として，内部統制システムの整備の相当性や買収防衛策に対する監査役の相当性判断を求める会社法の規定からして，妥当性監査に踏み込んできているとの主張（前田（2009）496頁）も理解を得てきている。

務は存在するものの議決権を持たない（会社法383条1項）。また，監査役は，業務執行者を監査することがその職務であることから，監査役が取締役や支配人その他の使用人を兼任することはできない（会社法335条2項）。このように考えると，監査役が業務の意思決定に直接関わることは，経営執行の二元化であるとの日本経団連の主張もあり得よう。もっとも，例えば適切な会計監査人の報酬の支払いは，会計監査にとって必要なことであり，監査役の業務監査権限の中に会計監査も含まれていることを鑑みれば，会計監査人の報酬の決定は，一方的に業務の一環としての決定事項であり，監査役は同意か否かを判断すればよいと一概にはいえない事情も勘案する必要はあろう。

　第二の理由は，監査役は，まずは同意権を十分に活用することが先決であり，同意権すら十分に活用できない実態があれば，まして決定権を活用することは無理であるという趣旨と解せられる。この主張は正論であるが，実務実態として，日本監査役協会のアンケートに見られるとおり[25]，経営執行部門の決定をいわば後追い的に追認しているケースが見られるのも事実であり，同意権を正当に行使しようと思っても，執行部門と監査役との力関係や情報量の格差から，後追い的にならざるを得ない状況下に不本意ながら置かれている監査役も存在し得ることは想像できる。

　もちろん，監査役として同意権を十分に行使できるようなベストプラクティスを実行することは必要であるものの[26]，それでもなお，特別の事情により制約を受けている監査役が主体的に行動することができるために，決定権を付与するという理由付けをどのように考えるかであろう。

④　学界

　会社法制部会における研究者の委員や幹事は，議事録を見る限り，監査役に決定権を付与することに対して，積極的に賛否を主張している向きは少数であり，どちらかというと中立的な印象である。

　意見の例としてあえて挙げれば，「監査役の資格に会計・財務に通じたもの

---

[25]　築舘（1987）5頁参照。
[26]　日本監査役協会は，会計監査人の監査報酬の同意と選任議案の同意に関する監査役のベストプラクティス（時系列整理）を公表した。社団法人日本監査役協会（2010）63-72頁。

が含まれることを要件とすれば，監査役の報酬決定権の採用もあると思われるが，現状ではインセンティブのねじれの解消にやや疑念があることから，会計監査人の選任決定権は付与，報酬決定権は現行を見直さない案に賛成」[27]であるとか，「どちらかに賛成というわけではないが，決定権の所在を変えるだけでは，現状を期待される方向に変えるほどの大きな意義がある提案か疑問あり」[28]との意見が出された。

⑤ 官界

　官界からは，会社法制部会の主管である法務省以外に，経済産業省，金融庁の代表者が幹事として参加していたが，会計監査人の選任議案と報酬について監査役に決定権を付与することに，積極的な賛成の意見を述べたのは金融庁だけであった。その理由として，第一は，昨今の会計不祥事は，経営者が粉飾決算を行っていて，それを隠匿するために会計監査人を変更しようとするインセンティブが見受けられること，第二は，監査報酬の高額化については，監査役も取締役と同様に善管注意義務があることから，一定の歯止めがあることを主張している。

　第一の理由については，日本公認会計士協会が，財務情報の虚偽リスクの局面で，会計監査人と経営者との対立場面が生じると主張した点から，実際に経営者が粉飾決算を実行した場面を想定したものである。第二の理由については，監査役に会計監査人の報酬決定権を付与すると，監査報酬の高額化につながるのではないかという懸念に対する考えであろう。もっとも，監査報酬の高額化になると何故に善管注意義務違反となり得るのか，言い換えれば，監査報酬の高額となることが当該会社の会計監査を適切に実施するために必要であることもあり得るわけであり，監査報酬の高額化と善管注意義務を単純に結び付けるのではなく，要件をもう少し精査する必要があろう。

27　神作（2012）46頁。
28　齊藤（2012）45頁。

4．平成26年会社法及び会社法施行規則の規定

(1) 平成26年会社法の規定と補足意見

　平成26年会社法では，本論点については，会計監査人の選任議案の内容の決定権は監査役（会）に付与（会社法344条）し[29]，会計監査人の報酬同意については，見直さないこととなった。

　会計監査人の報酬について，平成17年会社法を特に見直さなかった理由としては，第一に，報酬の決定は，財務に関わる経営判断と密接に関連するものであること，第二に，現行法において，監査役に認められる権限との均衡を考慮したこと，第三に，監査役が同意権を適切に行使することにより，会計監査人の独立性を確保できること，と説明されている[30]。

　第一の理由については，会計監査人の報酬は，経営側の支出である以上，その多寡は経営判断事項であり，経営の裁量に基づくものとの判断が働いたといえよう。第二の理由については，第一の理由とも密接に関係すると思われるが，監査役に平成17年会社法で認められている権限と比較すると，より妥当性の内容に踏み込んだものとなってしまうと考えたものと思われる。第三の理由は，経済界の主張を採用したもので，監査役は，まずは同意権の適切な行使を行うことが先決であり，これによって，会計監査人の報酬が経営者の思いどおりとなることはないと判断したものであろう。

　なお，会社法制部会では，本件について補足意見が記載されている[31]。

　第一は，会計監査人の報酬決定権の問題は，引き続き検討を要するとの指摘があった。要するに，会計監査人の報酬決定権を監査役に付与するか否かの問題は，今回の会社法制部会の結論で終了したのではなく，今後のあり方としても，継続検討を必要とする論点となることが確認された。日本公認会計士協会や日本監査役協会の主張にも一定の配慮をしたものといえよう。

　第二は，会計監査人の選解任等に関する議案の内容の決定や，報酬等への同

---

[29] 平成26年会社法で新たに創設された監査等委員会設置会社においても，会計監査人の選任議案の決定権が監査等委員会に付与されている（会社法399条の2第3項2号）。
[30] 岩原（2012b）5頁。
[31] 第23回会社法制部会議事録10頁以下（2012年（平成24年）7月18日開催）。

意の理由等を監査報告または事業報告において開示する会社法施行規則の改正が示唆された。特に，報酬同意については，監査役の追認的な同意では，監査役としての意見が反映し難いことから，監査役として，同意の有無とその理由をあらかじめ十分に検討する実務が必要となっていることを意味する。すなわち，経営側が提示してきた会計監査人の報酬について，監査役としての同意理由を十分に検討したうえで，それを適切に開示することになろう。ひな型による紋切型の開示では，不十分ということを意識すべきである。

　第三は，監査役が権限を行使するための実務指針の作成である。監査役が適切に決定権を行使するためには，具体的な実務としてどのようなことに留意すべきかを示す指針の作成は重要である。日本監査役協会は，同意権を行使するためのベストプラクティスを作成しているが，決定権では監査役が自主的かつ自発的にイニシアティブをとることになることから，ソフトロー的な実務指針の作成の必要性を主張している点は理解できる。

(2) 会社法施行規則の改正

　平成26年会社法を受けて，会社法施行規則の改正も行われた（以下「平成27年会社法施行規則」という）。

　まず，会計監査人の選解任・不再任議案の内容の決定理由は，株主総会参考書類によって開示対象となった（平成27年会社法施行規則77条3号・81条2号）。これらの決定権が監査役に付与されたことから，決定理由については，監査役（会）で十分に審議したうえで，その理由を含めて株主総会参考書類に記載することになろう。そして，株主総会当日に株主から質問や説明を求められた際には，監査役が回答する義務を負うことになる（会社法314条）。

　また，会計監査人の報酬等の同意については，公開会社においては事業報告の開示対象となった（平成27年会社法施行規則126条2号）。この事業報告への開示は，会計監査人の報酬等に対する同意権の実効性を確保するためと説明されている[32]。

　従前は，監査役が会計監査人の報酬等について，後追い的に同意したり，同

32　坂本＝堀越＝辰巳＝渡辺（2015）44頁。

意にあたって十分な審議や検討をしない状況であったとしても外部から指摘されることはなかったのに対して，今後は，事業報告を通じて広く開示されることとなった。したがって，前年度実績との比較，当該年度の特有の事情の有無，同業他社の報酬額等を参考にしつつ，実質的な審議を行ったうえで，その内容の概要を開示することになろう。

5．監査役による会計監査人報酬の決定権付与の是非

　会計監査人の選任について，監査役にも監査委員と同様に決定権を付与するとの法制化が行われた中では，今後は，会計監査人の報酬に対する決定権付与の是非が論点として残されたことになる。

　本論点については，会社法制部会での補足説明でも示されているとおり，今回の改正会社法において収束したと考えるべきではなく，今後とも継続して検討すべき論点である。その際，監査をする会計監査人の報酬を監査される経営執行側が決定するという実態は，やはり説得的ではないことから，監査役に会計監査人の報酬の決定権を付与することが今後の基本的方向であろう[33]。そこで，以下では，個別の論点ごとに検討する。

(1) 業務執行の意思決定の二元化問題

　会計監査人の報酬の決定は，その妥当性に直接関わる問題であり，監査役が決定権を持つことは，まさに経営執行の意思決定と同視できるものであり，業務執行の意思決定の二元化となるとの主張は，日本経団連を中心として主張されてきた論点である。この論点の背景には，会社によって必ずしも低額な支出ではない会計監査人の報酬水準の決定は，経営判断の範疇にあり，業務執行に相当するというものである。

　確かに，会計監査人の報酬については，会社と会計監査人（監査法人）との間で契約締結書を交わすのが通例である。もっとも，監査役（会）として，多

---

[33] 「インセンティブのねじれ」を解消するための手段として，公的機関による会計監査人の選解任や報酬の付与，証券取引所が会計監査人の候補者を選択する等の方法の紹介と，その長短を解説したものとして，髙橋（2015）14—15頁。

額の支出を要する調査を外部に委託したときに発生する費用に関して，相手方と契約書を締結することはあり得ないわけではない。しかし，会計監査人の報酬のように，毎年定期的に締結する契約書の類で監査役が契約書の締結をすることは，基本的には存在しない。非業務執行役員である監査役が，取締役のように売買基本契約やリース契約等の契約行為を行うことは，日常業務として発生することがないからである。したがって，本来は業務執行の1つである会計監査人の報酬の決定を監査役が行うことは，業務執行の意思決定の二元化になるとの主張はそれなりの説得力はある。この主張に対しては，会計監査人の報酬の決定と経営判断との関係を再考してみる必要がある。すなわち，会計監査人の報酬は，会計監査の一定の水準を確保するために必要であるものと考えれば，その金額の多寡を会社収益に与える経営判断の問題に限定して考えるべきではないだろう。

確かに，会社にとって会計監査人の報酬の支出額の多寡は，各事業年度の会社の収益状況も勘案して決定する意味では，経営判断事項であることには間違いない。しかし，会計監査人の報酬の水準は，本来，必ずしも会社の収益状況とはリンクさせる必要のない性格のものである。日本公認会計士協会が主張するように，業績悪化の時こそ，粉飾決算のリスクが高まることもあり得ることから，かえって監査日数を増加させざるを得ないことも考えられる。すなわち，会計監査人の報酬を決定するに際して，その時々の会社の収益状況も関係することは否定しないが，他方で会社の収益状況とは別の考慮すべき側面があるということである。監査日数を増加する必要があると考えた場合，経営者側が自主的に会計監査人に依頼すれば別であるが，実際には会計監査人自身が会計監査を通じて察知したり，必要性を痛感する場合が多いであろう。または，経営執行部門から独立した立場である監査役からの要請も考えられる。

このような状況下では，会計監査人の報酬が，経営執行部門にとっての契約書の締結事項であるとの理由で，一方的に経営判断を伴う業務執行事項であるとはいえないように思われる。

(2) 会計監査人の報酬の妥当性関与

監査役が会計監査人の報酬という妥当性問題に関与することの是非の論点もある[34]。

会計監査人の報酬水準は，会社の会計処理等の状況を踏まえて決定する要素が強いことは事実であるが，他方で会社の収益状況を全く無視してよいというものでもない。会計監査人の報酬を無理な水準で支払ったことにより，かえって経営状況が悪化し，極端には会社が倒産状態に追い込まれるような状況となれば本末転倒の話となる。したがって，監査役としては，会計監査人の報酬については，当該年度の会計監査の特に非定常的な要素の多寡と同時に，会社の収益状況についても一定の配慮をすることが求められる。これらは，まさに会計監査人の監査報酬水準の妥当性の問題でもある。

監査役適法性監査限定論者からすれば，会計監査人の報酬の決定は妥当性の問題に監査役が直接関与することとなるから，この点からも監査役に会計監査人の報酬決定権を付与することには否定的な見解が導かれよう。しかし，同意権を判断するにあたっても，同様に妥当性の判断は必要であり，同意権から決定権に移行したとしても，判断基準は基本的に変わることはないと考えられる。また，すでに会社法の下では，内部統制システムの基本方針・運用状況や買収防衛策などについて，監査役が経営者側の事業報告に記載した内容の相当性を判断したり，取締役の責任について訴訟提起の可否を判断することは，妥当性に関与することでもある。したがって，現在，監査役は適法性問題のみに関与しなければならないという論調は通説ではあるが，必ずしも多数説とは断言できない状況となってきている[35]。

もっとも，同意権とは異なり決定権の場合は，監査役が自ら積極的に妥当性の判断を求められることになり，意思決定そのものであるとの意見もあろう。あらゆる場合において，監査役が妥当性の判断を行うことは，まさに業務執行の二元化をもたらすことになり，会社経営に混乱を生じさせる懸念がある。しかし，会計監査人の報酬水準については，監査役として会計監査人の監査の方

---

[34] 妥当性の論点では，取締役である監査（等）委員にも，監査役と同様に会計監査人の報酬の決定権を付与しないことに対して，法的視点からの説明は困難である。
[35] そもそも，監査役が取締役の善管注意義務違反の有無を監査することは，実際問題としては，妥当性監査をすることとほとんど変わらないとの意見もある。神田（2016）241頁。

法および結果の相当性を判断し，その内容を監査役（会）監査報告に反映させる（会社計算規則127条2号・128条2項2号）職責がある中で，会計不祥事防止のために必要と考える会計監査人の報酬について監査役が決定することは，その意義はあるというべきでなかろうか。

(3) 会計監査人の報酬と監査役監査費用の関係

会計監査人の報酬を監査役監査費用と位置付けるとの論点がある。会計監査人の報酬を監査費用と位置付けることが可能であれば，監査役には監査費用請求権があることから，監査役はその職務の執行のために，費用の前払いや，すでに負担した債務の弁済について，会社に対して請求することが可能であり，かつ会社側は，これら費用が監査役の職務の執行に必要でないことを証明しない限り，拒否できないと規定されている（会社法388条）。さらに，監査役の職務執行について生ずる費用の前払いまたは償還の手続き，その他の当該職務の執行について生ずる費用または債務の処理に係る方針に関する事項については，内部統制システムの1つとして位置付けられている（平成27年会社法施行規則98条4項6号・100条3項6号）。したがって，監査役がその職務を全うするための監査費用として会計監査人の報酬を考え得る側面もあるように思われる[36]。

(4) 監査役による会計監査報酬判断の適正性

さらに，監査役が会計監査人の報酬を適正に判断することが可能かどうかという論点がある。財務や経理部門は，会計監査の内容を熟知していることが通常であり，少なくとも会計監査人の報酬について，職務的な知見からも妥当な判断を行うことができる。財務・経理部門が妥当な会計監査人の報酬水準を認識したうえで，会社の経営状況，他社状況，前年度や過去との整合性等を総合的に判断し，会計監査人と交渉する実務が定着している。

他方で，監査役には，財務および会計に知見がある監査役とは限定されてい

---

[36] 弥永真生教授は，監査役が公認会計士を補助者として用いるときに支出する任意監査に係る支出は，明らかに監査費用であることから考えて，会計監査人の監査報酬のときのみに経営判断の問題といえるか説得力を持って説明するのは難しいであろうと主張している（弥永＝坂本＝中村＝高橋（2012）[弥永発言] 23頁）。

ない中で[37]，例えば，個別の会計処理の問題が発生した際に，会計の知見がない場合ではどの程度の追加的な会計監査の延べ日数が必要か推測が働きにくいのも事実であろう。経営執行部門が，会計監査人の報酬の高額化を懸念する理由である。

　この点の法的解決方法は，監査役に財務および会計の知見がある者を少なくとも1人就任させることを義務付けることである。しかし，監査役会設置会社であればともかく，監査役1人就任の会社も多い中で，監査役の業務は広くガバナンス的視点から監査業務をしなければならない状況を考えると，日本監査役協会が主張するように，財務および会計の知見のある者を監査役の要件とすることは，必ずしも妥当でないであろう。しかし，本論点については，監査体制の充実とセットとして考えることで解決は可能と思われる。

　監査体制の充実については，会社法制部会でもその必要性が審議され[38]，その結果として，監査役監査の実効性確保のために，監査役に対する情報収集体制など，具体的に列挙された（平成27年会社法施行規則98条4項・100条3項）。監査役に財務および会計の知見がなければ，監査役スタッフに経理・財務出身者を配属する方法もあるであろう。重要なことは，監査役が妥当な水準の会計監査人の報酬を決定することができる周辺環境をどれだけ整備できるかが鍵となり，これらは内部統制システムの一環として考えられている点に着目してよいと思われる。

　また，現実問題として，仮に経営執行側が会計監査人の報酬の高騰を懸念するのであれば，財務および会計の知見のある監査役や監査役スタッフの配属，または監査役への情報提供を積極的に進めるはずであり，現状，監査役がその職務を遂行できるか懸念があるという理由のみで決定権を付与しないというの

---

[37] 日本監査役協会の調査では，公開会社において，事業報告に「財務及び会計に関する相当程度の知見を有しているもの」との記載がある公開会社数は1,948社（対象会社数における86.2％）となっている。もっとも，その経歴は，公認会計士・税理士等の会計の有識者が25.3％を占めている実態を見ると，非常勤社外監査役として就任しているものが多く，日常的に監査役と公認会計士とが情報交換できる立場にいるかは疑問に思われる。公益社団法人日本監査役協会（2015a）35-36頁。
[38] 会社法制部会の要綱の中では，「監査を支える体制や監査役による使用人からの情報収集に関する体制に係る規定の充実・具体化を図る」（7頁）とされた。

は，理由づけとしては必ずしも妥当ではないと考える[39]。

6．立法的措置に向けた課題

監査役の権限として，会計監査人の選任議案の内容の決定に加えて，報酬の決定も付与する立法措置に伴って留意すべきこととして，監査役と会計監査人との実務上の連携の実現と監査役の責任問題がある。

(1) 監査役と会計監査人との実務上の連携

監査役が主体的に人事面と報酬面から会計監査人の職務遂行を評価する立場となる。このためには，監査役自身が，日常的に会計監査人の会計監査を適切に評価できなければならない。

財務・経理部門であれば，会計監査人の会計監査対応という点から，業務の一環として会計監査人の仕事ぶりを判断できる立場にあるが，監査役は会計監査を一次的に任せている以上，会計監査人との距離は，財務・経理部門よりも距離がある。したがって，会計監査人の職務遂行状況を主体的に判断することになると，会計監査人の監査の方法と結果の相当性を期末時期に判断したうえで，監査役（会）監査報告に記載するよりも，遙かに事業年度を通じて会計監査人との具体的かつ実務的な連携が必要となってこよう。

例えば，期初の段階においては，会計監査人から当該事業年度の会計監査計画の報告を受ける際にも，昨年度との相違，当該事業年度に特に重点的に取り組もうとしている箇所や部門のみならず，監査役から重点的に会計監査を実施してもらいたい内容や事項についても依頼するなど，双方向の意見交換が大切になってくる。特に，当該事業年度の監査日数は，会計監査人の報酬にも直結するだけに，期初段階での率直な意見交換は大きな意味があると考えるべきで

---

[39] もっとも，監査役による会計監査人の報酬同意理由の事業報告への開示が法制化されたことを踏まえて，監査役の環境整備の状況によって，監査役が会計監査人の報酬を決定する能力が備わっているか判断するという考え方（尾崎（2015）31頁）もあると思われるが，多くの場合，事業報告の開示はひな型をベースに抽象的な表現に終始する傾向があり，事業報告への開示のみをもって，監査役への環境整備の可否ひいては監査役による会計監査人の報酬決定の能力を判断するのは，やや困難があると考える。

ある[40]。

　期中の段階では，相互の意思疎通が欠かせないであろう。何らかの不適切会計や会計不祥事が発生した場合における法定化された受動的な相互報告ではなく，平時から監査を通じて感じたり指摘した事項については，積極的に報告し合う姿勢が重要である。すなわち，会計監査人からは，監査を通じて気になった点や財務・経理部門に指摘した事項を監査役に報告するとともに，監査役からも，特に常勤監査役が持つ社内情報についても意識的に会計監査人に伝達することに努めるべきである。このためにも，定例会議の頻度の増加とともに，サイナー以外の会計監査人との意思疎通も図り，書面による報告書に限定せずに，適切かつ迅速に口頭報告できる体制整備と信頼関係を醸成することを目標とすべきであろう。

　期末の時期は，会計監査人から当該事業年度の会計監査結果の通知を受ける重要な時期ではあるが，会計監査人としての報酬面を含めた職務遂行に対しての評価についても，意見交換を行うことが望ましい。すなわち，監査役は，会計監査人が会計監査を遂行するうえで，執行部門の対応について改善点や課題の存在有無，監査報酬の制約から会計監査が十分に実施できないことがなかったかなどについて，意見を聴くべきである。そのうえで，監査役としては，財務・経理部門からのヒアリングを踏まえて，最終的に会計監査人の評価を行うことになろう。

(2) コーポレートガバナンス・コードにおける会計監査人と監査役の連携

　2014年（平成26年）6月1日から適用となったコーポレートガバナンス・コード[41]の中でも，監査役会として，会計監査人の評価基準の策定と会計監査人の独立性と専門性の確認（補充原則3-2①），会計監査人からの要請への対応（補充原則3-2②）の記載がある。

　会計監査人の評価基準は，会計監査人の監査の相当性を判断することにも通じるものであり，それをあらかじめ評価基準として意識しておくことの重要性

---

[40] 会計監査人の報酬に「タイムチャージ制」を完全導入する方法によれば，監査役の判断能力に依存しなくてもある程度解決されるとの主張（尾崎（2015）31頁）も検討に値する。その際，タイムチャージ制の単価については，ベテラン会計士と経験の浅い会計士クラスによって峻別する必要も出てくるかもしれない。

がその背景にある[42,43]。

　会計監査人の独立性の確認に関しては，会計監査人と執行部門（経理・財務部門）との意見の対立があるときに，監査役としてその独立した立場から会計監査人が行うべき主張等を執行部門に適切に行っているか，会計監査人が執行部門からの一方的な従属関係となっていないかなどについて，両者間のメモや両者からのヒアリングを通じて確認することが考えられる。他方，会計監査人の専門性の確認のためには，監査役が一定程度の財務・会計の知見があると望ましいとの観点から，コーポレートガバナンス・コードでは，財務・会計に関する適切な知見を有している者が1名以上選任されるべきとしている（原則4-11）。

　補充原則3-2②は，会計監査人がその職責を十分に果たすために，必要に応じて経営執行部門への助言や働きかけを行うための記載である。例えば，会計監査人が代表取締役社長や財務担当取締役との面談等を希望している場合には，監査役としては積極的にその対応を図るべきであろう。また，会計監査人と監査役との十分な連携の確保の必要性も記載しており，会計監査人と監査役との連携の1つの方策として，会計監査人が監査役会への出席を含むとされている（補充原則3-2②(iii)）。会計監査人が監査役会に出席することは，とりわけ会計・財務の知見のある社外監査役が就任している場合に有益である[44]。

41　コーポレートガバナンス・コードは，会社の持続的な成長と中長期的な企業価値の向上を図ることを目的として，金融庁と東京証券取引所が事務局となって，会社のコーポレート・ガバナンスの在り方に関する重要な原則として定めたものであり，「プリンシプルベース・アプローチ（原則主義）」と「コンプライ・オア・エクスプレイン（実施するか，さもなければ説明）」の手法を採用していることが特徴である。上場会社は，「コーポレート・ガバナンス報告書」を通じて，原則に対する説明を求められている。コーポレートガバナンス・コードは，ソフト・ローに位置づけられており，法的拘束力はない。
42　日本監査役協会は，会計監査人の評価基準項目例を示している。公益社団法人日本監査役協会会計委員会「会計監査人の評価及び選定基準策定に関する監査役等の実務指針」（2015年（平成27年）11月10日公表）。この実務指針の解説として，岩崎（2016）74-83頁。
43　例えば，アメリカでは，監査委員会が監査人の能力，パフォーマンス，独立性を評価し，この評価には独立監査人の統括監査パートナーのレビューも含むとのことである。その他，イギリス・カナダ・シンガポールにおける会計監査人の評価等についても，弥永（2016）30-40頁参照。
44　日本監査役協会は，コーポレートガバナンス・コードの内容を反映した「監査役監査基準」を改定した。公益社団法人日本監査役協会（2015b）1-4頁。

(3) 監査役の責任問題

　監査役が会計監査人の選任や報酬に，より主体的に関わることとなれば，その妥当性について結果責任が問われることになる。すなわち，監査役が適切な会計監査人を選任できなかったこと，または妥当な報酬の支払いを決定することができなかったことにより，会社や第三者に損害を及ぼすことになったならば，対会社責任（会社法423条1項）や対第三者責任（会社法429条1項）が問われる可能性が高まることになるであろう[45]。もちろん，423条や429条の法的要件である監査役の職務につき任務懈怠や悪意・重過失があり，相互に相当の因果関係が存在する場合である。

　監査役の法的権限として同意権から決定権に移行されるということは，それだけ監査役の法的権限が強化されることを意味する。権限が強化されれば，責任も重くなるのは当然となる。このためには，監査役の権限が適切に行使できるような周辺環境の整備も併せて，監査役自身の自覚も必要となってくる。

7．おわりに

　2015年，著名な企業が不適切な会計処理の問題で，過年度修正や剰余金の期末配当を見送るなどを公表した[46]。不適切会計や不正会計の防止に向けて，執行部門のチェックのみならず，監査役や会計監査人の適切な監査も行われなければならない。その際，必ずしも財務および会計の知見のある監査役とは限らない中で，監査役と会計監査人との実効性のある連携は不可欠である[47]。

　しかし，連携といっても，必ずしも容易なことではない。連携を具体的に推し進めるためには，相互の意識もさることながら，法的な裏付けも必要である。この点で，会計監査人の選解任や不再任の議案内容や報酬について，監査役の同意権から決定権に移行するということは，監査役と会計監査人双方にとって

45　岩原紳作教授は，監査役が決定権を持つと，取締役並みの責任を求められる可能性があると指摘している（岩原（2012a）31頁）。
46　㈱東芝「第三者委員会設置のお知らせ」（2015年5月8日公表）および「現時点で判明している過年度修正額見込み及び第三者委員会設置に関する補足説明」（2015年5月13日公表）。
47　言い換えると，不正会計に関連して，取締役のみならず，監査役や会計監査人双方に対して株主代表訴訟や債権者から損害賠償責任を追及されないためにも，両者の相互連携の真価が問われると考えておくべきである。高橋（2015）47頁。

影響がある。すなわち，監査役と会計監査人との連携のあり方を検討するに際して，会計監査人の選解任等と報酬に対して，監査役がどのような法的権限を持つかは重要な項目であり，両者の職務の遂行にも関係してくる。

　監査役から見れば，会計監査人の監査の状況や職務内容に関心を持ったうえで，会計監査人から意見聴取をしたり会計監査の現場の立会など，今までと比較して，より主体的な対応が求められる。一方，会計監査人は，これまではややもすると経営執行部（とりわけ財務・経理部門）への対応に意識が向く傾向が見られたと思われるのに対して，会計監査人の人事および報酬に対する監査役の法的権限が強化されれば，監査役に対してかなり意識を置くことになるであろう。この点から，監査役が会計監査人の選解任・不再任の議案の内容と報酬の決定権を持つことは，監査という共通の職務を行う監査役と会計監査人双方にとって，その連携を具体的に深めるための方策と位置付けることも可能である[48]。

　会計監査人の選解任・不再任の議案の内容の問題については，会社法制部会で審議が行われ，最終的に平成26年会社法の中で新たに監査役に決定権を付与する形で収束した（会社法344条）。他方，会計監査人の報酬については，監査役の同意権から決定権への移行は継続検討ということになっている。

　会計監査人を新たに選任したり，現状の会計監査人を交代させることは，毎年行われることではなく，多くの会計監査人設置会社の場合，平成26年会社法改正による実務的影響は大きくない。このために強い反対意見がなかったこともその理由の1つであろう。一方，会計監査人の報酬については，毎年発生する実務であること，経営執行部門にとっても会社の収益にも直接影響すること，法的論点として整理しなくてはならない点も多々あることから，継続検討となったものと考えられる。継続検討となった以上，今後，この課題に向き合っていかなければならないし，次の会社法改正の検討項目となる可能性もある。

　平成26年会社法では，内部統制システムの一環として，監査役監査の実効性確保の視点から，その強化が図られる規定も明示された。

---

[48] もっとも，監査役が会計監査人に対する監督的立場として優越的威圧を加えるようなこととなれば，法の趣旨は全て没却されるおそれがあること，あくまで会社全体の監査体制の充実や会計監査人の独立性・安定性を擁護する見地から行使されるべき（西山（2014）248頁）という点には留意が必要である。

監査役監査の実効性確保と相俟って，監査役と会計監査人の実質的な連携が強化できるように法令が後押しすることにより，結果として会計不祥事が未然に防止できるようになれば，当該企業にとっても望ましいことになると思われる[49]。

　監査役に会計監査人の報酬の決定権を付与する立法措置も，このための有力な手段となり得ると考える。

● 参考文献

岩崎淳（2016）「「会計監査人の評価及び選定基準策定に関する監査役等の実務指針」」『月刊監査役』649号，74-83頁。

岩原紳作（2009）「監査役制度の見直し」前田重行＝神田秀樹＝神作裕之編『（前田庸先生喜寿記念）会社法の変遷』有斐閣，1-44頁。

岩原紳作（2012a）「〈第74回監査役全国会議・講演Ⅱ〉会社法改正の主要論点に係る概要説明」『月刊監査役』600号，18-34頁。

岩原紳作（2012b）「「会社法制の見直しに関する要綱案」の解説Ⅱ」『商事法務』1976号，4-14頁。

上柳克郎＝鴻常夫＝竹内昭夫編（1987）『新版注釈会社法（6）』有斐閣。

江頭憲治郎（2015）『株式会社法（第6版）』有斐閣。

江頭憲治郎＝中村直人編（2012）『論点大系会社法3』第一法規。

大隅健一郎＝今井宏編（1992）『会社法論中巻（第3版）』有斐閣。

奥島孝康＝落合誠一＝浜田道代編（2010）『新基本法コンメンタール（2）』日本評論社。

尾崎安央（2015）「会計監査人の選解任等に関する議案の内容の決定」烏山恭一＝福島洋尚編『平成26年会社法の改正の分析と展望』金融・商事判例増刊1461号，31頁。

神作裕之（2012）「第19回会社法制部会議事録」（2012年（平成24年）4月18日開催）46頁。

神田秀樹（2016）『会社法（第18版）』弘文堂。

金融審議会金融分科会（2009）「我が国金融・資本市場の国際化に関するスタディグループ報告～上場会社等のコーポレート・ガバナンスの強化に向けて～」（2009年（平成21年）6月17日）12-13頁。

久保大作（2012）江頭憲治郎＝中村直人編著『論点体系会社法3』第一法規，347頁。

久保利英明（2004）「委員会等設置会社と新しいコーポレートガバナンス」小塚荘一郎＝髙橋美加編『（落合誠一先生還暦記念）商事法への提言』商事法務，21頁・28頁。

公益社団法人日本監査役協会（2015a）「役員等の構成の変化などに関する第16回インターネット・アンケート集計結果」『月刊監査役』648号別冊付録，33-36頁。

公益社団法人日本監査役協会（2015b）「「監査役監査基準」等の改定」『月刊監査役』644号別冊付録，1-4頁。

49　会計監査人と監査役の十分な連携の確保については，コーポレートガバナンス・コード（2015年（平成27年）6月1日から適用開始）の補充原則3-2の②(iii)にも記載されている。この趣旨としては，上場会社内の問題を早期に発見し，適正な監査を確保する観点である。油布他（2015）38頁。

小塚荘一郎＝髙橋美加編（2004）『（落合誠一先生還暦記念）商事法への提言』商事法務。
齊藤真紀（2012）「第19回会社法制部会議事録」（2012年（平成24年）4月18日開催）45頁。
坂本三郎＝高木弘明＝宮崎雄之＝内田修平＝塚本英巨（2012）「「会社法制の見直しに関する中間試案」に対する各界意見の分析［上］」『商事法務』1963号，4-17頁。
坂本三郎＝堀越健二＝辰巳郁＝渡辺邦広（2015）「会社法施行規則等の一部を改正する省令の解説［Ⅲ］―平成27年法務省令第6号―」『商事法務』2062号，44頁。
社団法人日本監査役協会（2010）「有識者懇談会の答申に対する最終報告書」『月刊監査役』570号別冊付録，1-110頁。
鈴木竹雄＝竹内昭夫（1994）『会社法（第3版）』有斐閣。
高橋均（2015）「不正会計防止に向けた監査役の対応―会計監査人との連携を中心に」『企業会計』67巻8号，47頁。
髙橋真弓（2015）「会計監査人の独立性―監査人の報酬等に係る規律を中心に」『法律時報』87巻3号，13頁-15頁。
龍田節（1987）上柳克郎＝鴻常夫＝竹内昭夫編『新版注釈会社法（6）』，有斐閣，522-528頁。
田中誠二（1993）『会社法詳論（上）3全訂』勁草書房。
築舘勝利（2010）「第3回会社法制部会資料12」（2010年（平成22年）6月23日）4-5頁。
友永道子（2010）「第2回会社法制部会会議参考資料8」（2010年（平成22年）5月26日）1頁・4頁。
西山芳喜（2014）『監査役とは何か・日本型企業システムにおける役割』同文舘出版。
八丁地隆委員（2010a）「第2回会社法制部会議事録」（2010年（平成22年）5月26日開催）38頁。
八丁地隆委員（2010b）「第3回会社法制部会議事録」（平成22年6月23日）開催）39頁。
浜田道代（1997）「企業倫理の確立と監査役・代表訴訟制度―自民党「コーポレート・ガバナンスに関する商法等改正試案骨子」への一意見」『ジュリスト』1123号，114-126頁。
潘阿憲（2010）奥島孝康＝落合誠一＝浜田道代編『新基本法コンメンタール会社法（2）』日本評論社，119頁。
潘阿憲（2012）江頭憲治郎＝中村直人編『論点体系会社法3』第一法規，308-309頁。
藤田純孝（2014）「日本企業のコーポレートガバナンス体制から問題の底流を探る―社外取締役の機能を中心に経営現場の視点―」『日本内部統制研究学会　内部統制』6号，66-70頁。
法務省民事局参事官室（2003）「会社法制の現代化に関する要綱試案補足説明」『商事法務』1678号，36-160頁。
前田重行＝神田秀樹＝神作裕之編（2009）『（前田庸先生喜寿記念）企業法の変遷』有斐閣。
前田庸（2009）『会社法入門（第12版）』有斐閣。
森淳二朗編著（1994）『（蓮井良憲先生・今井宏先生古希記念）企業監査とリスク管理の法構造』法律文化社。
森淳二朗（1994）「監査役制度と会社支配理論―監査役の独立性確保への途―」森淳二朗編著『（蓮井良憲先生＝今井宏先生古稀記念）企業監査とリスク管理の法構造』法律文化社，229-242頁。

矢沢惇（1975）「監査役の職務権限の諸問題（下）」『商事法務』696号，2-8頁。
弥永真生＝坂本三郎＝中村直人＝髙橋均（2012）「会社法制の見直しに関する中間試案をめぐって（上）」『商事法務』1954号，8-29頁。
弥永真生（2016）「諸外国における会計監査人の評価および選定基準」『月刊監査役』648号，30-40頁。
油布志行＝渡邉浩司＝髙田洋輔＝中野常道（2015）「「コーポレートガバナンス・コード原案」の解説［Ⅲ］」『商事法務』2064号，38頁。

（髙橋　均）

第3章 金商法193条の3を巡る実務上の課題

1．はじめに

　公認会計士による財務諸表監査制度は，証券市場の中で企業が作成・公表する財務情報の信頼性の確保を通して，証券市場を育成発展させ経済社会への貢献を期待して導入されているものである。財務情報の信頼性を確保するためになぜ監査制度が必要なのかについては，「監査＝信頼」の関係を当然のこととして受け止められており，「監査はなぜ信頼できるのか」についてはあまり表立っては議論されていないように思われる。

　企業が作成する財務情報の代表である決算書には3種類存在するとも巷ではいわれている。それは，株主用，銀行用，税務署用といわれているように，決算書の利用目的に応じて内容の相違するものが存在するというものである。財務情報はこのように内容を変えて作成することがしやすいという特性がある中，企業が作成・公表する財務情報でしか当該企業を評価する手段を持たない一般投資者の投資環境を構築するためには，そこでの財務情報の信頼性の確保対策は絶対条件となる。財務諸表監査制度はこの必要性から導入されているものであるが，不正等による虚偽表示事案が後を絶たない現状から，現行監査制度に代えて公的機関による検査の強化が必要ではないかというようなことも耳にはするものの，それで問題が解決するとも思えず現実味のある話ではない。

　日本の証券市場における財務諸表監査制度は，戦後まもなく導入されたが，制度の中身は厳格化の方向での進化が今でも続けられている。わかりやすくいうならば，監査制度の進化は，粉飾決算等の不正との戦いの歴史といっても過言ではない。上場会社の大型粉飾事案が発覚すると，その対応のために監査基準は改訂されるが，その後さらなる巧妙な粉飾事案が発生しさらに監査基準の改訂が行われるということの積み重ねで今日まできており，これからもこのよ

うな「いたちごっこ」は続くのではないかとの危惧を持たざるを得ない。

　粉飾決算等の不正を発見防止するために監査基準を改訂し，内部統制監査を導入しさらには不正リスク対応基準の制定と，不正を念頭に置いた対応が数多く行われてきているが，残念ながら粉飾決算等の不正事案の発生が終息を見せる雰囲気はまだ感じられない。

　粉飾決算等の不正に対する特効薬は，残念ながら見当たらないというのが現実と認識しているが，いろいろな対策を複数講じることにより，1件でも不正事案の発生を抑える努力を，作成者，監査人および行政当局はしなければならない。粉飾決算等の不正は，その動機を持つ者を無くさない限り無くならないが，諸施策によりその動機を持つ者の牽制効果を持たせるような対応を工夫しなければならないと考えている。

　本章のテーマである，金融商品取引法（以下「金商法」という）193条の3の法令違反等事実発見への対応も，このような牽制効果を期待して制度化されたものと認識している。しかし，この制度も必ずしも十分機能しているとはいえない状況にあることから，この制度の実務上の課題を考えてみたい。

　なお，本章で記載している内容，法律解釈は筆者のあくまで私見であることをあらかじめお断りしておく。

2．監査基準と不正等による重要な虚偽の表示への対応

　監査基準は，1950年（昭和25年）7月に当時の経済安定本部企業会計審議会の中間報告として公表され，日本における財務諸表監査制度の根幹を担うものとしてスタートした。

　その後，2013年（平成25年）3月の改訂まで13回の改訂が行われている。改訂理由は，財務諸表の開示制度の改正を受けた監査基準の見直しもあるが，やはり財務諸表の不正等による重要な虚偽表示事案の発覚により，監査制度への社会的批判の高まりを受け，信頼性を高めるためのより厳格な監査制度とする改訂という側面が特徴的である。

　監査基準の改訂の中で，現行監査基準の柱ともなっている重要な改訂が，2002年（平成14年）1月に行われているので，その概要を紹介する。紙幅の関

係で概要記載は，私見判断により大幅に要約しているため，正確な記述については監査基準改訂の前文を参照されたい。

一 監査の目的

証券取引法の下で制度化された財務諸表監査の役割が，必ずしも正確に社会において理解されていないための「期待ギャップ」があることから，監査の目的を明確にした。

① 財務諸表の作成責任は経営者にあり，当該財務諸表の適正表示に関する意見表明の責任は監査人にあるとする責任区分（二重責任の原則）を明確にした。

② 監査人が表明する意見は，財務諸表が一般に公正妥当と認められる企業会計の基準に準拠して，企業の財政状態，経営成績及びキャッシュ・フローの状況を全ての重要な点において適正に表示しているかどうかについての，監査証拠に基づく監査人の判断結果の表明である。

③ 監査の対象となる財務諸表の種類，根拠となる監査制度や契約事項が異なれば，意見表明の形式も異なる。

④ 適正意見と虚偽の表示との関係について，監査人は，財務諸表には全体として重要な虚偽の表示のないことについて合理的な保証を得たと自ら判断したときに適正意見を表明する。

⑤ 合理的な保証を得たとは，監査制度の目的に沿って，一般に公正妥当と認められる監査の基準に準拠して監査し，絶対的ではないが相当程度の心証を得ることを意味する。

二 一般基準の改訂

監査環境の変化への対応として，次の7項目を明確にした。

① 専門的能力の向上と知識の蓄積
　資本市場の国際化，企業の大規模化，取引活動の複雑化，会計処理の技術的進展や高度な専門化などへの対応が必要である。

② 公正不偏の態度と独立性の保持
　監査人は，監査の実施に当たり，精神的な公正不偏の態度の保持や独立

性の保持が必要であるが，そのためには特定の利害関係を有しないあるいはその疑いを招く外観を呈することがあってはならない。

③　職業的懐疑心

監査人は，監査の全過程において職業的懐疑心を保持することが必要である。

④　不正等に起因する虚偽の表示への対応

財務諸表の虚偽の表示は，会計方針適用の誤りや事務的な過誤などいわゆる誤謬によるものと意図的な不正によるものがある。監査人は，このような不正等に特段の注意を払うとともに，不正等を発見した場合は，経営者等に適切な対応を求めるとともに，財務諸表への影響について評価する。

なお，違法行為については，監査人にはその発見義務は無く，また法律の専門的な知識を必要とする場合も多く，さらに必ずしも財務諸表の虚偽表示に繋がるものでもないが，虚偽表示に繋がるおそれのある違法行為を発見した場合は，不正等を発見した場合に準じて対応する。

⑤　監査調書

監査計画から監査意見形成までの全過程について，監査判断も含め監査調書として文書化し説明責任を果たせるようにしておく。

⑥　監査の質の管理

監査業務，監査補助者，契約，引継ぎなどあらゆる監査局面での質の管理を求める。

⑦　守秘義務

被監査企業との信頼性を確保するために，守秘義務の履行は厳守しなければならない。ただし，業務の引継ぎあるいは外部からの品質に係る審査に際しては，守秘義務の解除が必要である。

三　リスク・アプローチの明確化

監査業務におけるリスク・アプローチについては，1991年（平成3年）の監査基準改訂時に導入されたが，実務に十分浸透していないので改めて，リスク・アプローチの意義，リスクの諸概念および用語法（監査リスク，固有リスク，統制リスク，発見リスク），リスク・アプローチの考え方およびリスク評価の

位置づけについて整理した。

四　監査上の重要性
　監査上の重要性は，監査計画の策定と監査の実施，監査証拠の評価ならびに意見形成の全ての監査局面の中で監査人の判断の規準である。

五　内部統制の概念
　リスク・アプローチの中で重要なリスクとして統制リスクがある。統制リスクへの対応として内部統制の評価があるため，内部統制の概念を考える5つの要素を示した。
① 経営者の経営理念や基本的経営方針，取締役会や監査役の有する機能，社風や慣行などからなる統制環境
② 企業目的に影響を与えるすべての経営リスクを認識し，その性質を分類し，発生の頻度や影響を評価するリスク評価の機能
③ 権限や職責の付与および職務の分掌を含む諸種の統制活動
④ 必要な情報が関係する組織や責任者に，適宜，適切に伝えられることを確保する情報・伝達の機能
⑤ これらの機能の状況が常時監視され，評価され，是正されることを可能とする監視活動

六　継続企業の前提
　投資家にとっての重大な関心事は，投資先企業が倒産などにより消滅してしまうことである。そのため，この企業は少なくとも翌1年間は継続できるかどうかについて経営者に判断させ，かつ監査人がその判断について意見を表明する枠組み（継続企業の前提に対する対処，監査上の判断の枠組み，継続企業の前提に係わる開示）を導入した。

七　情報技術（IT）の利用と監査の対応
　企業における情報技術の利用は，監査環境に大きな影響を及ぼしている。特に統制リスク等監査リスクの評価に大きく関係している。

八　実施基準に係わるその他の改訂事項

その他改訂事項として，次の6項目が挙げられている。

① 監査計画の充実
② 監査要点と監査証拠
③ 監査手続
④ 会計上の見積りの合理性
⑤ 経営者からの書面による確認
⑥ 他の監査人の監査結果の利用

九　監査意見及び監査報告書

　監査意見の表明は，合理的な基礎を得て行う必要があること，および監査意見の表明に先立ち審査を受けなければならないこととした。

　また，次の事項についても改訂している。

① 適正性の判断
② 監査報告書の記載
③ 追記情報
④ 監査報告書の日付および署名

3．監査人の法令違反等事実発見への対応

　上場企業による不正な粉飾決算等による重大な虚偽表示事案の発覚は，監査制度スタート以来なくなることはなく今も続いている。前述したように，企業会計審議会は，不正等による虚偽表示事案の発覚を踏まえ監査基準の度重なる改訂を行っては来たものの，問題解決には至っていない。

　金商法では，企業に対する牽制の意味を含め監査人による法令違反等事実発見への対応を193条の3に法令化した。しかし，この法律が不正等による重大な虚偽表示動機の抑止力になっているかについては，課題が多いものであると考えている。ここではこの制度の紹介と課題について検討を加えることとする。

第3章 金商法193条の3を巡る実務上の課題

(1) 金商法193条の3第1項

金商法193条の3第1項では，次のように規定している。

（条文）

　公認会計士又は監査法人が，前条第1項（注：193条の2第1項）の監査証明を行うに当たって，特定発行者（注：上場会社等—金商法適用会社）における法令に違反する事実その他の財務計算に関する書類の適正性の確保に影響を及ぼすおそれがある事実（次項第1号において「法令違反等事実」という）を発見したときは，当該事実の内容及び当該事実に係る法令違反の是正その他の適切な措置をとるべき旨を，遅滞なく，内閣府令で定めるところにより，当該特定発行者に書面で通知しなければならない。

① 論点1　「法令違反等事実」の範囲

「財務計算に関する書類の適正性の確保に影響を及ぼすおそれがある事実」という表現があるので，本条の対象範囲は，財務諸表の適正性に影響を及ぼす可能性のある法令違反等事実と理解することができる。しかし，「法令違反等事実」が「財務諸表の適正性に影響する」とは，どのような状況を想定すればよいかについては必ずしも明確ではない。

例えば，粉飾事案について考えた場合，ここでの法令違反とは①粉飾のための行為自体の違法性なのか，あるいは②粉飾した財務諸表を公表する行為が法令違反なのか，いずれに主眼を置いた規定なのかが明確ではない。

具体的に架空売上取引について考えてみると，この実体のない架空取引行為は会計基準に照らして不適正な事実であるが，会計基準違反＝違法行為と判定してよいかどうかは不明確である。また，視点を変えて公正取引委員会から違法行為として指摘を受けるような商取引は違法性は認識できるが，会計的には実体のある取引であったと判断されたときにどのように取扱えばよいのか，すなわち，法令違反行為が含まれている財務諸表であるが，財務諸表の適正性には影響がないとして本条の適用対象外としてよいかどうかも不明確である。

さらに，法令違反等事実の「等」には何を想定しているのかも不明確である。法令違反を狭く解釈すれば，法令違反には該当しない行為で財務諸表の適正性に影響するものが想定されるが，不適正な財務諸表を適正なものとして公表す

ることが違法と解釈すれば,「等」に含まれるものが想定できないことにもなる。
　このように,違法性と財務諸表の適正性との関係をどのように整理して考えればよいのかが明確ではない。

② 論点2　違法性認定の程度
　「法令に違反する事実」とは,どのような状況を想定しているのかの問題がある。すなわち,監査人は,会計・監査の専門家ではあるが法律の専門家ではない。この監査人に違法性の判断をさせようとするのであれば,専門能力のない者に違法性の判断を求めていることから実務上は適切に機能しないと思われる。違法性については法律専門家,弁護士等に意見を求めることが考えられるが,弁護士は裁判官ではないので確定的な見解は述べられないと思われる。結果として,「違法の可能性が否定できない」状況で監査人に何らかの行動を期待せざるを得ないことになるが,監査対応に時間的制約が多い中で,可能性だけでどこまで問題提起できるかの課題がある。

③ 論点3　監査意見との関係
　法令違反等事実の範囲については,論点1においてその解釈上の課題を説明したが,結果として財務諸表の適正性に係る事柄が対象になるとした場合,監査意見との関係を整理しておく必要がある。
　監査意見は,適正性に影響を及ぼす事項が発見された場合は,その財務諸表への影響を重要性という尺度で判断し,重要性がないので無限定適正意見とするのか,重要性は中くらいなので全体として財務諸表の適正性を否定するところまでの影響はないため限定付適正意見とするのか,さらには,財務諸表への影響が重大であるため,財務諸表全体として不適正とする不適正意見とするのかに分かれる。さらに,財務諸表への影響判断ができないとして意見不表明とする場合も考えられる。
　このように,財務諸表の適正性に影響を及ぼす事実については,監査意見表明方法についての制度的対応が確立している。その中であえて本条を規定する意味合いがどこにあるのか不明確である。本条の規定では,財務諸表を確定公表する前に問題事項の改善を求めることを期待しているようにも読めるが,問

題事項の改善を促す監査人の行為は、すでに監査基準でも規定されており、改めて本条のような最後通告的な法律を制定する趣旨が理解できないところである。

④ 論点4　監査現場で現実に行われている対応

　監査の実務では、本条を根拠にして財務諸表作成者と監査人が違法性や適正性に疑義を持たれる可能性のある事実について議論することはほとんどない。しかし、監査の過程で財務諸表の適正性に影響が出る可能性のある事実の片鱗に出くわしたときは、全ての監査現場で作成者と監査人の事実認定に関する議論、検討、証拠の入手および不適正事案の改善のための対応等の事実解明と対処に向けた行動は日常的に行われている。これら一連の行為は、監査そのものの行為なので、法律への違法性等として議論するというよりは、会計基準違反の観点で事実認定と改善に向けた議論として行われている。

　このような状況にもかかわらず、残念ながらいくつもの不適正な事例が「発覚」という形で過去に公にされてきたのは、問題を認識していながら無作為であったのではなく、結果として「問題意識」自体を監査人が認識できない場合があり得たという深刻な問題であると考えている。監査人がわかっていることをどう伝えるかではなく、「監査人がわからない」領域をいかに小さくしていくかを考えなければ、この問題の解決にはならない。本研究テーマである監査役と監査人の連携は、この視点の掘り下げが大変重要であると考えている。

(2) 金商法193条の3第2項

　金商法193条の3第2項では、次のように規定している。
　（条文）
　　前項の規定による通知を行った公認会計士又は監査法人は、当該通知を行った日から政令で定める期間が経過した日（注：有価証券報告書提出日の6週間前又は通知日後2週間のいずれか遅い日、四半期報告書及び半期報告書の提出日の前日）後なお次に掲げる事項の全てがあると認める場合において、第1号に規定する重大な影響を防止するために必要があると認めるときは、内閣府令で定めるところにより、当該事項に関する意見を内閣総理大臣に申

出なければならない。この場合において，当該公認会計士又は監査法人は，あらかじめ，内閣総理大臣に申出をする旨を当該特定発行者に書面で通知しなければならない。

　一　法令違反等事実が，特定発行者の財務計算に関する書類の適正性の確保に重大な影響を及ぼすおそれがあること。
　二　前項の規定による通知を受けた特定発行者が，同項に規定する適切な措置をとらないこと。

① 　論点5　事実認定の確証の程度

　監査人からの発行者に対する問題提起は，多少の不確実性があっても，会計基準に照らして「問題ないこと」を確かめるための作業の一環として通常行われていることは論点4で説明したが，内閣総理大臣に文書で通知することになると，かなりの正確性をもって問題が「黒」であることの確信がないと，監査人からは行動に移せない。すなわち，「空振り」であったときの発行者から監査人への法的対抗措置のリスクを真剣に検討することになる。

　論点2で説明したように，違法性の判断能力には，監査人にとっては専門的な限界があることなどから，監査現場における上記リスク評価は極めて困難な作業となる。

② 　論点6　本条の「伝家の宝刀」機能

　発行者から事実を聞きだすための方便として，本条を持ち出して交渉する効果はあると思われる。しかし，最近の事例でもその結果問題の一部だけ改善しただけで全ての問題解決には繋がらなかったという現実もあり，「伝家の宝刀」機能には運用面での限界もありそうである。

　すなわち，本条と問題事実の全容の解明とは別次元の問題であるという認識が必要である。

③ 　論点7　監査人からの意見申出を受けた金融庁および証券取引所の対応

　金商法および証券取引所の適時開示制度では，本条による申出後についてのアクションプランが見えていない。すなわち，当該事実に関する「公表」につ

いては制度上の取扱いが明確ではない。また，金融庁から発行者への問合せ等の対応も明確ではない。結局，本条に基づくアクションを監査人がとったとしても，その後の行政等としてのフォローアップが見えていない。

　残された期待は，発行者からの自発的な公表であるが，それが行われなかった場合，監査人，発行者，金融庁だけが情報を持っているだけであり，改善努力を発行者が拒否した場合，投資家保護の余地が無くなることになるという懸念も想定される。

(3) 金商法193条の3第3項

　金商法193条の3第3項では，次のように規定している。
（条文）
前項の規定による申出を行った公認会計士又は監査法人は，当該特定発行者に対して当該申出を行った旨及びその内容を書面で通知しなければならない。

① 論点8　最後通告

　問題事項に関して，発行者と監査人との議論が行われたにもかかわらず，改善されていないとする文書を監査人が総理大臣に通知するという行為は，そこまでの間，財務諸表作成者である発行者は問題のない旨の説明を監査人に行い，監査人はその説明を納得しないという状況の中で，監査人が金融庁に「言いつける」ことになるため，この時点でお互いの信頼関係は全く無くなることを意味する。

　当然監査人は当該監査業務から撤退することになるが，事実が「黒」であればこれも止むを得ないといえる。しかし，結果として事実が「白」であった場合は，監査業務を失うことの他法的リスクを覚悟しなければならないため，この最後通告も実務上は簡単な判断ではない。

4．財務諸表の信頼性確保のための一考察

　ここまで，財務諸表の信頼性に重要な影響を及ぼす事項（以下「不正等」という）への対応に関して，監査基準の改訂の変遷や金商法193条の3について

見てきた。

　しかし，これらの対応で一定の効果は期待できるにしても，必ずしも十分ではないとの認識が筆者にはある。すなわち，監査基準へのリスク・アプローチの導入や問題を発見した場合の監査人の対応などの対策のみならず，財務諸表を作成する企業内情報の信頼性を確保するため，企業内での問題発生のより早い時点・段階での「気づき」度をどのように高めていくかに視点を当てて検討を加えていくことが必要であると考えている。

　この視点を，本研究テーマである「監査役と監査人の連携」という側面から考えてみることにする。

(1) 監査基準等制度上の整備の要否

　「2　監査基準と不正等による重要な虚偽の表示への対応」でも現行監査基準の主要な改訂点について説明し，かつ，2013（平成25）年3月には，監査における不正リスク対応基準が制定されており，監査ツールとしての基準は，十分整備されているものと考えている。不正等が根絶しないことを理由としてさらなる監査基準の改訂を重ねることは，いたずらにルールを厳格化し，監査人の行動を制約することになり，監査の有効性，効率性の観点からマイナス面が増大する可能性が高くなるものと危惧している。

　財務諸表の信頼性を確保するために何が必要かについては，監査基準等の監査インフラのさらなる整備ではなく，現行監査ルールの枠の中で十分活用されていない部分の明確化とそれへの対応の深堀りが重要ではないかと考えている。

　特に以下では，「監査役監査と公認会計士監査」というキーワードで考えてみたい。

(2) 監査基準から見た監査役等と監査人とのコミュニケーション

　監査基準第三実施基準7には，「監査人は，監査の各段階において，監査役等と協議する等適切な連携を図らなければならない。」と規定している。これを受け，日本公認会計士協会は，監査基準委員会報告書260「監査役等とのコミュニケーション」（以下「監基報260」という）を作成公表している。

　監基報260第4項で，このコミュニケーションの役割について，次のように

説明している。

「本報告書は，主として，監査人から監査役等に行うコミュニケーションに焦点を当てているが，有効な双方向のコミュニケーションは，以下のことを行なううえで重要である。
(1) 監査人と監査役等が，監査に関する事項を理解し，効果的な連携をもたらすような関係を構築すること
　　この関係は，監査人の独立性と客観性を保持したうえで構築される
(2) 監査人が，監査役等から監査に関連する情報を入手すること
　　例えば，監査人の企業及び企業環境の理解に資する情報，監査証拠の適切な情報源の識別及び特定の取引や事象に関する情報を監査役等が提供することがある
(3) 監査役等が，財務報告プロセスを監視する責任を果たし，それによって，財務諸表の重要な虚偽表示リスクを軽減すること」

また，監基報260第12項から15-2項に示されている「コミュニケーションを行なうことが要求される事項」として，次の項目が挙げられている。なお，各項目の内容説明は，筆者が要約したものであるため，正確に知りたい場合は監基報260を確認する必要がある。

① 財務諸表監査に関連する監査人の責任
　　監査人は，監査意見の形成，表明に責任を有し，経営者又は監査役等の責任を代替するものではない。
② 計画した監査の範囲とその実施時期
　　監査の範囲とその実施時期の概要及び監査人により識別された特別な検討を必要とするリスク。
③ 監査上の重要な発見事項
　　会計方針，会計上の見積り，財務諸表の開示など企業の会計実務の質的側面のうち重要なものの監査人の見解（最適でないものがある場合はその理由を含む）。
④ 監査人の独立性
　　独立性に関する監査事務所の方針，手続。軽微な独立性違反を含む。
⑤ 品質管理システムの整備・運用状況

公認会計士法上の大会社等の監査，会計監査人設置会社の監査，信用金庫・信用協同組合・労働金庫の監査の場合に求められる。この中には，日本公認会計士協会の品質管理レビュー及び公認会計士・監査審査会の検査結果も含まれる。

これらはいずれも監査人が実施するあるいは実施した監査の内容についての監査役等への説明であり，監基報260が考えているコミュニケーションの役割の，監査人側から監査役等への説明責任の問題としてルール化されている。監査役と監査人との実効性のある連携には，お互いの情報の共有が欠かせないと考えているが，そのためにはまず監査人からの適格な情報が必要となる。

(3) 監査役等と監査人との連携に関する共同研究報告

公益社団法人日本監査役協会と日本公認会計士協会は，「監査役等と監査人との連携に関する共同研究報告」（以下「共同研究」という）を公表している。内容は，監査役等と会計監査人との連携のあり方について，双方向性の精神を基本としてそれぞれの監査内容に関しての情報コミュニケーションについて説明されている。その中には，監査人から監査役等へ報告すべき事柄が述べられている一方，監査役等から監査人への情報提供に関して次の項目が例示されている（4　連携の時期及び情報・意見交換すべき基本的事項の例示（3）②の中の監査役等が監査人の監査に影響を及ぼすと判断した次の事項）。

― 企業目的及び戦略並びにこれらに関連して，財務諸表の重要な虚偽表示リスクとなる可能性のある事業上のリスク
― 監査役等が，監査人の監査の実施中に特別に留意することが必要と考える事項，及び監査人に追加手続の実施を要請する領域
― 監査役等が財務諸表監査に影響を与える可能性があると考える事項
― 企業の法令等（会計基準や上場基準を含む）の遵守状況（変更の対応状況を含む）
― 内部統制の整備及び運用状況
― 不正及び不正発生の可能性
― 以前に協議した事項への対応状況

上記は，監査役監査の計画時点でのものであるが，監査実施状況や実施結果

についても常時コミュニケーションを図る必要性が書かれている。

　しかし，現実の監査役等と監査人とのコミュニケーションは，主に上記（2）で説明した監査人から監査役等への監査実施状況の説明だけで終始している場合がほとんどであり，本項で述べられている監査役等から監査人への情報提供はほとんど行われていない。筆者は，この部分の改善が喫緊の課題と考えている。

(4) 監査役等とコーポレートガバナンス・コード

　2015年（平成27年）3月コーポレートガバナンス・コードの策定に関する有識者会議から，コーポレートガバナンス・コード原案が公表され，その後東証がコーポレートガバナンス・コードを上場規程の別添として定めた（以下「コード」という）。これは，「会社の持続的な成長と中長期的な企業価値の向上のために」取りまとめられたものであるが，本研究会の研究テーマである財務情報の信頼性保持にも繋がるものであるため，簡単に紹介する。

　コードは，5つの基本原則から構成されている。

基本原則1　株主の権利・平等性の確保
　（ポイント）
　　株主がその権利を適切に行使することができる環境の整備。

基本原則2　株主以外のステークホルダーとの適切な協働
　（ポイント）
　　従業員，顧客，取引先，債権者，地域社会等様々なステークホルダーの権利・立場や健全な事業活動倫理を尊重する企業文化・風土の醸成に向けたリーダーシップ。

基本原則3　適切な情報開示と透明性の確保
　（ポイント）
　　会社の財政状態・経営成績等の財務情報，経営戦略・経営課題・リスクやガバナンス等の非財務情報の法令に基づく適切な開示。さらに法令以外にも主体的な情報提供。

基本原則4　取締役会等の責務
　（ポイント）

取締役会は，株主に対する受託者責任・説明責任を踏まえ，企業戦略等の大きな方向性，経営陣幹部による適切なリスクテイク環境の整備，独立した客観的立場からの経営陣・取締役に対する実効性の高い監督。

基本原則5　株主との対話

（ポイント）

　　　　株主総会の場以外における株主との建設的な対話。

　監査役等の最も重要な職務として，経営執行部および取締役に対する監督があるが，その職務遂行の方向性としてこのコードが示すものは大変重要なものとなる。

　特にここで強調しておきたい点は，「基本原則3　適切な情報開示と透明性の確保」と「基本原則2　株主以外のステークホルダーとの適切な協働」の中の「……健全な事業活動倫理を尊重する企業文化・風土の醸成」である。監査役等の監査ポイントとして取り上げ監査人との連携などを利用しつつ効果的な監査の実現に期待したい。

(5) 監査役等と監査人の連携のあり方

　財務諸表監査制度に関連して，監査役等と監査人とのコミュニケーションの必要性が指摘されているが，改めてこのコミュニケーションの意味について考えてみる。財務諸表監査制度における当事者としては，監査を受ける財務諸表作成者と監査を行う監査人が存在し，両者間での契約により財務諸表監査制度が成り立っている。以前はそこに監査役等は登場しなかったが，平成26年会社法では，監査人選定に関連して決定権や監査報酬への同意権など監査を受ける者が行う契約締結に関し，監査役等を介在させるいわゆる「ねじれ現象」の解消のための規定を置いている。また，監査行為に関連しても監査役等と監査人とのコミュニケーションの必要性など監査役等を意識した議論が行われている。これは，監査自体の困難性，すなわち外部からの監査証拠へのアクセスの限界を意識していることも1つの要因と考えられる。その限界による監査リスクを軽減するため，財務諸表作成者側の組織にある牽制機能を利用した監査人へのサポートの必要性が考えられる中，監査役等の存在は最も効果的なサポートになり得ると考えることができる。

このような背景から，監査基準においても監査役等と監査人とのコミュニケーションの必要性が明記され，また，共同研究公表の意義が認められる。

それでは，このような対応すなわち監査役等と監査人とのコミュニケーションに関し，実務において財務諸表の信頼性の確保に効果を発揮しているかということになると，残念ながらまだ十分評価できる状況にはないものと思われる。

このような問題認識を前提として，コミュニケーションのあり方を考えるときに，筆者の個人的な拘りとして報告と連携という言葉が浮かんでくる。すなわち，報告は，お互いの役割に関係する情報を適時適切に相手に伝えるという意味になるのではないかと思われる。監査人の立場からは，特に会社法の下では会計監査人の監査結果を監査役等に相当と認めてもらうために必要な監査情報を伝達し，説明責任を果たすという義務の下コミュニケーションが行われている。現在行われている監査役等と監査人の間のコミュニケーションの大半は，このような報告行為が中心ではないかと理解している。

これに対し連携は，お互いの職務にプラス効果が期待できる情報提供を伴うものであり，いわゆる結果報告の意味合いよりは，付加価値のついた情報共有関係であるべきではないかと考えている。

連携という観点から考えた場合，監査人の立場から見て監査役等からの情報として現状の実務において不足していると感じられる点は，監査人の監査に役立ちそうな情報の監査役等から監査人への提供である。(3)で述べた共同研究に書かれている監査役等から監査人への情報提供の部分が，未だ実務に浸透していないと感じられる。

このような状況になっている要因としては，次のようなことが考えられる。

① 監査役等から監査人への情報提供は，社内情報を外部に漏洩するという感覚がある
② 監査役等は監査人から監査状況の説明を聞く権利があるが，監査人をサポートする義務はないという意識が強い
③ 監査人へ提供すべき情報の範囲がわからない

一方，監査人から監査役等への情報提供についても，現状必ずしも十分ではないように思われる。すなわち，重要な問題は当然監査役等への報告事項とすることについては，現在も十分実践されていると考えられるが，監査人の判断

基準で重要性が高くない問題は、あえて監査役等へは報告しないという傾向がある。しかし、監査役等から見て質的重要性が高いものもある可能性がある。

このように、現在のコミュニケーションについては、限定した内容で行われている可能性がある。不正等への対応という観点からは、もう少しきめの細かい連携のあり方を検討する必要があると考える。例えば、次の事柄の深堀りである。

① 監査役等と監査人とのきめの細かい接触のタイミング
② 双方向性を意識したコミュニケーション内容の協議
③ 常勤・非常勤監査役それぞれと監査人とのコミュニケーション方法
④ 一般的に想定できる不正リスクについての懐疑的な議論

(6) 不正リスクについての懐疑的な議論

ここで強調しておきたいことは、上記④である。すなわち、もう少し踏み込んで不正等の認識に関し双方の意見交換を図るべきではないか、ということである。

この不正等の問題は、そもそも「我が社には」不正等の問題は存在しない、という前提でコミュニケーションが図られているのが一般的な現状である。しかし、仮に万が一不正等が発覚したときは、その企業へのダメージ、監査役を含め役員への責任追及、さらには企業継続の危機などその負担の重さは想像を絶するものがある。その万が一のために、常日頃から不正等の存在を監査役等と監査人の間で意見交換し、それぞれの立場でできる努力を重ねておくことが重要ではないかと考えている。

例えば、あくまで一般論として次のような事柄について意見交換をしておいてはどうかと考えている。

① わが社の業態と不正等の想定
② 当該不正等の方法
③ 当該不正等の防止策および発見方法
④ 監査役監査および会計監査人監査として対応出来ることと出来ないこと

不正等のリスクが、どのような局面でどのように発生するかについて説明することは大変困難な問題であるが、あくまで一般論としてどのようなポイント

が考えられるか，いくつか例を挙げてみるので実務の参考にして欲しい。
（経営層との関係）
- 経営執行者の性格
  独断専行型の場合のリスク
- 経営理念，方針
  過度のプレッシャーリスク
- 財務情報に対する認識
  財務情報軽視の発想からくるリスク
- 経営組織の特徴
  牽制機能が弱いリスク
- 人材能力
  適材・適所が欠落しているリスク

（事業環境との関係）
- 景気動向
  経済社会の景気環境とわが社の業績との比較
- 産業構造
  わが社の事業と関わりを持つ産業との構造的リスク
- 競争環境
  同業者との競争力の強弱とわが社の業績との比較
- 財務状況
  わが社の財務状況の正確な把握と想定されるリスク

（取引関係）
- 売上
  架空売上，売上計上のタイミングの絡むリスク
- 仕入
  簿外仕入のリスク
- 棚卸資産
  過大計上，簿外処理，評価のリスク
- 債権，債務
  債権の回収可能性，債務の簿外リスク

- 有形・無形固定資産
  実在性と減損リスク
- 投融資
  実在性と回収可能性リスク
- 簿外取引
  簿外取引（買戻し条件付の売却等）の存在リスク

　ここに挙げたものはほんの一例であるが，これらの例を参考に，現実的なリスクの可能性というよりは，仮に不正等を行うと仮定したなら，どのようなことがわが社において可能かという観点で議論することが効果的ではないかと考えている。

　なお，日本公認会計士協会監査基準委員会から公表された改訂監基報260では，「監査人により識別された特別な検討を必要とするリスク」が監査役等とのコミュニケーション項目として追加されているが，両者間でもっと不正等リスクを直接的に意識した連携のあり方を模索していくことが重要であると考える。

(7) 監査役等の監査の方法

　会社法で求められている監査役等（監査役，監査委員，監査等委員）の最も重要な職務は，「取締役（監査委員は執行役を含む）の職務の執行の監査」である。最近世間を騒がせた上場会社の会計不正事例では，会社法が最も効果的として制度導入した監査委員会を採用していながら，結果として「取締役の職務の執行の監査」機能が発揮できなかった事例である。

　本事例では，何が問題であったのかは今後いろいろな角度から検討が加えられるものと思われるが，筆者の感想としては「監査の方法」に改善の余地があるのではないかと考えている。

　日本監査役協会が作成している監査役等の監査報告書のひな型では，監査の方法として書かれているポイントは次のとおりである。

- 取締役，内部監査部門その他の使用人等と意思疎通を図り，情報の収集および監査の環境の整備
- 取締役会その他重要な会議に出席
- 取締役および使用人等からその職務の執行状況について報告を受け，必要

に応じて説明を求める
- 重要な決裁書類等を閲覧
- 本社および主要な事業所において業務および財産の状況を調査
- 内部統制（取締役の職務の執行に関し，法令，定款適合性等）システムの定期的報告
- 子会社の取締役および監査役等と意思疎通および情報の交換と必要に応じた子会社からの事業報告

（注）監査委員会のひな型では，内部統制システムの評価を最初に述べている。

　これらの監査ポイントを見ると，極めて網羅的に取締役の執行の監査が行われており十分な監査が行われたように見受けられる。しかし，企業不祥事の発覚が後を絶たないのはなぜであろうか。
　あくまで筆者の個人的意見であるが，監査報告書のひな型に書かれている上記ポイントに関して，監査役等の監査方法の課題について以下に整理してみる。

① 数名の監査役等の人員（一部非常勤が含まれる）で，物理的にチェックできる範囲には限界がある。監査役等のスタッフを整備しても限界を解消するのは困難であるので，その限界を軽減する方法を工夫しているか。

② コンプライアンスやリスク管理といった目的意識のある監査要点を明確にし，それら監査要点を効果的にチェックできる組織内体制の整備，運用状況の厳格な評価ができているか。

③ 取締役や従業員からの報告や説明を「聞くだけ」になっていないか，すなわち報告，説明の裏付けを取っているか。

④ 会社組織内外から得られる各種情報を，懐疑的に評価できているか。

　企業の各種不祥事を1つでも少なくするあるいは問題が大きくならないうちに何らかの対応策をとるために，監査役等の監査の方法について監査役等の個人に任せるのではなく，いろいろな角度からその効果的方法について関係団体あるいは大学等において研究が進むことが必要であると痛感している。

5．おわりに

　企業活動の複雑化，高度化およびIT技術の発達等，企業活動環境は多様化してきている。その中で不正等の手口も巧妙化してきているものと考えられる。また，公認会計士監査を含めいろいろな監査制度が企業を取り巻く環境の中で存在するものの，人間が作るこれらの諸制度は残念ながら完全なものではない。また，個人情報の保護など尊重しなければならない諸制度もあり，不正等の発見・防止だけのために全ての対応策を講じられるわけでもない。そのような複雑化した現在の経営環境の中で，監査役等と監査人はこのような不正等と戦っていかなければならない。このことを再確認し，お互いの連携のあり方をこれからも議論し続けていくことが大切ではないかと考えている。

●参考文献
　公益社団法人日本監査役協会（2015）「監査報告のひな型について」。
　公益社団法人日本監査役協会＝日本公認会計士協会（2013）「監査役等と監査人との連携に関する共同研究報告」。
　コーポレートガバナンス・コードの策定に関する有識者会議（2015）「コーポレートガバナンス・コード原案」。
　日本公認会計士協会（2015）監査基準委員会報告書260「監査役等とのコミュニケーション」。

（手塚仙夫）

第4章 日本監査役協会・日本公認会計士協会の共同研究報告の運用の課題

1．はじめに

　本章では，本題に入る前に，公益社団法人日本監査役協会・日本公認会計士協会の「監査役等と監査人との連携に関する共同研究報告」[1]（以下「共同研究報告」という）が発表される前後の監査役（以下「監査役」は監査役設置会社の監査役を意味し，「監査役等」は指名委員会等設置会社の監査委員・監査等委員会設置会社の監査等委員を含めて意味する）の環境変化および監査役等監査の変化の流れをレビューし，そのうえで共同研究報告に示された監査役等と会計監査人（会社法上の会計監査人と金商法上の監査人を必要に応じ読み替えて頂きたい）との連携の重要性と共同研究報告の運用の課題について報告する。監査役等の環境変化および監査役等監査の変化の流れをレビューする理由は，監査役等と会計監査人の連携を有効に行うためには，双方の監査環境・関心事項等を互いに理解することから始まると思われ，監査役等の立場から，監査役等の業務監査・会計監査の監査環境について法制度および裁判所の判例等の法規範ならびに監査役監査基準の変遷から理解し，監査役等の会計監査の強化の視点から，監査役等と会計監査人の連携の現状と運用の課題について報告する。なお，文中の意見は筆者個人のもので，筆者が属したまたは属している組織を代表する意見ではないことを申し添える。

2．監査役等を取り巻く環境の変化

　日本のバブル経済の崩壊以降，数多くの企業不祥事が発生し，日本のコーポ

---

[1] 公益社団法人日本監査役協会＝日本公認会計士協会（2013）。

レート・ガバナンスの強化が叫ばれ、社外取締役導入の義務化が実業界の反対で実現されない中、監査役等の相次ぐ権限強化でコーポレート・ガバナンスの整備が図られてきた。

一方、2002年（平成14年）にコーポレート・ガバナンスの機関設計として、監査役（会）設置会社に加え委員会等設置会社（現在の指名委員会等設置会社）が新設され、監査役（会）設置会社と委員会等設置会社の選択によるコーポレート・ガバナンスの質を競う時代に突入した。このような環境変化の中、従来の監査役監査基準[2]が監査役監査の理念表明と法的に要請される基本事項を中心に定めたもので時代の要請に十分応えていないとの認識の下に、日本監査役協会が率先して監査役監査基準を見直し、監査役は独立の立場から取締役の職務執行を監査することにより、企業不祥事の防止を担保し、企業の健全な持続的成長を確保する責務を負い、コーポレート・ガバナンスの一翼を担うとの監査役の役割期待を再認識のうえ、2004年（平成16年）に監査役監査基準の大幅な改定がなされた。これが日本の監査役監査の大きな転換点になったと理解する。なお、新設された委員会等設置会社の監査委員会の監査基準も同様の内容で作成されている。

3．2004年（平成16年）の監査役監査基準改定の主要なポイント[3]

(1) 経営判断原則の監査

取締役の善管注意義務の履行の判断基準として経営判断の原則が判例で定着しつつあることから、取締役会等における経営の意思決定が経営判断の原則に則り行われているかについて監査役は監査する義務が規定された。

(2) 内部統制システムの監査

取締役の職務執行の一環として、内部統制システムを構築・運用することが取締役の責務であり、監査役は適切に有効な内部統制システムが構築・運用されているかを監査する義務が規定された。

2　社団法人日本監査役協会（2011a）。
3　社団法人日本監査役協会（2004）38頁。

(3) 企業情報開示体制の監査

　企業情報開示の適切性・透明性・信頼性を確保するため，監査役は会計監査人の独立性を監視し，取締役が適切に情報開示するための体制を構築・運用しているかを会計監査人と連携をとりながら監査する義務が規定された。

(4) 会計監査人との連携に関する規定

　従来の監査役監査基準における会計監査人との連携に関する規定が，連携の強化を図る目的から以下のように改定された。

① 会計監査人と定期的会合を持ち，積極的な意見および情報交換を行い効率的な監査を実施する。
② 会計監査人から監査計画の概要を受領し，内部統制システムに関するリスク評価の報告及び監査重点項目等の説明を受け，意見交換する。
③ 監査役は，必要に応じ会計監査人の往査及び監査講評に立会い適宜報告を求める。
④ 会計監査人から取締役の不正行為や違法行為等の報告を監査役会が受けた場合は，審議調査の上，監査役は取締役に対して助言または勧告を行う等，必要な措置を講じなければならない。
⑤ 監査役は，業務監査の過程で知り得た情報の中，会計監査人の監査の参考となる情報または監査に影響を及ぼす情報を会計監査人に提供する等，情報の共有に努めなければならない。

(5) 代表取締役との定期的会合

　監査役は，代表取締役との定期的会合を持ち，経営方針を確かめるとともに，会社が対処すべき課題，会社を取り巻くリスクのほか，監査役監査の環境整備の状況や監査上の重要課題等について意見を交換し，代表取締役との相互認識と信頼関係を深めるよう努めなければならない。

4．2004年（平成16年）の監査役監査基準の影響とその後の変化

(1) 監査役等自身の意識改革

　日本監査役協会は監査役等の任意団体であり，日本監査役協会の策定した監査役監査基準が直接監査役等を拘束するわけではなく，当該企業の監査役会・監査委員会等が監査基準として採用を決定して初めて当該企業の監査役監査基準となるが，多くの企業は当該企業の実情を踏まえ一部修正を加えながらもこの自主主体的に監査役等の責務を課した監査役監査基準を採用した。この監査役監査基準の改定に合わせ，日本監査役協会は「監査役監査実施要領」[4]，「新任監査役ガイド」[5]等を全面的に見直し，監査役等研修の積極的な実施と活発な実務分科会の活動を通して，監査役等の意識改革および監査の実践力の向上に大きく貢献してきていると思われる。

(2) 監査役等の監査リスクの増大と健全なコーポレート・ガバナンスの発展への貢献

　平成に入ってからの度重なる商法改正で監査役等の独立性の確保と権限強化が図られたが，反面当然のことながら監査役等の責務は増大した。さらに日本監査役協会の自主主体的な監査役監査基準の改定により監査役等の責任がより増大することに対し，監査環境の整備が未だ整っていない状況の中で時期尚早と一部の監査役等より強い懸念が表明された経緯がある。

　一方，その後2005年（平成17年）の会社法の制定で内部統制システムの監査が監査役会設置会社にも義務化され，委員会等設置会社の監査と遜色のない体制となり，経営判断原則の監査と合わせ，監査役が違法性監査の分野に限定せず，一部の妥当性分野も含む業務監査を実施されるようになって来ている。監査役監査基準の見直しが監査役の監査分野を拡大し監査役等がコーポレート・ガバナンスの一翼を担うという意識改革と凛とした監査姿勢を支え，日本のコーポレート・ガバナンスの健全な発展に少なからず貢献してきていると思われる。

4　社団法人日本監査役協会（2011b）。
5　公益社団法人日本監査役協会（2011）。

(3) 日本のコーポレート・ガバナンスの強化に向けての日本監査役協会の積極的関与

　日本監査役協会は2008年（平成20年）3月に設置した「コーポレート・ガバナンスに関する有識者懇談会」の提言[6]を受け，それらの提言を監査役等監査のベストプラクティスとして監査実施要領等に反映させ，他方会社法改正の審議を行うために設置された「法制審議会会社法制部会」に日本監査役協会の会長が初めて委員として参加し，コーポレート・ガバナンスに係る「インセンティブのねじれ解消のための会計監査人の選解任の議案に関する監査役の決定権」および「株主と経営者の利益相反」，内部統制システムに係る「内部統制システムの運用に関する事業報告の記載の義務付け」等について，会社法改正のために積極的な提言を行い，日本のコーポレート・ガバナンスの強化に前向きに対応してきた。

　また，日本監査役協会は，日本の監査役会設置会社が世界に類例の少ない機関設計で海外の投資家や関係者等からの理解が十分得られていないとの認識の下，海外への発信に注力するとともに，監査役の英文呼称をCorporate AuditorからAudit & Supervisory Board Memberに変更し，新呼称の採用を会員の監査役に推奨し[7]，監査役がコーポレート・ガバナンスの一翼を名実ともに担うことの意識付けと監査役の監査環境の整備に尽力してきている。なお，日本監査役協会の現在の活動は常勤監査役を主体としているが，今後非常勤社外監査役を含めた監査役等監査の質の向上への取り組みが期待される。

(4) 2015年（平成27年）の監査役監査基準の大幅改正の影響

　2015年（平成27年）5月1日に平成26年会社法が施行され，6月1日にコーポレートガバナンス・コードの適用が開始されたのを受けて，日本監査役協会が監査役監査基準のひな型を7月23日に大幅に改正のうえ発表した。日本監査役の職責の拡大，コーポレートガバナンス・コードへの対応，株主との建設的な対話，会計監査人の選任等の手続き，第三者割当等及び多重代表訴訟への対応等新たな条文・条項の新設または追加がなされ，2004年（平成16年）の監査

---

[6] 社団法人日本監査役協会コーポレート・ガバナンスに関する有識者懇談会（2009）。
[7] 公益社団法人日本監査役協会（2012）。

役監査基準の改定に次ぐインパクトのある改定で、この改定が今後監査役等の監査姿勢や監査手続きに大きな影響を与えていくものと見られる。

5．監査役の悩みと日本的コーポレート・ガバナンスの在り方

　監査役自身の努力および日本監査役協会の努力にかかわらず、監査役の監査活動の実態が外部に十分理解され正当に評価されているとは言い難い状況に一種の悩みを抱えている監査役は少なくないと思われる。

　海外投資家からは、取締役会において議決権を持たない監査役には監督機能が十分に果たせないとして、社外取締役の選任の義務付けの要請が強く、会社法改正においても義務付けはされなかったものの、一定の会社については社外取締役を選任しない場合、その理由を事業報告に開示することが義務付けられ、さらにコーポレートガバナンス・コードにおいては、一部／二部上場会社は少なくとも2名以上の社外取締役が選任されるべきとされている。コーポレート・ガバナンス強化のため、社外取締役の選任に反対するものではないが、海外投資家等の意見で法制度が変わるのではなく、日本企業の経営実態の変化や日本と欧米の文化、国民性、制度および社会インフラの相違等を十分検討のうえ、グローバル競争に打ち勝つための日本企業にとって最適なコーポレート・ガバナンス体制を考えていくべきと思われる。会社法は機関設計の選択制を採用し、コーポレートガバナンス・コードは強制法規ではなく「コンプライ・オア・エクスプレイン」の手法を採用しているので、制度的には、当該企業にとって最も有効な機関設計を自由に選択し、コンプライしないのであれば責任を持って説明をしていくことが求められることになる。監査役は会社役員の一員として、当該企業のコーポレート・ガバナンスの在り方について執行側との協議・検証を重ね、より良いコーポレート・ガバナンス体制の構築・運用に尽力することが今後重要になると思う。ただし、海外投資家の株主総会に於ける議決権行使の姿勢が実質基準よりは形式基準に基づいて行使される傾向が見られ、海外株主比率の高い企業においては自社が選択したコーポレート・ガバナンス体制の説明が非常に重要になると思われる。機関設計の相違が監査役と会計監査人の連携の在り方に少なからず影響を与えると思われるので、ここで3つの機関設

計の特徴等について筆者なりの論点を下記する。

(1) 3つの機関設計の特徴
① 監査役（会）設置会社
　日本企業は終身雇用制を基本に，意思決定は稟議制度に基づき各部門の意見を聴取しながら全員参画型の決定方式で，重要案件は全て取締役会で審議し最終決定を行うボトムアップ型のコンセンサス・マネジメントが中心である。この日本の企業風土を基礎に監査役（会）設置会社においては，取締役会を業務執行上の最高意思決定機関と位置付け，全ての重要案件を審議し，独立性の高い社外監査役が半数以上を占める監査役会が業務監査・会計監査を実施している。監査役は取締役会に出席し，経営判断の原則に照らし合理的な判断がされているかを監視し，必要に応じ意見・勧告し，監査結果を株主総会に報告する制度である。ただ，海外投資家等からは監査役に議決権がないことから，社外監査役が半数以上を占める監査役会では十分監督機能が果たせないのではないかとの意見も有り，2014年（平成26年）の会社法改正では一定の会社については議決権を持つ社外取締役を少なくとも1名選任しない場合は「社外取締役を置くことが相当でない理由」を事業報告等に記載することが求められている。この海外投資家等の意見は一理あるも，日本の監査役機能に対する理解不足も原因しているのではないかと思われる。すなわち，欧米の監査委員会は非常勤社外監査委員で構成され「財務報告に係わる内部統制」と「会計監査人の監査の方法と監査の結果」の監査が中心である。アメリカにおいては日本の監査役会が担っている業務監査をエグゼクティブ・セッションで対応している様である（第5章参照）。日本の監査役会は取締役の職務執行を監査するため，常勤監査役が「取締役が出席する取締役会・経営会議等の重要な会議」に出席し，「稟議書等の重要書類」を閲覧し，「主要な事業所・子会社を往査」して業務および財産状況を調査し，「取締役および使用人からの報告を受け意見交換」すること等を通して日常監査を実施する。非常勤社外監査役は監査役会で常勤監査役から日常監査の結果報告を受け，会計監査人・内部監査部門の報告会にも出席し，また常勤監査役が実施する主要な事業所・子会社の往査に参加する等により社内情報を収集し上述のように監査役は取締役会に出席し，社外監査役

は取締役会で社外の視点から積極的に意見・勧告している。このような監査役会の業務監査の実施状況が十分に理解されていないと思われる。また，監査役は単独で監査権を行使できる権利（独任制）が認められ監査役の独立性と機動性が担保されている。この監査役の業務監査が「会社の問題の芽を早期に発見し是正措置を早い段階で図れる」予防監査機能を果たし取締役会での監査役，特に社外監査役の発言が「合理的な経営判断の推進と経営者の暴走の抑止力」の担保となっている。万一，監査役の意見が無視され，それが会社に重大な損失の発生が危惧される場合は，監査役の監査報告に記載し株主総会に提出することも，また緊急を要する事態であれば，差止め請求を裁判所に提訴する権利も監査役に留保されている。また，監査役が議決権を持たないことが監査役の中立性を高め自己監査のリスクを軽減しているともいわれている。これらの監査役の強大な権限は少数の社外取締役の議決権と比較し遜色ないとも，さらにはより強力ともいわれるゆえんである。今後とも，海外投資家に監査役の機能について適切な理解を得るための説明の継続と，監査役はこの強大な権限を適切に行使し社内外からの信頼を得る努力の継続が必要と思う。

　監査役設置会社の難点の１つとして，海外に馴染のない機関設計のため海外投資家への説明の困難性が挙げられてきたが，澤口実弁護士の2015年（平成27年）11月12日〜13日開催の第81回監査役全国会議における報告によれば，「最近はアメリカの監査委員会も，リスク管理のプロセスの監督やコンプライアンスに関するプログラムの監視をも責務とする傾向にあります。こうやってみますと，日本の監査役制度とは由来は全く異なるものの，米国の監査委員会の役割は，期せずして日本の監査役に期待される役割に近づいている，非常に象徴的な傾向との印象を受けています。」とのことであり[8]，結局監査役等の監査の本質は東西を問わずあまり変わりはなく，海外投資家等に対する監査役設置会社についての説明の困難性も説明力の問題ではないかと思う。

② 指名委員会等設置会社
　日本のバブル経済の崩壊以降，日本企業の業績不振が長く続き，グローバル

---

[8] 澤口（2016）18頁

競争が厳しさを増す中，国際競争に打ち勝つため，強いリーダーシップとスピード経営が求められ，経営者の積極的経営と社外取締役によるコーポレート・ガバナンス強化を図るために，2002年（平成14年）に委員会等設置会社（現在の指名委員会等設置会社）が新設された。指名委員会等設置会社は，法定の決議機関として社外取締役が過半数を占める指名委員会・報酬委員会・監査委員会が設置され監査役は設置しない機関設計である。取締役会は「経営の基本方針」ならびに「内部統制システムの基本方針」等に係わる事項以外の業務執行を執行役に委ね経営者のリーダーシップと経営のスピードを高め「攻めの経営」を推進し，取締役会はもっぱら監督に徹するモニタリングボード型取締役会が想定されている。監査委員会の監査委員は監査役と同等の監査権限があたえられているも，常勤制・独任制の法定化はされず，監査委員の単独監査ではなく監査委員会が内部監査部門や会計監査人との連携を基本に執行役等の職務の執行を監査（組織監査）するとされる。これに対し，社外取締役が多数を占める指名委員会が取締役，就中社長の選任を決定することが日本の企業風土に馴染まないこと，ならびに日本の役員報酬が海外との比較で低く利益配分に関して株主とのコンフリクトも少なく，また業績連動型報酬体系で経営者のヤル気を刺激する方法にも日本人のセンスから違和感もあり，報酬委員会の必要性に疑問の声が有ること，また常勤監査委員がいない中，取締役会に付議される案件も限定され多くの業務執行が執行役に委ねられる経営体制の下で監査委員会が会社法の求める業務監査を遂行することが可能か，執行役の傘下にある内部監査部門が実施する業務監査に依存する監査委員会の組織監査が執行側の経営幹部が関与するまたは容認する案件に対して十分けん制が効くのか等の疑問が示されている。

　その打開策として内部監査部門を取締役会の直轄部門とすべきではないかとの意見も出ている。ただ，内部監査部門をどこの直轄にするのが有効かについては種々議論があり，社長直轄が内部監査部門の監査活動を最も容易にするとの経験則から社長直轄にしている会社が多く見られる中，取締役会または社外取締役が過半を占める監査委員会の直轄部門とした場合，内部監査部門の監査活動が円滑に進められるかについて慎重に検討する必要があると思われる。他方，今回指名委員会等設置会社の大企業で重大な会計不祥事が発生し，経営ト

ップが関与する案件に対しては内部統制システムが無効化すること，監査委員会の組織監査が監査委員の独任制を認めず監査委員の独立性・機動性を損なうことのリスクが表面化したことにより今後それらの改善に向けた議論と実践が進むものと見られる。現在上場会社で指名委員会等設置会社を採用している会社数は60数社（全上場会社の2％程度）である。

③　監査等委員会設置会社

　2014年（平成26年）の会社法改正で新設された監査等委員会設置会社は指名委員会等設置会社と同様に，業務執行の多くを代表取締役に委ね，日本の企業風土との親和性に欠ける指名委員会・報酬委員会の設置義務を外し，取締役会内に監査等委員会を設置し，監査役は設置しない機関設計である。監査等委員は株主総会で選任される任期2年の取締役で，その過半数が社外取締役で構成される監査等委員会が，取締役の職務執行を監査し，取締役会は指名委員会等設置会社と同様にモニタリングボード型取締役会が想定されている。

　監査等委員会の監査等委員は監査役と同等の監査権限があたえられているも監査委員と同様に常勤制・独任制は法定化されず，内部監査部門・会計監査人との連携を基本に業務監査・会計監査を実施（組織監査）することが想定されている。内部監査部門との連携強化を図るためおよび経営トップの関与が内部統制システムを無力化するリスクを回避するため内部監査部門を取締役会または監査等委員会の指揮下に置くことも考えられるも，その際に内部監査部門の活動が円滑に進められるかについての慎重な検討が必要なことおよび監査等委員の独任制が認められないことから発生するリスク等は指名委員会等設置会社の場合と同様である。4年任期の監査役と比較し監査等委員の任期が短いことならびに社外取締役が過半数を占める指名委員会・報酬委員会の設置がなく，それに代わるものとして監査等委員会に指名・報酬に関し株主総会での意見陳述権が認められている。実質的に経営トップが監査等委員である取締役の任命権を持つ中で，この意見陳述権の行使が有効にされるかが監査等委員会設置会社のガバナンスの有効性に大きく係わると思われる。指名委員会・報酬委員会の設置義務がなく，経営のリーダーシップと経営のスピードを高め「攻めの経営」を推進する機関設計であること，さらには中規模上場会社にとっては現在

の社外監査役を監査等委員である社外取締役に横滑りさせて監査等委員会を設置すれば新たに社外取締役の就任なしに社外取締役が２名以上確保される簡便性等から監査等委員会設置会社の機関設計を導入する上場会社が2016年２月末で400社を超える状況となっている。

　2016年３月に行われた日本監査役協会のある実務部会の月例会（テーマ：監査等委員会について）で監査等委員会設置会社移行済みの監査等委員より，移行に伴い取締役会の議論が活発化している点ならびに取締役会の運営の効率化の必要性から付議案件の絞り込みが今後の課題との報告があった。また，本テーマに関するアンケートの集計結果ならびに討論の中から，監査等委員会設置会社移行の主な目的が経営（役員数）のコンパクト化にあり，常勤監査等委員の削減（例えば，常勤監査役２名体制が１名の常勤監査等委員体制に，常勤監査役１名体制のうち約３割が常勤なしの監査等委員の体制に変更）及び監査等委員の任期（２年）の短さから監査の品質及び継続性（引継問題）の維持の問題，及び業務執行議案への採決に加わることから発生する自己監査の問題が重く，モニタリングボードへの移行は必然的であるが，モニタリングの運用実例やモニタリングを実効あらしめるための意見陳述権行使の実践事例もなく，監査の品質・継続性の問題と合わせ，形式的な観点ではなく実質的な観点からコーポレート・ガバナンスの強化につながるのかに一抹の不安があり，今後の運営動向を注視していきたいとの意見が実務に携わる監査役等にあったことをここに紹介する。

　以上は機関設計の特徴をよりわかりやすくする為の単純な比較分析であるが，現実にはもっと複雑な組み合わせにより当該企業に適した機関設計を監査役等と取締役が慎重に協議をしながら創り上げている。例えば監査役会設置会社においては10年以上前から，監査役会設置会社の弱点を補うべく取締役会の諮問機関として任意でガバナンス委員会，指名委員会，報酬委員会等を設け，社外取締役・社外監査役を積極的に各委員会の委員として迎えて，社外役員の意見をコーポレート・ガバナンスの在り方・役員の選任・報酬に反映している企業もある。また指名委員会等設置会社において，任意で常勤監査委員を任命し監査委員会の業務監査（予防監査）・会計監査の充実に注力している会社が約70％にも達していることが日本監査役協会のアンケート調査で判明している。監

査等委員会設置会社においては，代表取締役への権限移譲に制限を設けている会社，または権限移譲するも任意で指名委員会・報酬委員会を取締役会の諮問機関として設けている会社もあるようである。いかなる機関設計にも一長一短があり，それを補完する任意の機関設計を監査役等と取締役の創意工夫で当該企業に最も適したコーポレート・ガバナンス体制が築かれていくことが重要と思われる。また，設計された機関が想定どおり機能するか否かはそこに任命された取締役・監査役等次第であり，監査役等の監査機能が十分機能するか否かは監査環境の良否とともに監査役等自身の力量・胆力・努力等に左右されることが大きいと思われる。また内部統制システムの有効性も経営トップの経営姿勢（Tune at the Top）に大きく影響されるといわれるように，社外取締役・社外監査役の機能が十分発揮できるか否かは経営トップが社外の意見を聞き入れる度量があるか否かに大いにかかっていると思われる。コンセンサス・マネジメント中心の日本の企業風土においては，議決権の有無も重要であるが，それよりも先ずはしっかりした適切な説得力のある意見表明が非常に重要であり，その意見表明が経営に大きな影響を与えコーポレート・ガバナンスが有効に機能するようにすることが第一歩であると思われる。

図表4-1　3つの機関設計の制度上の特徴比較

	監査役会設置会社	指名委員会等設置会社	監査等委員会設置会社
企業風土との親和性	◎	△	○
海外投資家との親和性	△	◎	○
経営コスト	○	△	◎
経営のスピード	△	◎	◎
業務監査／予防監査・監督	◎	△	△
経営の監督／事後監督	△	◎	○
自己監査のリスク	◎	○	○
監査役等の常勤性	◎	△	△
監査役等の独任性	◎	△	△
監査役等の独立性	◎	◎	○

出典：筆者作成。

なお，監査役等の独立性確保のため，監査役等の任期の長期化・指名委員会の設置等の法制度の手当がされてきているが，究極的には監査役会が監査役等の選解任の議案に関する決定権を持つことではないかと思われる。
　前述のように現実の会社の機関設計は単純ではなく，当該企業に適合した機関設計を取締役と監査役等が経験と知恵を生かしながら任意の機関設計も含めて創作しながら3つの機関の選択が実施されていることから，3つの機関設計の制度上の特徴を比較することにそれほどの意味を見い出しにくいが，制度上の特徴をわかりやすくするために上記の論点を図表化し筆者の勝手な評価を加えて記述（図表4-1）する。

(2) コーポレートガバナンス・コード対応の監査役等の監査

　コーポレート・ガバナンス論は企業不祥事が発生するたびに沸き起こり，監査・監督の強化が図られてきたが，今回のコーポレートガバナンス・コードは，「会社が株主をはじめ顧客・従業員・地域社会等の立場を踏まえた上で，透明・公正かつ迅速・果敢な意思決定を行う仕組み」と「コーポレート・ガバナンス」を定義し，いわば「攻めのガバナンス」の実現を目指し，会社におけるリスクの回避・抑制や不祥事の防止といった側面を過度に強調するのではなく，むしろ健全な企業家精神の発揮を促し，会社の持続的な成長と中長期的な企業価値の向上を図ることに主眼を置いているとされる。
　この日本政府の成長戦略の一環として本コードが策定された点で従来の制度設計と異なると思われる。
　本コードの会社の持続的成長と中長期的企業価値の向上を図る「攻めのガバナンス」における監査役監査が対象とするリスクとは，持続的成長ならびに中長期的企業価値の向上を妨げる要因と捉えられる。今回改定された監査役監査基準13条（新設された条文）では「監査役及び監査役会は，取締役会が担う以下の監督機能が会社の持続的成長と中長期的な企業価値の向上を促しかつ収益力・資本効率等の改善を図るべく適切に発揮されているのかを監視するとともに，自らの職責の範囲内でこれらの監督機能の一部を担うものとする。」と定め，取締役会が担う監督機能として以下のように規定している。
　一　企業戦略等の大きな方向性を示すこと

二　代表取締役その他の業務執行取締役による適切なリスクテイクを支える環境整備を行うこと
　三　独立した客観的な立場から，代表取締役その他の取締役等に対する実効性の高い監督を行うこと[9]

　企業を取り巻く環境を中長期的視点から分析し，企業の持続的成長と企業価値の向上を妨げる要因（事業リスク）を克服する企業戦略・中長期経営計画が適切に策定されているか，企業価値を創出するために積極的にリスクテイクすることから発生する新たなリスクが適切に管理されているかを取締役会が監督し，その監督機能が実効的に機能しているかを監査役等が監視・検証し，不備・不足等があれば，自らの職責の範囲内で意見・勧告し是正することが求められる時代に入ったと理解される。

　すなわち，監査役等が監査対象とするリスクは，従来のコンプライアンス・不正会計等の企業価値を毀損するリスクのみならず，企業が抱えている事業リスクに適切に対応していないことから発生する企業戦略リスクならびに企業価値を高めるための積極的なリスクテイクから発生するリスク，例えば信用リスク・市場リスク・カントリーリスク・事業投資リスク等が含まれていると理解される。

　前者の企業戦略リスクは代表取締役等が行う企業が抱える事業リスクの洗い出しとその事業リスクを克服するために策定する経営戦略・中長期経営計画の方向性を取締役会が監督し，監査役等はその妥当性を監視・検証し不備・不足に対し積極的に意見・勧告し是正していくことが求められていると理解する。

　後者の積極的にリスクテイクすることから発生するリスクは回避するのではなく「リスクに見合うリターン」が確保される限り，積極的にリスクテイクすることが企業価値を高めることになるも，企業価値創造を急ぐあまり，リスク分析の不適切さや企業の財務体力を上回るリスクテイクにより経営破綻を招くリスクが存在することから，適切なリスク管理体制の整備・運用が不可欠と考えられる。

　組織的には各リスクを管理する専門部署と会社全体のリスクを統括する組織

9　公益社団法人日本監査役協会（2015）。

横断的な体制（例えばリスク管理委員会）の設置と，リスク分析やリスクの定量化手法を社内規定で定め，リスク限度（アラーム機能）を設定のうえ，モニタリング体制を整備し，リスク量の総額が財務体力の範囲内にコントロールするリスク管理体制を代表取締役等が整備・運用し取締役会が整備・運用を監督し，監査役等が整備・運用の妥当性を監視・検証し，不備・不足に対し積極的に意見・勧告していくことが求められていると理解する。

これは明らかに従来の監査役等の監査の範囲を超えており，新たな地平線の設定で有り今後各監査役等のベストプラクティスの積み上げで監査要領の全容が見えてくるものと思われる。

本コードは経営戦略の方向性・積極的なリスクテイクを支える「攻めのガバナンス」以外にも多くの項目があり各企業は本コードの趣旨を尊重しながら当該企業に適合した対応策を取締役と監査役等が費用対効果も考慮のうえ，慎重に協議しながら作成しているも，海外投資家が表面的・画一的な判断基準に基づく議決権行使の姿勢が日本のコーポレート・ガバナンスの在り方に悪い影響を与えないように，海外投資家等機関投資家は「スチュワードシップ・コード」に基づき，各企業の経営者と十分なコミュニケーションを図り，内容を把握したうえでの議決権の行使を望みたい。

早稲田大学宮島英昭教授の報告[10]によれば，日本の大企業の上場比率は欧米と比較して異常に高く，1998年の売上高上位500社のうち上場企業が占める割合は，日本70％，イギリス28％，独仏14％，イタリア10％以下である。また1997年から2011年までの上場企業数の推移はアメリカ38％減少，イギリス（主要株式市場）48％減少に対し，日本は56％増加している。コーポレート・ガバナンス体制ならびに内部統制システムの整備が非上場企業と比較して上場企業により厳しく求められ，上場企業の経営負担が増加する傾向にある。また企業不祥事の問題が非上場企業と比較し上場企業の場合は公益性・社会性が高いことから必然的に大きく取り上げられる傾向にある。結果として上場企業数の増加が社会的に影響を及ぼす企業不祥事の発生件数の増加を生み，その都度監査・監督体制の強化を図ったのでは上場企業に過度の負担を強いることになると思

---

10 宮島（2014）29頁。

われる。上場企業数が増えれば異常値(コーポレート・ガバナンス体制および内部統制システムが極端に弱い企業)の発生はある面やむなく，その度に上場企業全体に監査・監督強化の制度設計の見直しを行うのではなく，上場時の審査のみならず上場後も有価証券報告書の分析等のモニタリングを通して異常値を摘発する体制を金融庁または東京証券取引所内に設け，厳しい審査体制の整備による抑止力強化と各企業のコーポレート・ガバナンスの強化の両面作戦で日本の資本市場の信用維持と上場企業の経営コストの軽減とのバランスを図る制度設計を個人的に望みたい。

6．共同研究報告の成果

(1) 共同研究報告の背景

共同研究報告が作成された直接のキッカケは，2005年(平成17年) 7月に，証券取引所において，有価証券報告書に「コーポレート・ガバナンスの状況」の記載の一部として監査役等と監査人との相互連携の記載が義務付けられたことと，会社法において会計監査人の報酬等の決定に当たっての監査役等への同意権の付与等による監査役等と会計監査人との連携強化を求められたことにある。

監査役等の立場としては，上記の法制上の要請に加え，企業不祥事の中で，「財務報告に係る内部統制の不備による不正会計」が大きなウェイトを占める現状において，コーポレート・ガバナンスの一翼を担う監査役等が，会計監査の専門知識を持つ社外の会計監査人と連携強化を図り，コーポレート・ガバナンスの一層の向上を図ることは必然的であり，企業不祥事の未然防止策として非常に重要なことであると理解している。

(2) 共同研究報告の効用

監査役等は会計監査人の監査の方法および監査の結果に対し相当性の判断を行い，監査役監査報告にその旨の記載をしなければならない立場にあるも，従来の監査役等と会計監査人の関係は過去の生い立ちの経緯もあり，必ずしも良好な関係を維持してきたとは言い難く，相当性判断のための必要最小限の連携に留まっていたケースも少なからずあったと思われる。

このような状況の中で，日本監査役協会と日本公認会計士協会が共同研究報告を発表したことで，現場における監査役等と会計監査人のわだかまりの解消と意識改革を促し，連携強化の機運を高め，監査役等の業務監査と会計監査人の会計監査を有機的に結合するための環境整備に大いに役立っていると理解する。

(3) 共同研究報告の改正とそれに伴う「会計監査人との連携に関する実務指針」の改正

2009年（平成21年）2月に，金融商品取引法において，内部統制報告制度，四半期報告制度および会計監査人による法令違反等の事実発見時の通知・申出制度の導入や，2011年（平成23年）3月に，日本監査役協会が「監査役監査基準」等の改正を行い，2013年（平成25年）3月に，相次いで発覚した有価証券報告書の虚偽記載等の不適切な事例を受けて，企業会計審議会から「監査基準の改訂及び監査における不正リスク対応基準の設定に関する意見書」が公表され，会計監査人の改訂監査基準により，監査の各段階において監査役等と適切に協議する等，監査役等と連携を図らなければならないことが明記された。

日本監査役協会と日本公認会計士協会は法制度等の改正に合わせ，監査役等と会計監査人との連携に関する共同研究報告を改正し2013年（平成25年）11月が最終改正となっている。日本監査役協会は共同研究報告の改正の都度「会計監査人との連携に関する実務指針」の改正を発表し監査役等に対し周知徹底が図られてきているが[11]，「内部統制システムに係る監査の実施基準」で「財務報告に係わる内部統制システム」の監査が明記され，また内部統制報告制度の導入で一段と監査役等と会計監査人の連携が実務面からも高まっている。

7．共同研究報告の運用の課題

(1) 監査役会の活用

監査役会（以下監査委員会，監査等委員会を含めた総称として「監査役会」という）は独立性の高い社外監査役が半数以上若しくは過半数を占める機関で

---

11 公益社団法人日本監査役協会会計委員会（2014）90頁。

コーポレート・ガバナンス機能を十分に発揮することが期待されている機関である。従い，監査役等と会計監査人との連携強化において，相互のコミュニケーションを図る場としての活用が期待されているが，現実には監査役等からの監査計画の説明，会計監査人からは監査計画の説明，四半期決算および期末決算の監査結果報告，監査実施報告書の概要説明等の法的に要請されている範囲内でのコミュニケーションにとどまっていることが多いように思われる。この理由として，

① 監査役等は会計監査人から報告は受けるも，報告は積極的にしないとの監査役等の姿勢
② 上記法定の報告以外の報告は常勤社内監査役が一旦会計監査人から受け，社外監査役には常勤社内監査役から必要の都度，報告するとの常勤社内監査役の姿勢
③ 社内の問題をそのまま会計監査人や社外監査役に報告するのではなく，ある程度社内で問題解決を図った後に会計監査人や社外監査人に報告したいとの常勤社内監査役の姿勢
④ 社外監査役は自ら積極的に質問せず，もっぱら聞き役に回る姿勢
⑤ 会計監査人は監査役会への報告事項を非常に限定的に解釈し，グレーゾーンは社内事情に精通している常勤社内監査役に報告し，対応を任せる姿勢

等が考えられる。この状況は，社内監査役が社内情報に精通しているからこそ，また執行側と人的密接度が高いからこそ，そして経営トップからの精神的独立性の維持に多少なりとも苦労していることから，重要問題への対応が遅くなるリスクが存在する。また監査役等の監査の特徴と会計監査人の監査の特徴を生かし，足りない点を相互に補完しながら会計不祥事の発生可能性の低下を図るという監査役等と会計監査人の連携強化の目的を達成するという段階には達していないようにも見える。

この状況を打開するためには，以下が考えられる。

① 監査役会に会計監査人が常時又は必要に応じオブザーバーとして参加し，常勤監査役と非常勤監査役とのコミュニケーション内容の聴取・内部監査部門等の監査役等への報告内容の聴取等から会計監査上の監査リスク（例

えば，不良在庫・不良債権・架空取引等）の感度を高める。監査役等は会計監査人から会計監査から知り得た法令違反等の情報（例えば下請法違反，不正競争防止法違反等に関する情報）を取得して，監査役等の業務監査に資する等相互に機能の補完を図る強い姿勢を持つことが重要と思われる。

② 会計不祥事の防止のためには，ハインリッヒの法則にいわれるとおり，ヒヤリ・ハットの段階で不正会計の芽を摘み取ることが重要であることから，監査役会での情報交換は相互に重要事項に限定せず，関連事項に関するヒヤリ・ハット情報を自由に交換する雰囲気を作り上げることが重要と思われる。そのような雰囲気の中で社外監査役等と会計監査人のコミュニケーションもスムースに進むものと思われる。

③ 監査委員会・監査等委員会は前述のとおり，常勤制・独任制の法制化がなく，取締役会から執行側に権限移譲が推進されることから，社内情報の収集力は低下することが危惧される。従って監査委員会と内部監査部門・会計監査人との連携がなお一層強化される必要があると思われる。特に内部監査部門との連携強化に創意工夫が必要と判断される。

④ 監査役会設置会社において，社外取締役の社内情報不足の課題克服が重要視されているが，監査役会に社外取締役のオブザーバー参加等で，社内情報の収集と会計監査人・内部監査部門等とのコミュニケーションが図られ，監査役会としても独立性と不正の抑止力が高められるのではないかと思われる。同じことが監査委員会・監査等委員会と監査を担当しない社外取締役との関係でいえるのではないかと思われる。

(2) 海外子会社の監査における連携強化

日本監査役協会のケース・スタディ委員会の研究報告[12]によれば，日本企業のグローバル戦略の積極的な展開の中，親会社監査役等と親会社会計監査人との連携は，親会社単体の監査は元より企業集団の監査，なかんずく監査役制度のない海外子会社の監査においてより重要であり，連結計算書類の監査の方法および結果の相当性の判断において，親会社監査役等は親会社会計監査人およ

---

12 公益社団法人日本監査役協会ケース・スタディ委員会（2013）85頁。

び海外子会社会計監査人との連携は不可欠であると強調されている。すなわち，海外子会社は親会社から距離的に遠く，言語・習慣・法税制度・会計制度・会計システム等が異なり監査の困難性が認められる。さらにM＆Aにより子会社になった場合は企業文化・社内制度等も異なることから，親会社のコントロールが行き届かなくなるリスクが存在する。また厳しいグローバル競争の結果が直接的に反映されるのが海外子会社の決算であり業績のプレッシャーのリスクが高く，移転価格・関税等の税務リスク・為替等の金融リスク・債権回収等の信用リスク・カントリーリスク等もあり，監査リスクが高い分野であると理解される。

　親会社監査役等は業務監査の視点から，子会社のコーポレート・ガバナンス体制ならびに内部統制システムの整備状況および運用状況の実態把握が重要となる。会計監査の視点からは，親会社監査役等は海外子会社の会計監査人による監査体制の整備と海外子会社の会計監査人の独立性ならびに会計監査人の監査の方法および監査の結果の相当性について，現地往査の際に会計監査人とのヒアリング等を通して監査するとともに，親会社会計監査人と連携し，連結決算の相当性を確認していくことが肝要と思われる。最近海外子会社が絡む会計不祥事が多いところから，今後益々親会社監査役等と海外子会社の監査役等と会計監査人および親会社会計監査人とのなお一層の連携強化が必要になると思われる。例えば，

① 海外子会社の場合，日本の会社法が直接適用されないことから，"インセンティブのねじれ"が解消されていない場合が推測されるが，親会社の執行側と協議し，監査役または監査担当役員がいる海外子会においては会計監査人の選任・解任の決定権を監査役または監査担当役員が持つように社内的に変更する。また監査役または監査担当役員がいない場合，親会社の監査役会が選任・解任の承認権を持つように社内的に変更する。

② 親会社会計監査人は海外子会社監査人に発行する"インストラクション"の内容とそれに対する海外子会社監査人からの回答の内容について，親会社監査役等に書面で詳細報告をする。

③ 主要海外子会社およびリスク要因が大きいと推測される海外子会社に対し，親会社会計監査人の往査に親会社監査役等が立ち会う。

④ 親会社監査役会が主催するグループ監査役連絡会に海外子会社の監査役（監査役が就任していない場合は，監査担当役員）に参加を要請し，監査の方針・監査計画等の確認を通して監査役または監査担当役員の意識の高揚と監査役または監査担当役員間の連携強化を図る際に，親会社会計監査人もオブザーバー参加し，情報の共有を図るとともに会計監査に係わる最新情報を参加者に提供することで会計監査の監査環境の整備を図るまた親会社社外取締役のオブザーバー参加もあり得ると思われる。

(3) 監査報告書作成における監査役と会計監査人との連携

　監査役等の監査活動と監査結果の報告である監査役会の株主総会向けの現在の監査報告は推敲を重ねた含蓄のある内容であるが，ステークホルダー等に対しては無味乾燥な内容で監査活動の実態が伝え切れていない点が，監査役の監査活動が見えにくく正当な評価が得られていない理由の1つとして考えられる。

　日本の株主総会が「総会屋」で荒れていた時代においてはこのような監査報告も有効であったと思われるが，時代の変化に合わせた監査報告により，監査役の監査活動をステークホルダーに見えさせ，監査結果を単に「法令もしくは定款に違反する重大な事実は認められません」とか「重要な不備は認められません」のように結論を述べるだけでなく，監査計画の内容・リスク・アプローチ監査による重点監査事項の内容・監査の過程で知り得た重要な事項等を予防監査の視点を踏まえた報告が今後必要とされるのではないかと思う。このような報告が日本のコーポレート・ガバナンスの健全な発展につながるのではないかと思う。一方，会計監査人の監査報告について，現在の総合意見に加えて，「監査上の主要な事項（Key Audit Matters：KAM）」を記載することを国際会計士連盟の国際監査・保証基準審議会で審議されており，またドイツでは長文式監査報告を会計監査人が監査役会に報告しているとのことである（第7章参照）。このような動きに合わせて，監査役等と会計監査人の監査報告の在り方について日本監査役協会と日本公認会計士協会で検討して頂けたならありがたいと思う。

(4) コーポレートガバナンス・コード対応の監査役等の監査と会計監査人との連携

　従来の監査役会設置会社の監査役は「適法性監査」中心の監査で，監査委員会の監査委員は取締役であることから，「適法性監査」のみならず「妥当性監査」を含めて監査する点で異なるとされてきた。ただ，監査役の監査が「経営判断の原則」の監査ならびに「内部統制システムの構築・運用の相当性」の監査および「第三者割当増資」・「敵対的買収防衛策」への意見表明等を実施することになり「妥当性監査」の分野への関与が増大しその差は縮小していると思われる。

　さらに，コーポレートガバナンス・コードの施行を受け，本章4．(2)で述べたとおり監査役監査基準が改定され，監査役等の監査が経営戦略リスクならびに企業価値の創出のため積極的にリスクテイクすることから発生する新たなリスクを管理する体制の監査および収益力・資本効率等の改善を図る施策の監査が求められている。これは従来のコンプライアンス違反・不正会計等の企業価値毀損のリスクの監査のみならず，企業の持続的成長を阻害する要因として有価証券報告書に記載される「事業等のリスク」の抽出および表現の妥当性・これらのリスクを克服する企業戦略の方向性の妥当性・企業価値創出のリスクテイクによる新たなリスクの管理体制の妥当性の監査が含まれ，リスクの定量化・経営資源の配賦・資本コストを含めた管理コストの配賦・事業部門の業績評価等に係わる管理会計も監査役等の監査の視野に入ると思われる。

　この管理会計は企業の社内活動に大きな影響を与える制度であり，企業の財政状態・経営成績およびキャッシュフローの状況を示す財務諸表の作成に対しても関連性が高く，企業の事業等のリスクと管理会計の整備・運用の理解が，不正会計の動機や財務諸表の虚偽記載等のリスクの原因の把握にも有効と考えられ，今後この分野の監査役等と会計監査人のさらなる連携強化が収益力・資本効率等の改善の貢献のみならず，不正会計の防止の観点から望まれ，今後の進展が期待される。

(5) 監査役等の会計監査人の選解任・不再任に係わる会計監査人との連携

　会社法改正により，監査役等は会計監査人の選解任・不再任に関する議案に

対し，従来の同意権から決定権を持つことに変わった。同意権の手続きと決定権の手続きとの間に，基本的に大きく変わることはないと思われるも，決定の手続きにおいて監査役等が選解任・不再任に関し主体的に行動することが必要となる。

　日本監査役協会は2015年（平成27年）11月10日に「会計監査人の評価及び選定基準策定に関する監査役等の実務指針」を発表しており[13]，各社の監査役会はこの実務指針を踏まえ，会計監査人の選定基準・選定評価チェックリスト等を策定し，期中に会計監査人の監査実施報告の受領および会計監査人の往査・実査への立会い等を通して評価し，期末には会計監査人から計算関係書類等の監査の結果報告ならびに監査実施概要・監査法人の品質管理システムに係わる概要書等に基づく説明を受け，会計監査人の計算関係書類の監査の方法と結果の相当性の判断を行うとともに，会計監査人評価チェックリストに基づき会計監査人の年間監査実績を評価し，審議のうえ，会計監査人の選解任・不再任の最終判断を行い，取締役会に決定理由を付して報告することになると思われる。

　会計監査人の選解任・不再任の議案の決定権の変更は「インセンティブのねじれ」を解消するために実施されるものゆえ，監査を担う監査役等と会計監査人が互いに連携し，監査の質の向上につながる一策として活用することが期待されていると理解される。

　その意味において，監査役会からの評価チェックリストの会計監査人への開示，会計監査人からの自己評価の提示，さらには監査役等から直接確認が困難な監査法人の品質管理システムの整備・運用については概要書の開示または品質に関する報告書（Transparency Report）が作成されている場合は，当該報告書の提出のみならず，品質管理システムの責任者による詳細な説明，日本公認会計士協会による品質管理レビューの結果，公認会計士・監査審査会の検査結果および金融庁の指導処分等についての詳細な開示・説明を通して，監査役等と会計監査人の相互の信頼関係を構築し監査の質の向上につながるよう互いに尽力していくことが望まれる。

13　公益社団法人日本監査役協会会計委員会（2015）

8．おわりに

　前述の共同研究報告の成果で述べたとおり，共同研究報告により，現場における監査役等と会計監査人のわだかまりの解消と意識改革を促し，監査計画の摺合せや監査結果ならびに監査概要の報告が多くなされるようになってきている。ただ，監査役等が業務監査で知り得た情報や会計監査人が会計監査の過程で感じた疑問点等をお互いに積極的に情報交換がされているかについて確たるものが感じられない。今後なお一層の連携強化を図るためには，さらなる意識改革と連携強化の必要性（Needs）の再認識が必要ではないかと思料する。

　監査役等は会計監査人の監査の方法と監査の結果の相当性の判断ならびに会計監査人の「職務の執行が適正に行われることを確保する体制」の監査に加え，2014年（平成26年）会社法の改正で会計監査人の選解任の決定権を持つことになり，「インセンティブのねじれ」が解消し会計監査人の任命責任を負うことになったことから，会計監査人と一体になって会計監査を行い不正会計への抑止力強化を図ることの重要性を監査役等はなお一層強く意識する必要がある。すなわち監査役等は会計監査人の監査の方法や独立性の監査に注力するのみならず，会計監査人が監査しやすいように，会計監査人の監査への協力体制の整備や経営トップとの面談等による監査環境の整備に配慮することが一段と必要になってきていると思われる。また監査役等は会計監査人が専門家として行う数値分析・会計帳簿と伝票等との突合せ・有価証券等の実査および棚卸資産の実査の立会い等から得られる情報（例えば，会計帳簿の調査から得られる下請法・不正競争防止法違反等の情報）が監査役の業務監査・リスク・アプローチ監査にとって有用な情報になり得ることの認識を持つ必要があると思われる。

　他方，会計監査人は改訂監査基準により，監査の各段階において，監査役等と適切に協議する等，監査役等との連携を図る必要性がでてきているが，会計監査人の監査が事後的な数値分析・実証手続が中心で不正の芽の摘み取りは難しく，確信的な不正会計においては書類・伝票等の整備が万全で書類監査による不正の発見が容易でないこともあると推測される。一方，監査役等の監査は取締役会その他の重要な会議に出席し，稟議書等の重要な書類を閲覧し，主要

な事務所・子会社を往査し、取締役および使用人からの報告および意見交換を日常的に実施していることから社内情報に精通し、不祥事の端緒を早期に発見する可能性を秘めており、監査役等の監査情報が会計監査人のリスク・アプローチ監査や不正会計の発見にも有用な情報になり得ることの認識を会計監査人が持つことが重要であると思われる。要は、監査役等と会計監査人はコーポレート・ガバナンスを担う一員として共に会社の監査を担い、監査役等と会計監査人が各々の監査の特徴を生かし、また相互に補完し合いながら、企業不祥事を未然に防止する義務を負い、その任務を全うするために積極的に連携し会計不祥事の発生可能性を低下させること、および強い連携関係を社内外に示し会計不祥事発生への抑止力を高めることの必要性をお互いに強く認識することが必要であると思われる。

特に減損会計・時価会計・税効果会計・退職給付会計等の適用ならびに子会社／関連会社の連結対象の選定は経営者の裁量範囲が大きい分野であり、これらの分野での是正を迫る場合、または経営者が関与するまたは容認する不正会計に対して是正を迫るような場合には、社内の圧力または抵抗が強く容易には是正できないことが多く、監査役等と会計監査人の連携なくしてこの種の不正会計の是正は困難であることを肝に銘じ、会社の監査を担う者として互いに連携し、共同して執行側に是正を強く迫ることが肝要であると認識することが重要と思われる。また監査を担う者として、監査役等も会計監査人も「自分の職を賭けても譲れない一線は絶対に譲らない」という強い矜持を持つことが何にも増して重要と思う。

● 参考文献

朝日監査法人（2002）『監査役マニュアル』PHP研究所。
大阪弁護士会＝日本公認会計協会近畿会編（2012）『非常勤社外監査役の理論と実務』商事法務。
株式会社東京証券取引所（2015）「コーポレートガバナンス・コード〜会社の持続的な成長と中長期的な企業価値の向上のために〜」日本取引所グループホームページ（http://www.jpx.co.jp/equities/listing/cg/tvdivq0000008jdy-att/code.pdf〔最終閲覧日：2016年7月14日〕）。
公益社団法人日本監査役協会（2011）「新任監査役ガイド＜第5版＞」『月刊監査役』592号。
公益社団法人日本監査役協会（2012）「新たな「監査役等の英文呼称」の推奨について」

日本監査役協会ホームページ（http://www.kansa.or.jp/news/information/post-246.html〔最終閲覧日：2016年7月14日〕）。
公益社団法人日本監査役協会（2014）「役員等の構成の変化などに関する第14回インターネットアンケート集計結果」『月刊監査役』625号別冊付録。
公益社団法人日本監査役協会会計委員会（2014）「会計監査人との連係に関する実務指針」（2006年5月11日制定，2014年4月10日最終改正）『月刊監査役』627号，90-133頁。
公益社団法人日本監査役協会（2015）「監査役監査基準」（2015年7月23日最終改正）『月刊監査役』644号別冊付録。
公益社団法人日本監査役協会会計委員会（2015）「会計監査人の評価及び選定基準策定に関する監査役等の実務指針」（2015年11月10日制定）『月刊監査役』647号別冊付録。
公益社団法人日本監査役協会ケース・スタディ委員会（2013）「企業集団における親会社監査役等の監査の在り方についての提言」（2013年11月7日公表）『月刊監査役』624号，76-107頁。
公益社団法人日本監査役協会＝日本公認会計士協会（2013）「監査役等と監査人との連携に関する共同研究報告」（2005年7月29日公表，2013年11月7日最終改正）『月刊監査役』620号，98-120頁。
公益社団法人日本監査役協会監査制度問題研究会（2013）「監査役制度問題研究会中間報告―非業務執行役員の意義と役割について―」『月刊監査役』622号，90-128頁；624号，108-156頁；625号，110-148頁。
佐藤敏昭（2010）『監査役制度の形成と展望』成文堂。
澤口実（2016）「コーポレート・ガバナンスの潮流の変化」『月刊監査役』648号，4-18頁。
社団法人日本監査役協会（2004）「監査役監査基準新旧対照表」『月刊監査役』485号（監査役監査基準の改定について），38-62頁。
社団法人日本監査役協会（2007）「監査役監査基準新旧対照表」『月刊監査役』524号，70-115頁。
社団法人日本監査役協会（2011a）「監査役監査基準」（1975年3月25日制定，2011年3月10日最終改正）。
社団法人日本監査役協会（2011b）「監査役監査実施要領」『全訂第3版監査役監査資料集下巻』日本監査役協会。
社団法人日本監査役協会コーポレート・ガバナンスに関する有識者懇談会（2009）「上場会社に関する　コーポレート・ガバナンス上の諸課題について」『月刊監査役』555号特別付録。
鳥羽至英（2005）『内部統制の理論と実務』国元書房。
中東正文＝松井秀征編著（2010）『会社法の選択』商事法務。
深尾光宏＝森田泰子（1997）『企業ガバナンス構造の国際比較』日本経済新聞社。
宮島英昭（2014）「リスクとれる経営促せ」『日本経済新聞』（8月6日朝刊29頁「経済教室」）。
森井英雄（2012）『新監査役の法律と実務』税務経理協会。
山浦久司（2008）『会計監査論（第5版）』中央経済社。

(松浦　洋)

第5章 アメリカにおける連携の状況

1. はじめに

　アメリカの株式会社においては，わが国の監査役（会）（audit and supervisory board member[1]）に相当する機関は存在せず，取締役会が会社の業務活動に対する監督を行う（いわゆるモニタリング・モデル[2]）[3]。取締役会による監督は内部の委員会の活動を通じて実現されるほか，個々の取締役も会社に対する信認義務（fiduciary duty）の一環として監視義務（duty of oversight）を負う[4]。委員会については，証券取引所の上場規則やサーベンス・オクスリー法（Sarbanes-Oxley Act of 2002：SOX法）等が上場会社に対して監査委員会（audit committee）の設置を義務づけ，その構成員の独立性を求めている。

　2000年代初頭の一連の会計不祥事を受けて，SOX法においては，監査委員会の会計および財務報告に関する監査権限の強化，外部監査人（outside auditor）の監査対象会社からの独立性の強化など，経営監視機能の強化が図られている。また，SOX法は，監査人による監査を監督する公開会社会計監督委員会（Public Company Accounting Oversight Board：PCAOB）を創設し，これに会計監査基準，品質管理基準，倫理規定等の策定権限を付与している。

---

[1] 監査役（会）の英文呼称については，公益社団法人日本監査役協会・監査役等の英文呼称検討諮問会議（2012）3頁を参照した。

[2] モニタリング・モデルとは，取締役会により選任された執行役（officer）が会社の通常の業務執行を行い，取締役会は業務執行に対する監督を行うことにより，執行と監督の分離を目指す仕組みをいう。Eisenberg（1997）pp.237-240.

[3] アメリカ法律協会（The American Law Institute：ALI），*Principles of Corporate Governance: Analysis and Recommendations*, §3.02(a)(2).

[4] アメリカにおいては，一般に，取締役は，執行役を兼務する社内取締役（inside directors），過去に執行役であったり会社と事実上の関係（投資銀行や弁護士等）のあった社外取締役（affiliated outside directors）に分けられ，社外取締役のうち会社との関係のない者を独立取締役（independent directors）と呼ぶ。釜田（2011）49頁。

2012年8月,PCAOBは,監査基準16号「監査委員会とのコミュニケーション」を策定し,監査人と監査委員会のコミュニケーションおよび建設的な意見交換に関する具体的な方策等を提示している。

本章は,アメリカの株式会社における監査・監督機関相互の連携を考察するための基礎資料を提供することを目的として,会社法が要求する個々の取締役の義務(2.),上場規則やSOX法が要求する監査委員会の役割(3.),独立取締役の要件(4.),外部監査人の独立性確保のための方策(5.),発行者(issuer)および経営者の義務等に関する法規制(6.),ならびに,監査基準16号の内容[(7.)]について考察するものである。

2. 信認義務

取締役は業務執行者として会社(および株主)に対して信認義務を負う。信認義務は取締役の濫用的な権限行使を防止し,その行動範囲を画する機能を有する。信認義務の内容は注意義務(duty of care)および忠実義務(duty of loyalty)に大別される。

(1) 注意義務

注意義務は,取締役がその職務を履行する際,誤った事業経営を行わないようにするための義務である。取締役の注意義務違反の審査においては,原則として「通常の慎重な者(ordinary prudent person)」に関する行為基準が適用される。すなわち,取締役が注意義務を尽くす際,会社に対し,誠実に(in good faith),会社の最善の利益(best interest)に合致すると合理的に信じる(reasonably believe)方法で,かつ,通常の慎重な者が同様の地位において,類似の状況の下で尽くすことを合理的に期待される注意をもって,その職務を遂行しなければならない(模範事業会社法(Model Business Corporation Act:MBCA)§8.30(a))[5]。

ただし,一定の要件の下では,経営判断の原則(business judgment rule)

---

[5] Selheimer v. Manganese Corp. of America, 224 A.2d 634 (Pa.1966).

による保護または定款による免責が認められる。経営判断の原則とは，ある経営上の決定を行うに当たり，その決定が十分な情報に基づいて，会社の最善の利益のために行われたものであることを，取締役が誠実かつ正直に信じていたとの推定である[6]。その要件は，①ある経営上の決定が利害関係のない取締役によって行われたこと，②当該取締役がその決定を行う前に合理的に利用可能な情報を取得していたことである[7]。同原則の下，裁判所は取締役会の決定を尊重し，後知恵でその決定を批判することはない。なお，後述の監視義務違反については，原則として同原則の適用はない。また，デラウェア州一般会社法（Delaware General Corporation Law：DGCL）§102(b)(7)は，定款に定めることにより，忠実義務違反，不誠実な作為または不作為，意図的な不正行為，法令違反，違法な配当の支払い，取締役が個人的に不正な利益を得る行為以外の行為については，取締役の信認義務違反の責任を免除することを認めている[8]。したがって，同免責規定がある場合，取締役の注意義務違反の責任が認められることはない。

(2) 忠実義務

忠実義務とは取締役が会社（または株主）の利益を犠牲にして自己の利益を図ってはならない義務である[9]。忠実義務は会社の最善の利益に反する取締役の行為や株主には提供されない取締役個人の利益獲得を目的とする行為が問題となるのに対して，注意義務は粗末な意思決定や注意の欠如に関する義務であり，取締役の個人的利益とは関係がない。

(3) 監視義務

十分な監督を行わなかったことに関する取締役の責任については，仮にこれ

---

6 Aronson v. Lewis, 473 A.2d 805 at 812 (Del.1984).
7 Aronson v. Lewis, 473 A.2d 805 at 812 (Del.1984).
8 DGCL§102(b)(7)は，Smith v. Van Gorkom事件（488 A.2d 858（Del.1985).）が，取締役の注意義務違反の審査において経営判断の原則による保護を認めなかったことを受けて，その後注意義務違反の責任追及が増大する可能性が示されたことに対して，デラウェア州が立法により対応したものである。
9 例えば，取締役が会社の有する潜在的な事業機会（corporate opportunity）を侵奪する場合，取締役と会社との利益相反取引（conflict of interest）が行われる場合，役員報酬（executive compensation）等において問題となる。Clark（1986）p.142.

を注意義務違反の責任であると整理すれば，経営判断の原則による保護および定款による免責が認められ，株主の側において取締役の責任を追及することは困難となる。そこで判例法は，これを伝統的な忠実義務に該当せず，かつ定款による免責規定が適用されることも妥当ではない（すなわち注意義務違反でもない）誠実義務の類型として整理する[10]。

監視義務の内容は，一般に，日々の業務活動に対する詳細な観察（inspection）ではなく，会社の（財務諸表の審査を含む）業務活動および業務政策に対する全般的な監視（monitoring）であると理解されている[11]。また，業務活動に対する監視の実効性を確保するため，取締役は監視のための合理的な手続または手段として各種の情報を入手し得る体制としての内部統制システムを確保し，そのうえで同システムによって得られた情報を審査し，その情報が会社の業務活動にとって好ましくないものであればそれを調査し，適切な措置を講じなければならない（内部統制システム構築義務）[12]。したがって，内部統制システムを継続的・体系的に構築すべき義務を怠ったことは，誠実性の欠如（lack of good faith）（すなわち誠実義務違反）にあたる[13]。

なお，監視義務については，いわゆる信頼の権利が認められる[14]。すなわち，取締役は，客観的状況を基礎として，信頼に足り，能力があると合理的に認められる執行役，従業員，委員会，または当該事項に関して専門性を有すると合理的に認められる専門家（弁護士，会計士，ファイナンシャル・アドバイザー

10　アメリカ会社法における誠実義務の意義や注意義務および忠実義務との関係については，大川（2011a）1頁以下，大川（2012b）1頁以下を参照。

11　Francis v. United Jersey Bank, 432 A.2d 814 (N.J.1981).

12　In re Caremark International Inc. Deriv. Litig., 698 A.2d 959 (Del. Ch.1996). なお，内部統制システムについては，それを構築（ないし整備）すべき義務と，それが構築されたとしても，注意が必要なリスクや問題点に関する情報が適切に到達するという，管理に関する義務が存在し，いずれもそのような行為を意識的に怠ったことが，取締役の監視義務違反の責任発生原因となる。大川（2012c）385頁参照。

13　近時，デラウェア州の判例法において，誠実性概念は，本文に述べた監視義務違反の取締役の責任以外にも，報酬等を決議した取締役の責任や会社売却時の取締役の責任等，伝統的な注意義務および忠実義務のカテゴリーに含めることが妥当ではない行為類型に対する審査基準として認められている。誠実義務違反（すなわち不誠実（bad faith））の要件は，①会社の最善の利益を追求する以外の目的をもって故意に行われる行為，②法令違反の意図で行われる行為，③義務を意識的に無視しながら故意に行為義務を尽くさないことである。In re The Walt Disney Co. Deriv. Litig., 906 A.2d 27 (Del.2006).

14　Briggs v. Spaulding, 141 U.S. 132 (U.S.1891).

等）により提供される情報，見解，報告を誠実に信頼する場合には，当該信頼は保護され，結果的に情報の内容に誤りがあったとしても，そのことを理由に監視義務違反の責任を負うことはない（DGCL§141(e)）。

3．監査委員会

　ニューヨーク証券取引所の上場規則（NYSE Listed Company Manual：NYSE Manual）は，上場会社に対して，独立取締役により構成される各種の委員会（監査委員会，報酬委員会，指名およびコーポレート・ガバナンス委員会）の設置を義務づけている。SOX法は，このうち，特に会計監査に対する経営者の影響を排除するため，監査委員会の設置を法令上強制する。

(1) 意義等

　監査委員会とは，発行者の会計および財務報告のプロセスの監視，財務諸表の監査を目的として，取締役会の内部に設置される委員会である（SOX法§2(a)(3)による1934年証券取引所法（Securities Exchange Act of 1934：34年法）§3(a)(58)の追加）。監査委員会は，少なくとも3名の取締役によって構成され，全ての構成員は，SOX法§301およびNYSE Manualが定義する独立性の要件（後述4.参照）を満たしていなければならない。また，全ての構成員は財務に関するリテラシー（financially literate）を有していなければならず，少なくとも1名は財務に関する専門知識（expertisc）を有していなければならない。

(2) 財務に関する専門家

　財務に関する専門家とは，以下の能力（属性）を一定の実務経験を通じて取得した者をいう（Regulation S-K 407(d)(5)）。

① 能力（属性）
- 一般に公正妥当と認められた会計原則（Generally Accepted Accounting Principles：GAAP）と財務諸表の理解があること
- 見積り（estimates），見越し（accruals），および，引当て（reserve）に

関する会計に関連するGAAPの一般的な適用を評価する能力があること
- 登録者（registrant）の財務諸表に含まれていると合理的に予想される問題の範囲および複雑さと一般に類似する会計上の問題を含む財務諸表を作成，監査，分析，評価した経験，または，かかる活動に従事する者を積極的に監督した経験があること
- 財務報告に係る内部統制の手続についての理解があること
- 監査委員会の役割についての理解があること

② **実務経験**
- 主要財務執行役，主要会計執行役，経理担当者（監査責任者），公認会計士または監査人としての教育ないし経験，もしくはこれらに類似する地位にいた経験があること
- これらの者を積極的に監督した経験があること
- 財務諸表の作成，監査，評価に関して，会社または公認会計士の業務を監督，評価した経験があること
- その他の関連する経験があること

(3) 権限[15]

監査委員会は以下の権限を有する（Rule 10A-3(b)(2), NYSE Manual 303A.07(b)(ⅲ)）。
- 外部監査人の選任，解任，報酬の決定および監督[16]
- 財務書類の正確性，法令遵守，内部監査人，内部監査機能および外部監査人の独立性の監督
- 監査手続を記載した年次報告書の作成
- 会計，内部会計統制，監査に関する苦情を受領し，処理する手続，および，疑いのある会計や監査について従業員から秘密かつ匿名で提出される仕組みの構築[17]

---

[15] 監査委員会の一般的な権限については，Bainbridge（2015）pp.96-99参照。
[16] 外部監査人は監査委員会に対して直接報告しなければならない。監査委員会は，財務報告に関する経営者と監査人との間の意見の不一致を解決しなければならない。Bainbridge（2015）p.97。

- 独立した法律顧問その他のアドバイザーの雇用

(4) 義務

監査委員会は以下の義務を負う。

- 監査委員会は，少なくとも1年に1度，外部監査人から，会社の内部統制の妥当性に関する報告を受けなければならない
- 監査委員会は，財務諸表と同様に，経営者による財務・経営成績の議論と分析（Management's Discussion and Analysis：MD&A）を含む，会社の年次および四半期のディスクロージャー報告書を審査しなければならない
- 監査委員会は，アナリストから提供される通知その他の説明を審査しなければならない
- 監査委員会は，定期的に，会社の内部監査人と外部監査人が参加するエグゼクティブ・セッションを開催しなければならない
- 監査委員会は，経営者と監査人との間の意見の相違を審査しなければならない

なお，NYSE Manualでは，取締役会とは別に，非業務執行取締役（non-management directors）または独立取締役のみから構成されるエグゼクティブ・セッションを定期的に開催することを求めている（NYSE Manual 303A.03）。その趣旨は，CEO等の経営取締役（management directors）の影響力を排除し，非業務執行取締役または独立取締役のみによる率直な議論の場を定期的に確保することにより，これらの者による経営監督機能の実効性を高めることにある[18]。

---

[17] このような要求の理由は，多くの会社が，コンプライアンス・プログラムの監督責任を監査委員会に付与しているためである。そのような選択をしなかった会社は，典型的には，監査委員会の構成員にそのような業務を行わせることは過剰であると考えており，そのような役割を一般的には指名およびコーポレート・ガバナンス委員会に付与している。Bainbridge（2015）p.99.
[18] 落合＝太田＝森本（2013）25-26頁。

4．独立取締役

　証券取引所の上場規則は，全ての上場会社に対して，取締役の過半数を独立取締役とすることを義務づけている（NYSE Manual 303A.01）。また，SOX法は，監査委員会の構成員の独立性要件を規定する（SOX法§301による34年法§10A(m)(3)(A)の追加）。

(1) NYSE Manualが定める独立性要件[19]

- 自らが当該会社に雇用されていないこと，または，直接の家族（二親等以内の親族および全ての同居者）が当該会社の執行役でないこと
- 自らまたは直接の家族が当該会社から12ヵ月の間に12万ドルを超える直接の経済的利益を受領していないこと
- 自らが当該会社の内部監査人また外部監査人のパートナーまたは従業員でないこと，または，直接の家族がそれらのパートナーか当該会社の監査を個人的に担当した従業員でないこと
- 自らまたは直接の家族が当該会社の執行役が指名委員会の委員を務める別の会社に執行役として雇用されていないこと
- 当該会社が別の会社との間で1事業年度に100万ドルと当該別の会社の連結総収入（gross revenue）の2％のうちいずれか大きいほうの金額を超える支払いを行っていないこと，または，支払いを受ける場合においては，自らが当該別の会社に雇用され，または，直接の家族が当該別の会社の執行役でないこと

(2) SOX法が定める独立性要件（SOX法§301による34年法§10A(m)(3)(B)の追加）

- 監査委員会の構成員，取締役会の構成員，その他委員会の構成員以外の立場で，発行者から相談料，顧問料その他の経済的利益を受け取っていない

---

[19] 落合＝太田＝森本（2013）23-24頁参照。

こと[20]
- 監査委員会の構成員，取締役会の構成員，その他委員会の構成員以外の立場で，発行者またはその子会社の利害関係者でないこと[21]

なお，独立取締役であるという理由で，会社に対する信認義務が減免されることはない。独立取締役の立場においても，社内取締役と同様に，取締役会や委員会の活動に十分な時間を割き，事前に提出された資料を検討し，自らの知る情報を他の取締役と共有し，率直に議論すること等が求められる[22]。また，適切な内部統制システムの構築も，取締役の信認義務の内容となる[23]。

5．外部監査人の独立性

アメリカにおいては，外部監査人に対して，独立した立場で，GAAPおよび一般に公正妥当と認められた監査の基準（Generally Accepted Auditing Standards：GAAS）に従った適切な会計監査[24]を行うことを期待し，それが監査対象会社の財務諸表の適正性を担保する基礎となっていた。しかし，1980年代以降，監査法人が巨大化し，非監査業務を収益の中心に据えるようになったことにより，監査法人は（GAAPに従っているか否かにかかわらず）監査対象会社の意向に沿った会計処理を行うようになり，そのことが1990年代以降，エンロン事件等の一連の会計不祥事を生み出す土壌となった[25]。そこで，SOX法は，監査法人による非監査業務の提供の禁止，監査人の独立性等を確保するため，以下のような規定を置いている。

---

20 相談料，顧問料その他の経済的利益の受領には，監査委員の親族や監査委員の属する事業体を通じた間接的なものも含まれる（Rule 10A-3(e)(8)）。
21 ただし，発行者の執行役でなく，かつ，議決権保有割合が10％を超えない場合には，利害関係者とは見なされない（Rule 10A-3(e)(1)）。
22 落合＝太田＝森本（2013）28-29頁。
23 ただし，経営判断の原則，定款による免責，信頼の権利による保護は認められる。
24 会計監査とは，独立した会計事務所が，発行者の財務諸表に対して意見を表明することを目的として，その財務諸表を検査することをいい（SOX法§2(a)(2)），以下の手続が含まれる。①発行者の財務諸表の計数の決定に直接かつ重要な影響を与える可能性のある不法な行為の検知を合理的に保証する手続，②財務諸表において重要な，またはその他の開示が必要な関係当事者間の取引を特定する手続，③発行者が翌事業年度に業務を継続する能力に深刻な疑念があるか否かというゴーイングコンサーンの評価。
25 石田（2006）205-207頁。

- 発行者の監査を行う登録会計事務所は，監査業務と同時に，当該発行者に非監査業務を提供することはできない（SOX法§201(a)による34年法§10A(g)の追加）[26]
- 禁止業務として34年法§10A(g)に明記されてない非監査業務は，発行者の監査委員会で事前に承認された場合にのみ，提供することができる（SOX法§201(a)による34年法§10A(h)の追加）
- 監査対象会社の執行役等が監査人と雇用関係にあった場合，当該監査人は当該監査対象会社の監査業務を行うことはできない（SOX法§206による34年法§10A(l)の追加）
- 登録会計事務所の主任（lead）会計士またはレビュー（concurring）担当会計士が，発行者の過去5会計年度のそれぞれにおいて監査業務を行ったことがある場合，当該会計事務所が当該発行者の監査業務を行うことはできない（SOX法§203による34年法§10A(j)の追加）
- 監査人は監査委員会に対して，①採用された重要な会計方針および会計慣行，②経営者との間で議論したGAAPの範囲内での代替的会計処理，当該代替処理を用いた場合の結果，および，監査人が好ましいと考える処理に関する情報を適時に伝達しなければならない（監査人と監査委員会との意思疎通）（SOX法§204による34年法10A(k)の追加）

6．発行者・経営者に対する規制の強化

エンロン事件等の一連の会計不祥事においては，多くの上場企業の経営者は，株価の維持・上昇に対する強いインセンティブを持ち，利益を過大に計上したり，損失を過少に計上する粉飾を行っていた[27]。そこで，SOX法では，CEO・CFOに対して，情報開示の適正性を個人として認証させ，また，発行者の情

---

[26] 禁止される非監査業務は以下のとおりである。①記帳業務，会計記録，財務諸表に関連するその他の業務，②財務情報システムの設計および導入の業務，③鑑定または評価の業務，公正性に関する意見表明，現物出資評価報告書の作成業務，④保険経理業務，⑤内部監査業務，⑥経営または人事に関する業務，⑦ブローカーまたはディーラー業務，投資顧問業務，投資銀行業務，⑧監査に関係しない法律業務その他の専門的業務，⑨PCAOBが認められないと判断したその他の全ての業務。

[27] ミルハウプト（2009）294頁。

報開示が適切に行われるよう内部統制システムの構築に関する規制が設けられた[28]。関連する主な規定は以下のとおりである。

- 発行者は，財務報告に係る内部統制システム[29]を構築したうえで，年次報告書の一部として，内部統制システムの有効性を評価した内部統制報告書[30]を添付しなければならない（SOX法§404(a)）[31]
- 経営者は，事業年度終了時点における内部統制システムの有効性，および，内部統制システムに重大な影響を及ぼす変更を評価し（Rule 13a-15(c)(d)，Rule 15d-15(c)(d)），「重大な欠陥」を発見した場合には開示しなければならない（Regulation S-K 308(a)）
- CEO・CFO等は，定期報告書（periodic report）[32]の内容の適正性を認証（certify）し（SOX法§302，Rule 13a-14），定期報告書に認定書[33]を添付しなければならない（SOX法§302(a)，Rule 13a-14，Regulation S-K 601(b)(31)）
- 発行者は，内部統制システムの構築・維持に加え，開示統制手続[34]を維持しなければならない（Rule 13a-15(a)，Rule 15d-15(a)）

---

28 その他，SOX法は，発行者の年次報告書および四半期報告書等の定期報告書における財務状況の開示を迅速化し，その内容を充実するため，即時開示制度（real-time disclosure）（SOX法§409条による34年法§13（1）の追加），MD&Aの開示義務（SOX法§401(b)による34年法§13（j）の追加），プロフォーマ財務情報（GAAPによらない会計手法）の開示（SOX法§401(b)），継続開示に関するSECの審査（SOX法§408(a)(c)）等の制度を設けている。
29 財務報告に係る内部統制システムとは，財務報告の信頼性およびGAAPに準拠した財務諸表の作成を合理的に保証する過程であって，CEO・CFO等の監督下で設計され，取締役会，経営陣その他の従業員により達成されるものをいう。財務報告に係る内部統制システムには，以下の手続や方針が含まれる（Rule 13a-15(f)，Rule 15d-15(f)）。①資産の取引や処分を正確・公正かつ合理的な程度の精度で記録して保存すること，②GAAPに準拠した財務諸表の作成および取締役や経営陣の授権に基づく発行者の取引を合理的に保証すること，③財務諸表に重要な影響を与え得る無権限の資産の取得・利用・処分を防止または早期に発見することを合理的に保証すること。
30 内部統制報告書には以下の事柄が記載される（Regulation S-K 308(a)）。①経営陣が内部統制システムの有効性の評価に用いる枠組み，②経営陣による内部統制システムの有効性に関する評価の内容，③経営陣の自己評価に対する会計事務所からの検証報告書（attestation report）が発行されたこと（経営陣の自己評価では，財務報告に係る内部統制システムに「重要な欠陥」が存在する場合，経営陣は，内部統制システムが有効であると結論づけることはできない（Reg. S-K 308(a)(3)））。
31 SOX法§404(b)は，同(a)に基づいて確立された内部統制に対する経営者による評価を監査人が証明（および報告）することを求めているが，ドッド・フランク法（The Dodd-Frank Wall Street Reform and Consumer Protection Act：DF法）においては，内部統制システムに係るコスト負担を軽減する観点から，「大手早期提出者（large accelerated filer）」（普通株式時価総額7億ドル以上）でも「早期提出者（accelerated filer）」（普通株式時価総額7,500万ドル以上7億ドル未満）でもない公開会社は，財務報告に係る内部統制システムの監査証明義務が免除される（DF法§989G(a)）。
32 年次報告書（annual report, Form 10-K），四半期報告書（quarterly report, Form 10-Q）等。

- 経営者主導の会計上の粉飾を防止する観点から，執行役や取締役の行為義務の一類型として，発行者の執行役，取締役（またはこれらの者の指揮下にある者）は，財務諸表に重大な誤解を生じさせることを目的として，不正に誘導・脅迫を行うことはできない（SOX法§303, Rule 13b2-2）

なお，取締役の利益相反取引については，忠実義務の一環として州の会社法および判例法により規律されるが，SOX法は，一定の利益相反行為を明示的に禁止する[35]。

---

33 認定書には以下の項目を記載しなければならない（Rule 13a-14, Regulation S-K 601(b)(31)）。①署名したCEO・CFO等がそれらの報告を審査したこと，②CEO・CFO等が把握する範囲内において，重要事実の不実表示や不表示がないこと，③CEO・CFO等が把握する範囲内において，財務諸表その他の財務情報が発行者の財務状況が事業成果を公正に（fairly）表示していること，④CEO・CFO等が内部統制システムの構築・維持に責任を持ち，発行者の重要な情報がCEO・CFO等に伝達されるように同システムを構築したうえで，その有効性を評価し，財務報告に当該評価を明記したこと，⑤内部統制システムの構築・運用に関する「重大な不備（significant deficiency）」であって，発行者の財務報告能力に悪影響を与えるもの，および，内部統制に重大な役割を果たす経営陣または他の従業員が関与した不正行為を会計監査人および監査委員会に開示するとともに，会計監査人のために内部統制システムの「重要な欠陥（material weakness）」を報告したこと，⑥内部統制システムの重要な変更（内部統制システムの重要な欠陥や重大不備に対する是正措置を含む）があれば各報告書で指摘したこと。

34 開示統制手続とは，財務情報に関する情報に限らず，SECの定める一定の期間内に一定の様式で必要な情報を開示できるように情報を収集・伝達する統制その他の手続をいう（Rule 13a-15(e), Rule 15d-15(e)）。内部統制システムの対象は財務報告に限られるが，開示統制手続の対象は財務報告に限られない。ミルハウプト（2009）296頁。

35 具体的には以下の行為が禁止される。①発行者およびその子会社が，その取締役や経営責任者（executive officer）に対して個人融資の形式で直接・間接に信用を供与することは禁止される（SOX法§402による34年法§13(k)の追加）。②経営陣による自己株式の取得に関して，不正行為の結果として，発行者の財務状況が事後的に修正報告された場合，CEO・CFOは，直近1年以内に受領した賞与や業績連動型・株式付与型の報酬または自己株式の売却益を発行者に対して返還しなければならない（SOX法§304）。③取締役や経営責任者は，発行者から報酬等，業務に関連して受領した自己株式を取引停止期間中に売買してはならない（SOX法§306）。

また，関連して以下の義務を負う。④発行者は，上級財務責任者（senior financial officer）向けの倫理規準（code of ethics）を採用するか，採用しない場合にはその理由を定期報告書に開示しなければならない（SOX法§406(a), Regulation S-K 406）。⑤発行者は，取締役等に対する報酬の詳細，取締役等の自己株式の保有割合，取締役等との自己取引の内容と対応方針を開示しなければならない（Regulation S-K 402, 403(b), 404）。

7．監査基準16号「監査委員会とのコミュニケーション」[36]

　2012年8月，PCAOBは，監査基準16号「監査委員会とのコミュニケーション」を策定し，監査人に対して，監査の実施に関連する一定の事項に関して，監査委員会とのコミュニケーションを図り，監査に関連する一定の情報を監査委員会から入手すること等を求めている。監査基準16号は，監査人と監査委員会の間のコミュニケーション（すなわち建設的な意見交換）を促進することにより，監査を改善することを指向したものである[37]。基準の概要および連携に関連する項目は以下のとおりである[38]。

(1) 基準の概要
① 本基準は，監査人が監査委員会と監査業務の契約条件の理解を確立することを要求する。これにより，上場企業の監査委員会が，外部監査人の選任について責任を有することを要求する法の規定と監査基準とが整合する。
② 本基準は，監査人が監査契約書において監査業務の契約条件を記載すること，および，会社を代表する適切な当事者により監査契約書が署名され，監査委員会が当該条件を認識し，合意していることの判断を要求する。
③ 本基準は，監査人が以下の事項のコミュニケーションを要求し，既存の監査人のコミュニケーションに関する要求事項の一部を強化する。
- 会社の会計方針，会計処理および会計上の見積りに関する一定の事項
- 会社の財務報告の質に関する監査人の評価
- 事業上の合理性も含む，重要な通例でない取引に対する情報
- 経営者が，重要な会計上または監査上の事項に関して，他の会計士に意見を聞いていることに監査人が気付いており，監査人がこれらの事項に

---

[36] Auditing Standard No.16（2012），およびその邦訳である日本公認会計士協会国際委員会訳（2012）参照。同基準は以下の項目により構成される。「序文（1.～2.）」「目的（3.）」「選任及び解任（4.～7.）」「情報の入手及び監査戦略の伝達（8.～11.）」「監査の結果（12.～24.）」「コミュニケーションの方法及び文書化（25.）」「実施時期（26.）」。
[37] 有限責任監査法人トーマツ（2012）。
[38] 以下の記述は，日本公認会計士協会国際委員会訳（2012）13-23頁のうち，本章の内容に関連する部分を要約したものである。なお，通し番号は筆者が改めて付したものである。

関して懸念を持っている場合の，監査人の見解
④　本基準は，監査の重要な側面に関する追加的な情報を監査委員会に提供する新しいコミュニケーションの要求を追加する。これらのコミュニケーションは，監査手続の結果または監査の実施と広く結び付くものである。
⑤　本基準では，監査人に対して以下の事項に関するコミュニケーションを要求する。

- 全般的な監査戦略の概要（これには，監査の実施時期，監査人が識別した特別な検討を必要とするリスクおよび計画した監査戦略または識別したリスクの重要な変更が含まれる）
- 監査において必要とされる専門的な技能や知識の内容および範囲，計画している内部監査人，会社の従業員またはその他の第三者の利用の範囲，ならびに，その他の独立監査事務所または監査に従事するが監査人に雇用されていないその他の者に関する情報
- 監査の相当な部分が他の監査人によって実施される予定の場合に，自らが主たる監査人となり得るという監査人の判断の根拠
- 公表されたがまだ発効していない会計基準で，将来の財務報告に重要な影響を与える可能性のあるものについて，将来の適用に関して監査人が懸念している状況
- 監査人が監査チーム外に意見を聞いた難しいまたは異論のある事項
- 継続企業に関する監査人の評価
- 標準監査報告書からの乖離
- 会社の財務報告プロセスの監視活動にとって重要な，監査から生じたその他の事項（これには，監査中に監査人が気付いた会計上または監査上の事項に関する申し立てまたは懸念が含まれる）

(2) 連携規定
①　監査人は，正確かつ独立した監査報告書を作成・発行する。
②　監査委員会は，取締役会が会社の会計および財務報告プロセスならびに監査の健全性を監視するという株主等に対する責任を果たすにあたって，取締役会を支援する。その際，監査委員会は，監査人と取締役会の橋渡し

役と位置づけられる。
③　連携の目的は，監査人と監査委員会との建設的な対話を促すことにより，監査を改善することにある。これにより，監査委員会にとっては，財務諸表にとって重要な事項の監査人による評価を含む，会計および開示上の十分な情報を得ることができ，監査人にとっては，経営者から独立して監査および会社の財務報告プロセスに関する事項について話し合う場を得ることができる。
④　監査人と監査委員会は，監査の最初から最後まで，双方向のコミュニケーションを図ることが推奨される。具体的には，ひな形や標準化されたものではなく，状況に適合し，情報に富んだコミュニケーションを通じて，有効な監査が実現される（プレゼンテーション，図表，報告書，率直な議論など）。
⑤　本基準は，監査委員会と監査人が伝達される事項に対して適切な措置をとる機会を与えるために，監査人が監査戦略および監査結果を，適時に，かつ，監査報告書の発行前に，監査委員会に伝達することを要求する。すなわち，財務報告の監視責任を有する監査委員会に，監査および財務諸表に関連する重要な事項を伝達することにより，監査人が取引および事象に関する監査委員会の見識や情報を得，監査人が会計上または監査上の事項に関する不満について知り，監査人が会社およびその統制環境をより良く理解するのに資することとなる。
⑥　会社の規模や複雑さは，監査委員会が留意する虚偽表示のリスク，監査戦略およびその他の重要な事項に影響を与える可能性がある。そこで，本基準は，具体的な会社の状況に基づき，それらの事項が会社の財務諸表監査または財務報告に係る内部統制の監査に関連する範囲においてのみコミュニケーションを図ることを要求する。
⑦　小規模でそれほど複雑でなく，監査上または財務報告上の難しい問題があまりない会社の監査人は，大規模で複雑な会社の監査人に比べ，伝達する事項は少なくなる。

8. おわりに

　エンロン事件では，取締役の経営陣からの独立性が十分に確保されていなかったことや，監査委員会が十分な情報に基づいて意思決定や経営判断を行うことができなかったこと等から，CFO主導の不適切な会計処理を防止できなかった[39]。そこで，SOX法は，会計監査への経営陣への影響を排除することを目的として，上場会社に対して，独立取締役のみからなる監査委員会の設置を強制した。また，エンロン社の会計監査人（Arthur Andersen）は，投資家の立場から同社の会計処理を監視する役割を期待されていた一方で，コンサルティングサービスの提供の一環として，同社が行った特別目的事業体（Special Purpose Entity：SPE）による取引[40]の組成に深く関与し，同社の不適切な会計処理に加担することにより，会計監査への報酬を上回る報酬を得ていた[41]。そこで，SOX法は，上場会社に対して，非監査業務の提供禁止，監査人の独立性の強化，監査委員会とのコミュニケーションの強化等の規制を行った。そして，これを受けて，PCAOBは，監査基準16号において，監査人と監査委員会とのコミュニケーションの実務を定めた。

　わが国においても，これまで数次にわたり（委員会制度の導入を含む）監査役等の権限強化のための会社法等の改正や，不正な財務報告に対する監査人の対応を強化するための監査基準等の改正が行われてきた。監査役等と監査人の連携については，両者の信頼関係が重要な要素となることから[42]，これらの者の身分的独立性を確保しつつ，それぞれの職責を十分に果たせるような法規制が求められる。また，実務上も，双方向からの情報交換・意見交換等を実現するための具体的な運用指針が求められる。この点，アメリカにおける取締役および外部監査人の独立性強化策ならびにPCAOB策定の監査基準における実務

---

[39] ミルハウプト（2009）283頁。
[40] 同社の粉飾スキームは，SPEを設立して，金融機関や機関投資家からの資金調達の受け皿とする一方で，SPEに同社の低収益資産や赤字事業を売却し，SPEを同社の連結対象から外すことで，これらの負債が同社本体のものとして計上されないよう簿外取引とするものであった。ミルハウプト（2009）18-22頁。
[41] ミルハウプト（2009）283頁。
[42] 公益社団法人日本監査役協会＝日本公認会計士協会（2013）101頁。

上の取扱いは十分に参考になろう。

　また，連携は会計処理または財務報告の領域のみならず，広く経営者の不正・不祥事を防止する過程においても行われると解するならば，アメリカ法における信認義務法理のうち，特に取締役の監視義務違反に関する裁判例およびその根底にある取締役の行為基準に関する理解も参照されるべきである。前述のように，独立取締役であるからといって信認義務を免れることはない。しかし，アメリカの裁判例においては，（会社に損害を与えた）取締役を訴えるか否かに関する判断にも経営判断の原則が適用され，独立取締役を構成員とする特別訴訟委員会（special litigation committee）の判断が尊重されるほか[43]，経営判断の原則の適用のない監視・監督義務懈怠の局面においても，独立公平な立場にある取締役が訴え提起の可否を判断すべきとされている[44]。取締役（会）の監視・監督義務の実効性を高める方策として，このようなアメリカの裁判例の理解も参照されるべきである。

　ところで，わが国において，監査役は，従業員等（取締役及び会計参与並びに支配人その他の使用人）に対して，事業の報告を求め，または，業務・財産を調査する権限を有している（会社法381条2項）[45]。これらの権限を早い段階で適切に行使することが，不祥事防止に対して有効である[46]。また，これら調査権等を適正に行使するためには，調査のきっかけとなる情報が監査役に提供される体制が整っている必要がある[47]。実務上，監査役には，経営者，内部監

---

[43] Zapata Corp. v. Maldonado, 430 A.2d 779（Del. 1981）. 同判決は，特別訴訟委員会の判断に対する裁判所の審査を二段階に分け，第一段階では同委員会が被告（取締役）と利害関係がなく独立していたか，情報に基づき誠実な判断を行っていたかを審査し，第二段階では，同委員会の判断の妥当性を審査する。

[44] Rales v. Blasband, 634 A.2d 927（Del. 1993）. 株主代表訴訟を提起する際，株主は，取締役会に対して訴訟提起の事前請求を行うか，事前請求が無益（futile）であることを主張しなければならない（デラウェア州衡平法裁判所規則23.1）。事前請求の無益性については2つの審査基準がある。すなわち，意識的に（conscious）なされた取締役会の決定については，その決定が実施されたか否かにかかわらずAronson基準（Aronson v. Lewis, 473 A.2d 805（Del.1984）.）が適用される。他方，監督を行わないなど，ある行為を差し控えることにつき意識的な決定を欠く，取締役会の不作為についてはRales基準が適用される。

[45] なお，平成26年会社法の下では，指名委員会等設置会社における監査委員会，監査等委員会設置会社における監査等委員会がこれらの権限を有する（平成26年会社法339条の3第1項・第2項，405条第1項・第2項）。

[46] 社外監査役を含む全ての監査役が，これらの権限を独自の判断で行使することが求められる。松尾（2013）59頁。

[47] 松尾（2013）59頁。

査部門，会計監査人等と密接な連携を図りながら監査を行うことが求められており[48]，このような連携が監査役にとって有用な情報の入手を可能にする[49]。この点，わが国においては，会社の会計部門や内部統制部門等は，業務執行を担当する取締役の指揮命令系統に属し，監査役の指揮命令が及ばないため，連携を通じた監査が困難であることも指摘されている[50]。

　さらに，近年の不祥事発覚後の外部者による調査委員会等は，経営者の要請に基づき，その協力を得て行われるため，詳細な調査が可能となっている[51]。監査役と内部監査部門等との連携においても，経営者からの積極的な協力を得ることができれば，不祥事の防止・早期対応に向けたより正確な情報収集が可能となる[52]。ただし，第三者委員会の主たる目的はあくまで不祥事発覚後の再発防止のための原因究明にあるため，不祥事防止のための「事前」の連携においても同様に経営者の積極的な協力が得られるか否かは必ずしも定かではない[53]。アメリカの監査委員会のように，会社の会計部門等の内部組織や，外部監査人との独自の協力関係の下に，財務報告の作成・監査過程をモニターするような体制を構築することが，わが国の監査役（会）にも求められよう[54]。

　また，経営者と監査役の連携という観点からは，アメリカにおいて非業務執行取締役と独立取締役のみによる率直な議論の場として機能するエグゼクティブ・セッションが注目に値する[55]。わが国においては，現在，業務執行権限を有する取締役・執行役等以外の役員等が定期的に会合し，業務執行者に対して適切に牽制を働かせていくうえでの課題を探り，一定の理解を得たうえで，それぞれの職務に従事するということはほとんどない[56]。

　さらに，平成26年の会社法改正により，会計監査人の選任および解任ならび

48　例えば，日本監査役協会「監査役監査基準（平成23年最終改訂）」34条（内部監査部門等との連係による組織的かつ効率的監査）参照。
49　松尾（2013）59頁。
50　岩原（2009）32頁。
51　松尾（2013）59頁。
52　松尾（2013）59頁。
53　経営者は，不祥事発覚後においては，株主代表訴訟等の責任追及をおそれ，第三者委員会の調査に積極的に協力することが予想されるが，不祥事発覚前において同様のことがいえるかどうかは定かではない。
54　岩原（2009）33頁。
55　若林（2014）73頁。
56　若林（2014）73頁。

に会計監査人を再任しないことに関する議案の内容を監査役（会）が決定することとなった（平成26年会社法344条）[57]。このような改正により，監査役は，自らが適切と考える監査計画・監査方法を実施し得る会計監査人をパートナーに選ぶことができ，より緊密な連携を図ることが可能となる[58]。

● 参考文献

Bainbridge, S.M.（2007）*The Complete Guide to Sarbanes-Oxley: Understanding How Sarbanes-Oxley Affects Your Business*, Adams Media Corp.

Bainbridge, S.M.（2015）*Corporate Law*, Third Edition.

Clark, R.C.（1986）*Corporate Law*.

Eisenberg, M.A.（1997）Corporate Governance: The Board of Directors and Internal Control, 19 Cardozo L. Rev. pp.237-264.

Klein, W.A., and J.C. Coffee, Jr.（2007）*Business Organization and Finance: Legal and Economic Principles*, Foundation Press, 10th ed.

PCAOB Auditing Standard No.16（2012）*Communications with Audit Committees*, http://pcaobus.org/Rules/Rulemaking/Docket030/Release_2012-004.pdf〔最終閲覧日：2016年5月17日〕．（日本公認会計士協会国際委員会訳（2012）「監査基準第16号　監査委員会とのコミュニケーション　PCAOB基準に対する関連する改訂及びAUセクション380に対する経過的改訂」（http://www.hp.jicpa.or.jp/specialized_field/files/0-16-16-2-20140204.pdf〔最終閲覧日：2016年5月17日〕）.）

五十嵐則夫（2014）「監査委員会の役割及び監査委員会と独立監査人とのコミュニケーション―米国に焦点を当てて―（上）」『月刊監査役』625号，64-81頁。

石田眞得（2006）『サーベンス・オクスレー法概説』商事法務。

岩原紳作（2009）「監査役制度の見直し」『前田庸先生喜寿記念　企業法の変遷』有斐閣，3-44頁。

大川俊（2011a）「デラウェア州会社法における取締役の誠実性概念の展開」『沖縄大学法経学部紀要』15号，1-18頁。

大川俊（2012b）「デラウェア州会社法における取締役の忠実義務の拡張」『沖縄大学法経学部紀要』17号，1-23頁。

大川俊（2012c）「報酬計画の承認に関する取締役の信認義務 ― In re The Goldman Sachs Group, Inc. Shareholder Litigation., 2011 WL 4826104（Del.Ch.）―」『法律論叢』85巻1号，277-403頁。

落合誠一＝太田洋＝森本大介編著（2013）『会社法改正要綱の論点と実務対応』商事法務。

釜田薫子（2011）「米国における社外取締役の独立性と構造的偏向」『法学雑誌』58巻2号，45-88頁。

---

[57] 会計監査人の選解任等についての同意権および提案権のみでは，会計監査人の独立性確保の方策としては十分でなかったことが本改正の趣旨である。坂本（2014）123頁。

[58] 松尾（2013）60頁。ただし，監査役の希望する方法で監査を実施するよう会計監査人に求めるためには，会計監査人の報酬の決定権も監査役（会）が握っていることが望ましい。

公益社団法人日本監査役協会＝監査役等の英文呼称検討諮問会議（2012）「監査役等の英文呼称について」1-5頁。

公益社団法人日本監査役協会＝日本公認会計士協会（2013）「監査役等と監査人との連携に関する共同研究報告」（最終改正平成25年11月7日）『月刊監査役』620号，99-119頁。

栗原脩（2012）『コーポレートガバナンス入門』金融財政事情研究会。

栗原脩（2013）『金融商品取引法入門』金融財政事情研究会。

坂本三郎（2014）『一問一答　平成26年改正会社法』商事法務。

証券取引法研究会国際部会訳編（1999）『コーポレート・ガバナンス―アメリカ法律協会「コーポレート・ガバナンスの原理：分析と勧告」の研究―』日本証券経済研究所。

中田直茂（2002a）「ディスクロージャーの正確性の確保とコーポレート・ガバナンス〔上〕・〔中〕・〔下〕」『商事法務』1619号，17-27頁；1620号，9-16頁；1621号，37-44頁。

中田直茂（2002b）「エンロン破綻と企業統治・ディスクロージャーをめぐる議論〔上〕・〔下〕」『商事法務』1629号，27-33頁；1630号，18-25頁。

野村昭文（2014）「監査等と会計監査人との連携について」『月刊監査役』622号，77-87頁。

間島進吾（2005）「企業改革法と監査人の独立性」『企業会計』57巻4号，117-123頁。

松尾健一（2013）「第3章　2　今後の監査役に期待される役割」同志社大学監査制度研究会と関西支部監査実務研究会との共同研究『監査役制度の再評価と今後の監査報告等について』日本監査役協会関西支部，52-60頁（http://www.kansa.or.jp/support/el009_130722.pdf〔最終閲覧日：2016年5月17日〕）。

松尾直彦（2010）『Q&Aアメリカ企業改革法―ドット＝フランク法のすべて』金融財政事情研究会。

三好崇司＝大橋博行＝中津川昌樹＝住田清芽＝濱上孝一＝根津美香＝宮本照雄（2014）「『監査役等と監査人との連携に関する共同研究報告』の改正について」『月刊監査役』625号，4-28頁。

ミルハウプト，C.J.（2009）『米国会社法』有斐閣。

有限責任監査法人トーマツ（2012）「PCAOB，監査委員会とのコミュニケーションに関する監査基準を承認」『Deloitte. Heads Up』19巻22号（http://www.tohmatsu.com/assets/Dcom-Japan/LocalAssets/Documents/knowledge/us/hu/jp_k_us_headsup_19-22-JR_120918.pdf〔最終閲覧日：2014年8月21日〕）。

米山毅一郎（2014）「米国上場会社における取締役会の独立性と取締役会構造改革論序説」北村雅史＝高橋英治編『グローバル化の中の会社法改正』法律文化社，209-220頁。

若林泰伸（2014）「第3章　アメリカにおける非業務執行役員と取締役会の監督機能」『監査制度問題研究会　中間報告　―非業務執行役員の意義と役割について―』公益社団法人日本監査役協会監査役制度問題研究会，37-84頁（http://www.kansa.or.jp/support/el009_140227.pdf〔最終閲覧日：2016年5月17日〕）。

（大川　俊）

第6章 イギリスにおける連携の状況

1．はじめに

　イギリスの企業は会社法の規制を強く受けるとともに，ロンドン証券取引所にプレミアムリスティングしている企業は，コーポレートガバナンス・コード（Corporate Governance Code：CGC）への準拠が求められることとなる。会社法本体には取締役会に関する規定は置かれておらず，「遵守せよ，さもなければ，説明せよ」というイギリスのCGCの基本理念によって，説明は必要になるものの，CGCからのある程度の離脱が認められることから，わが国に比べるとガバナンス構造を比較的自由にできることがイギリスの特徴であるといえる。また，公開会社に対して勅許会計士協会等の専門職業団体の会員資格等の資格要件が定められている会社秘書役の設置が義務づけられている。会社秘書役は会社の管理業務の要となる役員であり，会社の登記書類の正確性に責任を負い，会社の事務的職務について代理権を有している。会社秘書役は1844年の会社登記法以来の登記書類を重視するイギリスならではの制度であるといえる。

　イギリス会社法本体では取締役会の設置は義務づけられていないものの，定款に規定することによりかなりの権限が与えられる。実際にはほとんどの企業が取締役会を設置し，その下に各種委員会を置くガバナンス構造を採っている。特に，CGCにおいては取締役会のうち，議長をのぞいて少なくとも半数は独立の非執行取締役であることが求められている。これは，個人あるいは小グループが取締役会の意思決定を支配できないよう執行取締役，非執行取締役，独立した非執行取締役を適切に組み合わせることが求められているためである。この取締役会の多様性の確保と取締役，特に監査委員会と外部会計監査人とのコミュニケーションの強化が2012年のCGC改訂の柱であった。取締役と監査

委員会のコミュニケーションを強固にすることによって，これまで以上に外部会計監査人が取締役会の責任遂行に関する情報や，内部統制に対する理解のために必要な情報を入手することを可能にし，監査委員会の報告書において開示された問題に関する監査報告を拡充することが可能となる。2012年のCGC改訂時に，特別に取締役会が適切な監査委員会を設置することを手助けするためのガイダンスとして*Guidance on Audit Committees*が併せて公表されたことからも，イギリスでは監査委員会が機能することが重視されていることがわかる。監査委員会には財務諸表との関連において重要と考えられる事項およびその事項にどのように対応したか，外部監査が有効に機能しているかどうかの評価と報告が期待されている。外部会計監査人との関係においてはFTSE350企業に求められているように，少なくとも10年に一度は監査契約の入札が要求されているのがイギリスの特徴といえる。

イギリスでは外部会計監査人と監査委員会の連携を強化するとともに，監査委員会に外部会計監査人の選任プロセスに関し強い勧告権を与えることによって執行役からの独立性を高め，外部監査を有効に機能させることを監査委員会に求めている。この方向性はイギリス同様会社法の影響を強く受けているわが国においても参考になるであろう。本章では，イギリスのガバナンス改革における監査委員会と外部会計監査人の連携について概観する。

2．イギリスにおけるコーポレート・ガバナンス関連法規

イギリスの会社のコーポレート・ガバナンスを規定する法令等として，2006年会社法，金融行為監督機構（Financial Conduct Authority：FCA）[1]の上場規則およびCGCの3つがある。

当然ながらイギリスにおいては，全ての会社は，会社法の規定に準拠しなければならない[2]。イギリス会社法は3条において，会社を有限責任会社と無限責任会社に分類し，4条において，私会社と公開会社に分類している。公開会社

---

[1] 金融行動監督機構とされる場合もあるが，本章での訳語は小立（2012）28頁によっている。
[2] 会社法として，2006年会社法の他，2004年会社法のコミュニティー利益会社の部分，爾後も効力を有する1985年会社法，1985年会社総括（関連規定）法の規定も含まれる。詳しくは川島（2008a）365頁を参照されたい。

は株式有限責任会社と保証有限責任会社に分類されるが[3]，イギリス会社法上の公開会社は必ずしも上場会社を意味するわけではなく，多くの公開会社が非上場会社であるとされている[4]。

コーポレート・ガバナンスの中心となる取締役会に対する規制が非常に少ないことがイギリス会社法の特徴とされる[5]。そもそも，2006年会社法には取締役会の地位についての規定が置かれていない。それゆえ，取締役会の権限については，各会社において付属定款で取締役会がいかなる権限を有するかを定めさえすればよいとされる[6]。

取締役会の権限は第一附則A表によるデフォルト条項にのみ存在し，イギリス会社法または各会社の定款に，株主総会の権限に属することが規定してある場合を除けば，取締役会には会社の能力の範囲内において，会社の一切の業務を行う権限があるとされる[7]。しかも，各会社の付属定款は，ほとんど例外なく，このA表の規定に倣って，取締役会に広い権限を与えているため，取締役会の権限は，原則として会社の能力の範囲と同一であるとされる[8]。この点は2006年会社法でも同様であり，取締役会は広範な権限を有しているとされる[9]。

2006年会社法は，会社が置かなければならない取締役の最低人数を明記するだけで，取締役が誰によって任命されるべきかを明記していない[10]。モデル定款A表76条において，株主総会の普通決議によって取締役を任命するとの規定が置かれている[11]。取締役会が一層制か二層制かの規定も，取締役会に内部委員会を置くか否かの規定もなく，執行取締役と非執行取締役のバランスについても明記されていない[12]。

3　川島＝中村（2008a）365頁。
4　中村（2010）1360頁。
5　谷口（2009）79頁。
6　小町谷（1962）251頁。
7　小町谷（1962）252頁はA表80条に規定があるとしているが，現在はCOMPANIES (TABLES A TO F) REGULATIONS 1985 AS AMENDED BY SI 2007/2541 and SI 2007/2826（https://www.gov.uk/government/uploads/system/uploads/attachment_data/file/386523/TableAPrivate.pdf〔最終閲覧日：2016年4月8日〕）70条および71条にPOWERS OF DIRECTORSの規定が置かれている。
8　小町谷（1962）252頁。
9　谷口（2009）80頁。
10　谷口（2009）79頁。
11　谷口（2009）79頁。
12　谷口（2009）80頁。

さらに，経営責任者と取締役会議長の地位を兼ねるか否か，専門的な資格や独立性といった取締役が有すべき特定の属性についても明記されていない[13]。こうした事項はもっぱらベストプラクティスたるCombined Codeが定めているとされる[14]。ベストプラクティスと「遵守せよ，さもなければ，説明せよ」規定の組み合わせは，イギリスのコーポレート・ガバナンス規制に補完性と柔軟性を与えていると考えられ，この組み合わせは，イギリスにおけるコーポレート・ガバナンス改革の先駆けとなったキャドベリー報告書（Cadbury Report）で採用され，現在も一貫して維持されている方式であるとされている[15]。

　公開会社においてはモデル定款"Model articles for public companies[16]" 7(1)において「取締役会の決議は出席取締役の過半数または8項の規定による全員の一致によってなされる」とされていることから，イギリスの公開会社には通常，取締役会が設置され，出席取締役の過半数によって意思決定がなされるのが一般的である。

　さらに，モデル定款6.に委員会の条項が置かれていることから，委員会制度を採用することが一般的であると思われる。モデル定款は私会社についても公表されているが，機関設計に関しては公開会社とほぼ同じ内容となっている。

　加えて，ロンドン証券市場に上場しようとする会社は，ロンドン証券取引所の上場規定に従って上場審査がなされる。1999年7月にロンドン証券取引所の取締役会が脱相互組合組織化を行い民間企業となることを公表した後，民間企業となる取引所に市場の上場・登録審査を任せられないということから，上場審査をロンドン証券取引所から監督官庁であるFCAに移管することが決定され，2000年4月からイギリス上場審査機構（UK Listing Authority：UKLA）[17]がロンドン証券取引所の上場審査・新興市場（Alternative Investment Mar-

---

[13] 谷口（2009）80頁。
[14] 谷口（2009）80頁。
[15] 谷口（2009）55頁。
[16] 会社法モデル定款については，公開会社，私会社ともにhttp://www.companieshouse.gov.uk/about/tableA/〔最終閲覧日：2016年4月8日〕から入手可能となっている。
[17] 訳語は有限責任監査法人トーマツ（2010）12頁によっている。

ket：AIM）への登録審査を行っている[18]。上場規則のうち，特にコーポレート・ガバナンスに関係が深い規定は，開示規則および透明性規則（Disclosure Rules and Transparency Rules：DTR）FCADTR 7.1および7.2，上場規則（Listing Rules：LR）FCALR　9.8.6R，9.8.7Rおよび9.8.7Aである[19]。

　まず，DTRのコーポレート・ガバナンス関連の規定であるが，DTR7.1.3において，発行者は適切な者によって，

① 財務報告プロセスを監視し，
② 発行者の内部統制，可能であれば内部監査，リスクマネジメントシステムの有効性を監視し，
③ 年次財務諸表の法定監査人の監査業務を監視し，
④ 法定監査人の独立性を監視し評価し，
⑤ 特に発行者との付加的サービスを監視・評価しなければならない

と規定しており，全ての上場会社において監査を監視する機関の設置が必須となっている。さらに，DTR7.1.1はこれらの点に責任を持つ機関のメンバーは独立しており，会計あるいは監査，またはその両方についての能力を有する者でなければならないとしている。この機関は監査委員会とは明示されていないものの，DTR7.1は表題が監査委員会となっており，上場するにあたって事実上，監査委員会を設置することは必須となっている。ただし，DTR.7.1.2において，会計あるいは監査，またがその両方における能力および独立性の要件は同一のメンバーによってもいいし，関連する機関の異なったメンバーによって満たされてもよいと規定されており，会計・監査能力と独立性は別個の人物によって充足されてもよいこととなっている。

　また，DTR.7.1.4は法定監査人を適切な団体から選任することを求めており，発行者は，適切な機関の勧告に基づいて，法定監査人を選任しなければならないとしており，事実上，監査委員会に外部会計監査人の選任についての勧告権を与えている。DTR.7.1.5においては，この機関が果たしている役割を適切に報告することが求められている。

---

[18] ロンドン証券取引所からUKLAへの上場審査の移管については日本証券経済研究所（2008）66頁によっている。
[19] 以下の記述はFCA（2014b）によっている。

DTR7.2はコーポレート・ガバナンス報告書に関する規定である。上場企業はDTR.7.2.2に基づいて、コーポレート・ガバナンス報告書を開示することが求められる。

　また、DTR7.2.3(1)(a)において、取締役報告書において、公に利用可能なCGCについて言及することが求められ、DTR7.2.3(1)(b)において、どの程度CGCから離脱しているか、離脱している場合には、なぜCGCを遵守していないのかの理由を記載することが求められる。

　さらに、これらの規定に加えて、LR9.8.6の規定により、取締役の利益相反取引に関する情報、ゴーイングコンサーンに関する情報、市場外で行われた株式取引に関する情報、株主総会で決議の対象となる取締役の選任、再任がある場合には、当該取締役とのサービス契約に関する情報等の開示が求められる。

　ロンドン証券取引所において、プレミアムリスティングを選択する場合には、通常の上場規則に加えてCGCへの準拠が求められ、FCALR6に規定されている追加要件が適用される[20]。以上の規定に加え、プレミアムリスティングの会社は、イギリスのCGCの規定への準拠が求められる。イギリスにおいては2010年に、これまでのCombined CodeをCGCとStewardship Codeに分離する大幅な改定がなされた[21]。その後、2012年に再度CGCとStewardship Codeが改定された。2012年の改定に先立ち、CGCを制定している財務報告評議会（Financial Reporting Council：FRC）は2011年12月に"Developments in Corporate Governance 2011 The impact and implementation of the UK Corporate Governance and Stewardship Codes"を公表し、2010年のCGCとStewardship Codeがイギリスのコーポレート・ガバナンスに与えた影響を検証した。これによれば、2011年時点でFSTE350企業の80パーセント以上の企業が2010年CGCが要求している１年の取締役任期を採用していること等が明らかにされた[22]。また、2012年の改定CGCは「遵守せよ、さもなくば、説明せよ」を基本とした2010年規範のフレームワークを強化するものであって、方針を転換するものではな

---

[20] 2016年３月末時点でのLSEのメインマーケット上場企業は1,242社であり、そのうちプレミアムリスティングの会社は885社であり、約７割の会社がプレミアムリスティングを選択している。
[21] 2010年の改定に関して詳しくは中川（2011）を参照されたい。
[22] FRC（2011）p.1.

いことも明記された[23]。

　さらに，FRCは2012年4月に"Consultation Document Revisions to the UK Corporate Governance Code and Guidance on Audit Committees"を公表し，CGCの改定とそれに付随する監査委員会のガイダンスについての意見を求めた。寄せられた意見に対してFRCは2012年9月に，"Feedback Statement Revisions to the UK Corporate Governance Code and Guidance on Audit Committees"と"Feedback Statement Revisions to the UK Stewardship Code"の2つのFeedback Statementを公表し，意見に対するFRCの見解を説明し，2012年9月に改定CGCと改定Stewardship Codeが公表されている。

3．2014年EU指令改革の概要[24]

　2014年4月3日に法定監査に関連するEU指令が可決され，6月16日から施行された。多くの事項について実際の適用は2016年6月17日からとなっている。このEU指令の改革に合わせイギリスではCGCが改定され，それに伴って，関連する監査基準も改定された。

　新しい指令の目的は以下のとおりである。[25]
　① 法定監査人の役割をより明確にすること
　② 法定監査人の独立性と職業的懐疑心を強化すること
　③ EU域内の法定監査サービスの国境を越えた供給を促進すること
　④ EU域内における監査市場をより力強いものにすること
　⑤ 法定監査人の監督および監督当局の協働を改善すること
　これらの目的を達成するために以下の3つの柱がおかれている[26]。
　① 法定監査人の社会的役割の明確化
　② 監査人の独立性強化
　③ ダイナミックで，より良く監督された監査マーケットの創出
　まず，法定監査人の社会的役割の明確化に関しては，監査報告書においてよ

23　FRC（2011）p.2.
24　EUの監査規制改革については林（2014）を参照されたい。
25　EU（2014c）p2.
26　EU（2014a）pp.2-3.

り詳細な情報を提供することによって期待ギャップを縮小し，監査の品質の向上につなげることを企図している。また，法定監査人に対してより充実した年次透明性報告書の開示が要求されることとなった[27]。さらに，新指令の下では5％以上の株式を保有している株主に対して法定監査人の解任議案の提出が認められることとなった。監査委員会に対しては法定監査にかかわる主要な事項，財務報告プロセスにかかる内部統制の重大な欠陥に関する報告に加え，より詳細な追加報告が求められることとなり，法定監査人の業務は監査委員会によってより強固に監督されることとなった[28]。

次に，監査人の独立性強化については，まず，上場会社は最長10年ごとに監査人を交代させる監査事務所の強制ローテーションが導入されることとなった。監査契約を入札にかけた場合には，さらに10年延長することが可能とされ，共同監査の場合は，14年延長することができることとされた。EUの監査事務所は，一定の税務，コンサルティング，アドバイザリー業務を含むいくつかの非監査業務を監査クライアントへ同時に提供することが禁止される。非監査業務の制限も厳しくなり，監査対象企業のファイナンス，資本構築，投資戦略に関連する多くのサービスはもちろん，経営や意思決定に関連するサービス，税務助言業務，財務・投資コンサルティングなどを監査クライアントに提供することも禁止されることとなる[29]。さらに，法定監査人の独立性を強化するために，非監査業務による報酬に対するキャップ制度も導入された。

イギリスでは，監査事務所のローテーションについては，すでに2012年のCGCに10年に一度の外部監査人の入札がベストプラクティスとして規定されていた。しかしながら，監査を行うのに適格の事務所を2つ以上識別し，非監査サービスについてもその1，2の事務所と関係を維持しておき，監査を行う事務所と非監査業務を行う事務所を10年ごとに交代させる等の措置が多くの企業で計画されていることから[30]，改革の本来の趣旨が生かされない可能性もある。

ダイナミックで，より良く監督された監査マーケットの創出に関しては，EU域内での国境を越えた移動を高め，EUレベルにおいてISAを適用するEU

---

[27] EU（2014a）p.2.
[28] 林（2014）64-65頁。
[29] 詳しくは林（2014）62-63頁を参照されたい。
[30] KPMG（2015）p.23.

委員会のエンパワーメントを通して法定監査人に対してEUレベルで公平な競争条件を提供する。また，監査をビッグ4事務所に限定することを求めるような条項をローン契約に入れることの禁止や，共同監査の入札によるローテーションの延長といったインセンティブによって法定監査人の選択の幅を広げた。また，各国の法定監査人の監督機関が協働できるようにCommittee of European Auditing Oversight Bodies（CEAOB）を創設することが決められた。

このようなEU指令の改革についてFRCはすでにイギリスのCGCは改革EU指令の主要な部分は満たしていると考えている。また，必要な部分については2015年の9月に監査基準改定に反映された。ただ，監査委員会の人員構成については若干の改定が必要であり，監査委員会ガイダンスと同様に2016年の6月17日以降開始事業年度から適用できるようCGCおよび監査委員会ガイダンスを改定する予定であるとしている[31]。

4．ストラテジックレポート

イギリスではかねてより，企業が直面するリスクの開示に関心が集まっていた。FRCは，2011年にはリスクマネジメントと内部統制システムの監視にとどまらない内部統制に関する取締役の責任に焦点を当てた"Boards and Risk"報告書[32]を公表し，2012年にはシャーマンパネル報告書[33]を公表している。シャーマンパネル報告書では，当時の実務で行われていた，会社が継続企業でありつづけるかどうかに関する取締役の宣言は，会計的な決定の要求よりも広く捉えられるべきであると結論づけている。

"Boards and Risk"報告書とシャーマンパネル報告書の概要は以下のようにまとめられる。
- リスクマネジメントと内部統制システムは別個のコンプライアンス活動としてではなく企業の通常業務とガバナンスプロセスに組み込まれなければならない。

31　FRC（2016）p.17.
32　FRC（2011c）.
33　FRC（2012g）.

- 取締役会は倒産リスクや流動性リスクを含むビジネスモデルと戦略を達成する能力などの主要リスクに対して厳格な評価を行わなければならない。
- 当該評価に当たっては，取締役会はこれらのリスクの短期的および長期的な顕在化の可能性と影響を考慮しなければならない。
- これらのリスクがいったん識別された場合，取締役会はどのようにしてレビューした企業のリスクを管理し，低減させていくのかについて合意しなければならない。
- 取締役会はリスクをレビューできるように文書化する必要がある。

こうしたことによって，マネジメントシステムが適切なコントロールを含んでいること，および適切な保証の源泉となることになるとしている。

一連の報告書を受けて，FRCは2014年6月に"Guidance on the Strategic Report"を公表し，2013年9月以降終了事業年度から適用されることとなった。これにより，企業が直面しているリスクに関する開示が一層充実されることとなった。このガイダンスは，2006年会社法が2013年8月に"The Companies Act 2006 (Strategic Report and Directors' Report) Regulations 2013 (the 'Regulations')"を規定したことに伴い，2006年会社法が要求している事項について，BIS (The Department for Business, Innovation and Skills) がFRCにベストプラクティスの作成を要請したことに応えたものである[34]。

このガイダンスはプリンシプルベースで，イギリスのCGCとの整合をとりつつナラティブレポートでのベストプラクティスの開発を柱として策定されたものである。

このガイダンスに従ったアニュアルレポートの構成は以下のようになる[35]。

ストラテジックレポートでは，企業が直面している主要なリスクおよびそれらが将来どのように影響するかの予測の開示に重点が当てられていることがわかる。

また，FRCは2013年10月に"Consultation Document：Directors' Remuneration"を公表した。このConsultation Documentは，取締役報酬に対するクローバック手続，他の会社の取締役である非執行取締役が報酬委員会の委員にな

---

[34] FRC (2014) p.3.
[35] FRC (2014) p.10.

図表6-1　イギリスのアニュアルレポートの構成

Strategic report	・財務諸表に関連する事項 ・企業のビジネスモデル，目的，戦略についての理解 ・企業が直面している主要なリスクおよびそれらが将来どのように影響するかの予測 ・過去の企業業績の分析 ・補足的な情報がどこに記載されているかの指針
Corporate governance Report	・企業の目的を達成するために企業のガバナンス構造がどのように構成され，組織されているかの説明
Directors' remuneration Report	・取締役報酬の決定方針および当該方針を決定する際に考慮された鍵となる全ての要素の開示 ・取締役の報酬に関する方針がどのように履行されているかの説明 ・取締役に与えられた報酬額および企業の業績と取締役の報酬の連動の詳細
Financial statements	・企業の財政状態，経営成績，GAAPへの準拠の状況
Directors' report	・企業に関する他の法令等の情報

るべきかどうか，会社が報酬に関する決議において多数を得ることができなかった場合に会社がとるべきアクションについての3つの政府の諮問に対し意見を広く集めるために公表されたものである。

　また，2013年11月には，"Consultation Paper：Risk Management, Internal Control and the Going Concern Basis of Accounting" を公表し，リスクマネジメントに関する取締役の責任についても広く意見を聴取した。Consultation Paperに対して寄せられた様々な意見を検討し，FRCは2014年9月に "Guidance on Risk Management, Internal Control and the Going Concern Basis of Accounting" を公表した。

　Guidanceの構成は以下のようになっている。

　Section 2と3はリスクマネジメントと内部統制についての取締役の責任をまとめており，取締役会がそれらの責任を果たすために考慮しなければならないいくつかの要因を識別したものである。Section 4はリスクマネジメントと内部統制システムの確立に取り組んでいる。Section 5はこれらのシステムの

図表6-2 "Guidance on Risk Management, Internal Control and the Going Concern Basis of Accounting" の構成

Section 1	Introduction
Section 2	Board
Section 3	Exercising Responsibilities
Section 4	Establishing the Risk Management and Internal Control Systems
Section 5	Monitoring and Review of the Risk Management and Internal Control Systems
Section 6	Related Financial and Business Reporting
Appendix A	Going Concern Basis of Accounting and Material Uncertainties
Appendix B	Longer term Viability Statement
Appendix C	Questions for the Board to Consider
Appendix D	UK Corporate Governance Code and Other Regulatory Requirements

モニタリングとレビューを議論し，Section 6は取締役会の財務およびビジネスレポーティングに関する責任に取り組んでいる。

Section 4，5，6は従来の"Internal Control: Guidance for Directors"の中心部分をほぼ踏襲しており，Section 2，3が今般新設されたものである[36]。

そこでは，CGCの基本原則のC.2リスクマネジメントと内部統制，基本原則C.1.3継続企業ベースの会計の規定と連動するように，これらに対する取締役会の責任とそれらの間の相互関係を扱っている。

Appendix AとBはゴーイングコンサーンベースの会計を適用する際の留意点およびそれに関連する開示のより詳細なガイダンス，存続可能性ステートメントに関するガイダンスとなっている[37]。

Appendix Cは取締役会がリスクマネジメントと内部統制に関する自らの責任を果たしているかどうか，企業文化，リスクマネジメントと内部統制システ

---

[36] 今般のガイダンスでは従来のsignificant riskよりも，ビジネスモデルや将来の業績，支払い能力や流動性に脅威を与えるリスクを含む企業の業績や，企業の将来の予測や評判に深刻な影響を及ぼす単独リスクあるいは複合リスクであるprincipal risksへと焦点を当てるべきリスク概念が変更された。
[37] 銀行に関しては別のガイダンスが出されている。

第6章　イギリスにおける連携の状況

ムの有効性を評価する際の手助けとなるQ&Aとなっており，Appendix Dはリスクとゴーイングコンサーンに関連する法令等の概観となっている。

　これらのリスクマネジメントや内部統制システムのモニタリングに対する規定により，監査委員会にはアニュアルレポートでこれらの評価を報告することが求められる。実際に2014年の監査委員会に対する調査では，2015年度に内部統制システムの有効性の評価に対してかなり多くの時間を費やす予定であると答えている企業の割合は17％，より多くの時間を費やすと答えている企業の割合は44％であり，リスクマネジメントの監視についても，かなり多くの時間を費やす予定であると答えている企業の割合は19％，より多くの時間を費やすと答えている企業の割合は43％と，その他の課題に対するものよりもこの2項目に対する監査委員会の注目が高まっている[38]。

　2015年のvodafoneのアニュアルレポートの構成は以下のとおりとなっている。

図表6-3　vodafoneのアニュアルレポートの構成

Overview： An introduction to the report covering who we are, the Chairman's reflections on the year, notable events, and a snapshot of where and how we do business.	01 Performance highlights 02 Chairman's statement 04 About us 06 Project Spring 08 Our business model 12 Market overview
Strategy review： A summary of the changing landscape we operate in, and how that has shaped our strategy and financial position. Plus a review of performance against our goals and our approach to running a sustainable business.	14 Chief Executive's strategic review 18 Key performance indicators 22 Our strategy 22 Consumer Europe 24 Unified Communications 26 Consumer Emerging Markets 27 Enterprise 28 Our people 30 Sustainable business 32 Risk management
Performance： Commentary on the Group's operating performance.	38 Chief Financial Officer's review 40 Operating results 46 Financial position and resources

[38] KPMG's Audit Committee Institute（2015）p.8.

Governance: We explain how we are organised, what the Board has focused on and how it has performed, our diversity practices, how we communicate with our shareholders and how our Directors are rewarded.	50 Chairman's introduction 51 Our governance framework 52 Board of Directors 54 Executive Committee 56 Board activities 58 Board evaluation, induction and training 60 Board diversity 62 Shareholder engagement 63 Board committees 72 Compliance with the 2012 UK Corporate Governance Code 74 Our US listing requirements 75 Directors' remuneration 92 Directors' report
Financials: The statutory financial statements of both the Group and the Company and associated audit reports.	93 Contents 94 Directors' statement of responsibility 96 Report of independent registered public accounting firm 97 Audit report on the consolidated and parent company financial statements 105 Consolidated financial statements and financial commentary 180 Company financial statements
Additional information: Find out about our shares, information on our history and development, regulatory matters impacting our business, an assessment of potential risks to the Company, and other statutory financial information.	186 Shareholder information 194 History and development 195 Regulation 202 Non-GAAP information 206 Form 20-F cross reference guide 209 Forward-looking statements 211 Definition of terms 213 Selected financial data

　2014年，2015年ともアニュアルレポートは216ページであり全体の分量はかわらないものの，ガバナンスに関しては39ページから44ページへと分量が増えている。2014年は Risk summaryの項目を設け主要なリスクとして11項目を挙げていたが，2015年はRisk Managementの項目にIdentifying and managing our risksのタイトルを設け，10のリスクを示している。さらに，それぞれのリスクが新しいものなのか，以前よりリスクが増しているのか，減少しているの

かについても示されており，投資家に対するリスクの開示がより詳細になっているといえる。

5．2014年CGC改定の概要

イギリスでは2012年に引き続き2014年の9月にもCGCが改定されている。先に見たように，2012年の改定時には，「取締役会構成員の多様性の確保」と「監査委員会と外部会計監査人の連携強化」の2つが柱とされ，監査委員会がより良く機能するためのガイドラインとしてGuidance on Audit Committeesも同時に公表されている。今般の改定では，2012年の改定に，「リスクマネジメントとその開示の要求」，「報酬セクションの改定」の2つが追加された格好となっている。リスクマネジメントに関しては，先に見た"Guidance on Risk Management, Internal Control and Related Financial and Business Reporting"も改定と同時に公表されており，リスクマネジメント機能の向上とそのディスクロージャーに焦点が当てられていることがわかる。

以下，今般の主要な改定項目を見ていく[39]。

(1) 財務・業務報告　条項C.1 財務・業務報告　各則C.1.3.

各則C.1.3については，2012年のCGCの規定に「また財務諸表が承認された日から少なくとも12ヵ月を超える期間にわたり会社が継続企業（ゴーイングコンサーン）を維持する能力に対する重大な不確実性を特定し報告すべきである。」との追加が行われ，12ヵ月超の長期間にわたるゴーイングコンサーン能力に関する不確実性の開示が要求されている。

C.2 リスク管理と内部統制について，以下の各則C.2.1およびC.2.2が追加された。今回の改定の柱ともいえるものであり，会社が直面している主要なリスク，およびその管理についての開示が求められることとなった。

---

[39] 日本語訳については金融庁（2014）によっている。

C.2.1	取締役は，アニュアルレポートにおいて，会社が直面している主要なリスク（会社のビジネスモデル，将来の業績，支払能力および流動性に脅威を与えるリスクを含む）について取締役が厳格な評価を実施したことをコンファムすべきである。取締役は，これらのリスクを記載し，これらのリスクをどのような方法で管理しまたは減少させているかを説明すべきである。
C.2.2	会社の現状および主要なリスクを考慮し，取締役は，アニュアルレポートにおいて，会社の将来見通しをどう評価したのか，どの期間について将来見通しの評価を行ったのか，その期間を適切と考えた理由を説明すべきである。取締役は，評価を行った期間において，会社が事業を継続し，弁済期の到来した債務を履行できることに関して，合理的な期待を有しているか否かについて，必要に応じ要件や仮定を示しつつ説明すべきである。

　C.2.1およびC.2.2の追加に伴い，従来のC.2.1はC.2.3となり，会社のリスク管理と内部統制システムをモニターしその有効性をレビューすること，ならびにアニュアルレポートにおいて有効性のレビューの結果を報告することが求められる。これらの改定によって，2014年10月1日以降開始事業年度より，存続可能性ステートメント（viability statement）の公表が求められることとなった。

(2) 主要原則　第D章:報酬

　2012年版では，報酬を会社および個人のパフォーマンスとリンクさせることを〔主要原則〕とし，〔補助原則〕として「業務執行取締役の報酬の業績連動部分は，会社の長期的な成功を促進するよう，長期の時間軸で設計されるべきである。」とされていた。しかしながら，2014年版では基本原則が「業務執行取締役の報酬は，会社の長期的成功を促進するように設計されるべきである。業績連動部分は，透明性があり，長期の時間軸に即し，厳格に適用されるべきである。」とされ，報酬の基本は長期的な成功との連動であることが明示された。

　D.2 手続においては，補助原則が2012年版では「報酬委員会は，取締役会議長及び/又は最高経営責任者との間で，両者以外の業務執行役員の報酬に関する提案について協議を行うべきである。」として報酬委員会と取締役会議長及び/又は最高経営責任者との協議が必須とされていたものが，2014年版では「報酬委員会は，業務執行役員や経営幹部から意見を聞き，最高経営責任者の提案について最高経営責任者との間で協議するときには，利益相反を認識し回避す

ることに注意を払うべきである。」とされ，報酬委員会と最高経営責任者との協議が必須のものとはされなくなり，報酬委員会の権限が強化されている。

このように，リスクマネジメントと報酬に関する規定が改定されており，
- 企業の長期的な存続可能性への脅威となるリスク情報を主体的に投資家に提供すること
- 長期的な成功と取締役の報酬をリンクさせること

といった今回のCGC改定の目的が顕著に示されている。

6. イギリスにおける連携の現状

イギリスにおいて，監査委員会と会計監査人との連携状況がどのようになっているかについて概観する。

監査委員会は，取締役会がアニュアルレポートを公正で中立で，理解可能なものとして作成するという責任を果たしているかどうかを判断しアニュアルレポートで報告しなければならない。また，取締役会が企業経営に係るリスクマネジメントや内部統制の有効性の監視という責任を完全に果たしているかどうかを判断し，アニュアルレポートにおいて投資家をはじめとする利害関係者に報告する責任も負っている。

Vodafoneのアニュアルレポートに見られるように，ストラテジックレポートで企業が直面している主要なリスクおよびそれらが将来どのように影響するかの予測が開示される。監査委員会には取締役会が適切なリスクマネジメントを行っているかの評価が求められることから，自身が負っている責任を果たすために，監査意見の形成に至る監査実施の過程で行われた外部会計監査人の専門家としての判断や，内部統制に対する外部会計監査人が検討した事項を理解するために必要な情報を必要としている。

一方，外部会計監査人は，財務諸表の重要な虚偽表示につながる経営者不正の兆候を発見できるような情報を必要としている。このためにこれまで以上に，両者はリスク情報の共有を中心にコミュニケーションを行い，連携を行うことが求められるのである。さらに，監査委員会は両者で共有したリスク情報をアニュアルレポートで開示しなければならない。このためにも，監査委員会と外

図表6-4　FTSE350社による主要なリスクの開示状況

項目	値
環境問題	約0.2
技術	約0.7
評判	約0.5
雇用	約0.9
拡張・成長	約0.8
規制・コンプライアンス	約1.4
マクロ経済	約1.3
営業	約3.1
財務	約2.2

出典：Grant Thornton（2014）p.40より筆者作成。

部会計監査人の連携が必要となる。Grant Thorntonによる調査では，主要なリスクの開示状況は図表6-4のとおりとなっている。

　一方で，監査委員会は，外部会計監査人の監査業務の有効性を評価し，取締役会に再任を含めた外部会計監査人の選任を勧告する義務を負っている。外部会計監査人の監査の有効性を評価するためにも監査委員会と外部会計監査人の連携が必要となってくる。外部監査の有効性については，通常はアニュアルレポートの監査委員会報告書において，外部会計監査人の独立性および有効性の項目が設けられ報告されることとなる。そこでは，なぜ外部監査を有効と判断したかの理由について，経営陣のいないところでの監査委員会と外部会計監査人のミーティングの様子や，どのような手続きで有効と判断したかの理由が述べられる。外部監査のパフォーマンスの評価を有効に行っているかについての先のKPMGの調査によれば，非常に有効と答えた割合は34％，普通であると答えた企業は58％，有効ではないと答えた企業の割合は8％であり，92％の企業は有効に評価が行えていると解答している。このアンケート調査の結果から，イギリスでは概ね，外部監査のパフォーマンスの評価は有効に行われていると考えられているといえる。しかしながら，デロイトがプレミアムリスティング企業100社を対象に行った調査の結果，監査委員会が重要と考える主要なリス

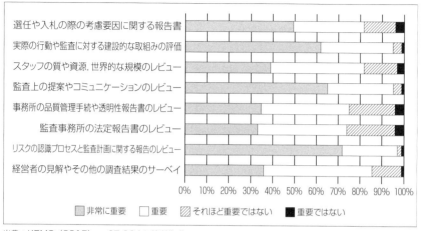

図表6-5　監査の品質の判断の際の判断基準

出典：KPMG（2015）pp.67-69より筆者作成。

クについての包括的な記述がなされていたのがわずか23％であり，さらに，9％の企業しか外部監査の有効性をどのように評価したかについての詳細な記述は行われていないとの調査結果を受けて，FRCは監査委員会の報告に一層の改善が必要であると考えている。

また，先のGrant Thorntonの調査によれば，監査の品質の判断の際の判断基準としては，図表6-5の事項が挙げられている。

最も重要とされているのが，リスクの認識プロセスと監査計画に関する報告書のレビューであった。次いで，実際の行動や監査に対する建設的な取り組みの評価，監査上の提案やコミュニケーションのレビューといった項目が重要と考えられており，こうした項目は監査委員会と外部会計監査人とのコミュニケーションが必要な項目といえ，この点からも監査委員会と外部会計監査人の連携が重要になっているといえる。

監査委員会は，外部監査の有効性を評価した結果として，外部会計監査人の選任や再任についての勧告を取締役会に対して行うことが求められる。外部会計監査人の選任等に関する勧告の達成度合いについての，アニュアルレポートの開示状況は図表6-6のとおりとなっている。

年々，より詳細な記述が増えてきている。また，監査契約の入札に関するコ

ミットメントの言及についても2014年は2013年に比べて大幅に増えており、入札自体が増えていることが推察される（図表6-7）。イギリスのCGCはFTSE350社について少なくとも10年に一度は外部監査契約を入札にかけることを要求している。この規定により2014年度ではFTSE350社のうち、27社が入札を行い、19社が外部会計監査人を交代させている。2015年にはFTSE350社のうち46社が外部監査契約の入札を実施し、36社が外部会計監査人を交代しており[40]、外部監査契約の入札の実践が増加していることがうかがえる。

図表6-6　外部会計監査人の選任等に関する勧告の達成度合い

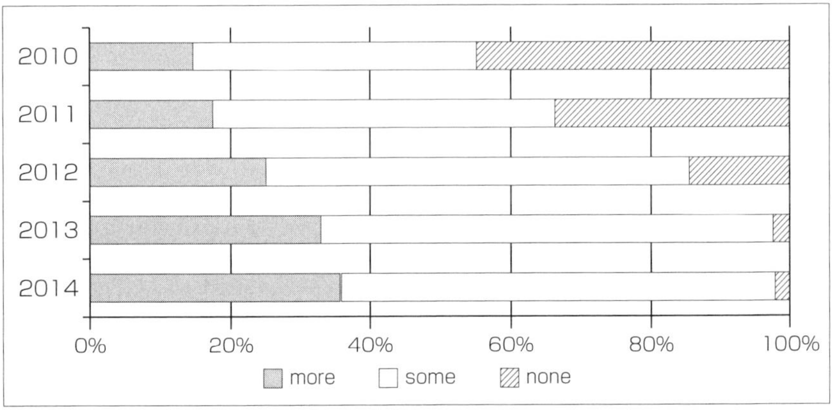

出典：Grant Thornton（2014）p.53より筆者作成。

図表6-7　監査契約の入札に関するコミットメントの言及

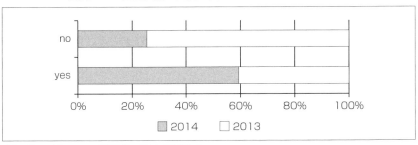

出典：Grant Thornton（2014）p.53より筆者作成。

---

[40] FRC（2016）p.8。

先の監査の品質の判断の際の判断基準の項目に見られるように，選任あるいは入札の際には外部会計監査人の監査の品質についての情報が必要になる。このためには外部会計監査人に対してインタビュー等を行う必要もあることから，監査委員会と外部会計監査人とのコミュニケーションが必然的に行われることとなる。

また，外部会計監査人の業務のうち改善の余地があると思われる分野は図表6-8のとおりであった。

イギリスでは，監査人に対して業界特有の問題に対する洞察やベンチマークの提供に対するニーズが強いことがわかる。次いで，新しい監査や会計の制度を導入する際の手助け，財務管理組織の質の見解の共有といった項目に改善の余地があるとの解答が多くなっている。

これらのほかにも，監査委員会以外の場でのコミュニケーションや，監査業務の進行状況および発見事項の報告等の事項も挙げられており，いずれも，監査委員会と外部会計監査人のコミュニケーションを必要とする項目であり，この結果からも一層の監査委員会と外部会計監査人のコミュニケーションが重要となる。

このように，イギリスにおいては，アニュアルレポートにおいて，監査委員会と外部会計監査人の連携に基づく情報の開示が求められていることから，罰

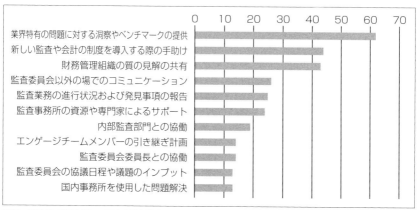

図表6-8　改善余地のあると思われる分野

出典：KPMG（2015）p.66より筆者作成。

則を伴わないソフトロー的な手法による規制であっても連携を行わざるをえないという状況になっている。

7. おわりに

　イギリスではCGCへの準拠が求められる企業においては，外部会計監査人の監査報告書の監査の範囲において，CGCにどのように準拠しているのかあるいは準拠していないのかを開示しなければならないと規定されている。イギリスにおいてはCGCが企業の財務報告に対し多大な影響力を持っていることから，監査上も非常に大きな影響力を持っている。FRCがCGCと監査基準の双方を制定するため，CGCの改定と軌を一にして監査基準も改定されることとなる。今般，先に見たようにCGCにC.2.1，C.2.2が追加されたことに伴い，ビジネスモデルや将来の業績，支払い能力や流動性に脅威を与えるリスクを含んだより拡張されたリスクの評価が取締役に求められることとなった。取締役は，支払能力や流動性にとって脅威を与える企業が直面する主要なリスクを厳格に評価しなければならず，また，少なくとも年に一度はリスクマネジメントと内部統制の有効性をレビューし，株主に取締役会が実施した評価について報告することが求められる。このように，取締役のリスク評価責任が拡張されたことに伴って，ISA（UK and Ireland）260：Communication with those charged with governanceも改定され，監査人は，ビジネスモデルや将来の業績，支払い能力や流動性に脅威を与えるリスクを含む，会社が直面している主要なリスクの厳格な評価によって遂行され得る取締役会の責任が履行されているかどうかの確認が求められ，取締役がリスクマネジメントシステムと内部統制システムの有効性をレビューし，どのようにレビューを行ったかが，アニュアルレポートの監査委員会の業務を扱ったセクションにおける記述や，他の記述とのクロスレファレンス等により適切に開示されているかどうかを確認することが求められる。さらに，取締役の責任が果たされているかについて，監査委員会等とコミュニケーションをとるべきことも明記された。

　同時に改定されたISA（UK and Ireland）700：The independent auditor's report on financial statements においては，

第6章　イギリスにおける連携の状況

① ビジネスモデル，将来の業績，支払能力や流動性への脅威を含む企業が直面している主要なリスクに対して取締役が健全な評価を実行した旨のアニュアルレポートにおける取締役の確認
② 取締役が当該リスクをどのように管理し，あるいは軽減しているかについての開示
③ 継続企業を前提として財務諸表を作成することが妥当であると取締役が考えているかどうか，財務諸表が承認された日からすくなくとも12ヶ月を超える期間にわたって事業を継続する能力に影響するすべての識別した重要な不確実性について取締役報告書で開示しているか
④ どのように企業の予測を評価したのか，評価した期間，なぜその期間が適切と考えているのかについての年次報告書における取締役の説明，また，すべての必要な制限や仮定について注意を喚起する関連する開示を含む，企業が事業を継続する能力を有しているか，評価した期間に満期となる負債を返済できるか，について合理的な予測をしているかどうかについての取締役報告書

といった取締役が行うべき開示に加え外部会計監査人がなにか付け加えるか，注意を喚起すべき重要な事項があるかどうかについての開示が求められる。これらの一連の改定は，監査委員会と外部会計監査人がこれまで以上にコミュニケーションをとることを求めている。

　2014年のCGCの改定によってイギリスではこれまで以上に，企業の長期的な存続可能性への脅威となるリスク情報を主体的に投資家に提供すること，および，長期的な成功と取締役の報酬をリンクさせることが求められることとなったため，長期的なリスク情報の監査が求められることとなった。長期的なリスク情報をどのように監査するのかについては困難が予想され，監査人の責任とも大きく関係してくると思われる。それゆえ，外部会計監査人側からは連携を実のあるものにするという要請は一層強まるものと考えられる。監査委員会としても，外部監査の有効性の評価の詳細な記述が求められており，アンケートの結果から有効性の評価のためには外部会計監査人の提案やコミュニケーションのレビューが重要であると考えられていること，さらに，監査委員会が重要と考えるリスクのより詳細な開示も求められていることから，監査委員会の

側からも外部会計監査人との一層のコミュニケーションが必要となっている。このようにイギリスでは，監査委員会と外部会計監査人のコミュニケーションが必要となる開示を強制することによって，両者の連携が促進されるようなソフトロー的な手法が採用されているといえる。監査委員会と外部会計監査人の連携をいくら法的に強制してもどの程度実効性を伴うかは未知数である。が，イギリスのような方向性を採ることも一考の価値があると思われる。

●参考文献

British Broadcasting Corporation（BBC）(2013) *BBC Annual Report and Accounts 2012/13*.

European Commission（EU）(2010) *GREEN PAPER Audit Policy: Lessons from the Crisis*（available for http://ec.europa.eu/internal_market/consultations/docs/2010/audit/green_paper_audit_en.pdf〔最終閲覧日：2015年4月6日〕）.

European Commission（EU）(2011a) *COMMISSION STAFF WORKING PAPER IMPACT ASSESSMENT Accompanying the document Proposal for a Directive of the European Parliament and of the Council amending Directive 2006/43/EC on statutory audits of annual accounts and consolidated accounts and a Proposal for a Regulation of the European Parliament and of the Council on specific requirements regarding statutory audit of public-interest entities*（available for http://ec.europa.eu/internal_market/auditing/docs/reform/impact_assesment_en.pdf〔最終閲覧日：2015年4月6日〕）.

European Commission（EU）(2011b) *COMMISSION STAFF WORKING PAPER EXECUTIVE SUMMARY OF THE IMPACT ASSESSMENT Accompanying the document Proposal for a Directive of the European Parliament and of the Council amending Directive 2006/43/EC on statutory audits of annual accounts and consolidated accounts and a Proposal for a Regulation of the European Parliament and of the Council on specific requirements regarding statutory audit of public-interest entities*（available for http://ec.europa.eu/internal_market/auditing/docs/reform/resume_impact_assesment_en.pdf〔最終閲覧日：2015年4月6日〕）.

European Commission（EU）(2011c) *Proposal for a DIRECTIVE OF THE EUROPEAN PARLIAMENT AND OF THE COUNCIL amending Directive 2006/43/EC on statutory audits of annual accounts and consolidated accounts*（available for http://ec.europa.eu/internal_market/auditing/docs/reform/directive_en.pdf〔最終閲覧日2015年4月6日〕）.

European Commission（EU）(2014a) *European Parliament backs Commission proposals on new rules to improve the quality of statutory audit*（available for http://europa.eu/rapid/press-release_STATEMENT-14-104_en.htm?locale=en〔最終閲覧日：2015年4月6日〕）.

European Commission (EU) (2014b) *Q&A — Implementation of the New Statutory Audit Framework* (available for http://ec.europa.eu/internal_market/auditing/docs/reform/140903-questions-answers_en.pdf 〔最終閲覧日：2015年4月6日〕).

European Commission (EU) (2014c) *Reform of the EU Statutory Audit Market — Frequently Asked Questions* (updated version) (available for http://europa.eu/rapid/press-release_MEMO-14-427_en.htm?locale=en 〔最終閲覧日：2015年4月6日〕).

European Commission (EU) (2014d) *REGULATION (EU) No.537/2014 OF THE EUROPEAN PARLIAMENT AND OF THE COUNCIL* (available for http://eur-lex.europa.eu/legal-content/EN/TXT/PDF/?uri=CELEX:32014R0537&from=EN 〔最終閲覧日：2015年4月6日〕).

European Commission (EU) (2014e) *DIRECTIVE 2014/56/EU OF THE EUROPEAN PARLIAMENT AND OF THE COUNCIL* (available for http://eur-lex.europa.eu/legal-content/EN/TXT/PDF/?uri=CELEX:32014L0056&from=EN 〔最終閲覧日：2015年4月6日〕).

Financial Conduct Authority (FCA) (2013) *Reader's Guide: an introduction to the Handbook.*

Financial Conduct Authority (FCA) (2014a) *Listing Rules (LR).*

Financial Conduct Authority (FCA) (2014b) *Disclosure Rules and Transparency Rules (DTR).*

Financial Conduct Authority (FCA) (2014c) *Financial Conduct Authority Handbook：Glossary terms used in the Handbook.*

Financial Reporting Council (FRC) (2011a) *Developments in Corporate Governance 2011 The impacts and implementation of the UK Corporate Governance and Stewardship Codes.*

Financial Reporting Council (FRC) (2011b) *The Sharman Inquiry Going Concern and Liquidity Risks: Lessons for Companies and Auditors* (Preliminary Report and Recommendations of The Panel of Inquiry) (available for https://www.frc.org.uk/Our-Work/Publications/FRC-Board/The-Sharman-Inquiry-Preliminary-Report-and-Recomme.pdf 〔最終閲覧日：2015年4月6日〕).

Financial Reporting Council (FRC) (2011c) *Boards and Risk: A summary of discussions with companies, investors and adviser.*

Financial Reporting Council (FRC) (2012a) *Consultation Document Revisions to the UK Corporate Governance Code and Guidance on Audit Committees April 2012.*

Financial Reporting Council (FRC) (2012b) *Feedback Statement Revisions to the UK Stewardship Code.*

Financial Reporting Council (FRC) (2012c) *Feedback Statement Revisions to the UK Corporate Governance Code and Guidance on Audit Committees.*

Financial Reporting Council (FRC) (2012d) *The UK Corporate Governance Code.*

Financial Reporting Council (FRC) (2012e) *The UK Stewardship Code.*

Financial Reporting Council (FRC) (2012f) *Guidance on Audit Committees.*

Financial Reporting Council (FRC) (2012g) *The Sharman Inquiry Going Concern and*

Liquidity Risks: lessons for Companies and Auditors（*Final report and recommendations of the Panel of Inquiry*）（available for https://www.frc.org.uk/Our-Work/Publications/FRC-Board/Sharman-Inquiry-Final-Report.pdf〔最終閲覧日：2015年4月6日〕）.

Financial Reporting Council（FRC）（2013a）*Revision to ISA*（*UK and Ireland*）*700 Requiring the auditor's report to address risks of material misstatement, materiality and a summary of the audit scope*（*For audits of entities that report on how they have applied the UK Corporate Governance Code*）.

Financial Reporting Council（FRC）（2013b）*Feedback Statement*：*Implementing the recommendations of the Sharman Panel*（available for https://frc.org.uk/Our-Work/Publications/FRC-Board/Feedback-Statement-Implementing-the-recommendation.pdf〔最終閲覧日：2015年4月6日〕）.

Financial Reporting Council（FRC）（2014）*Guidance on the Strategic Report.*

Financial Reporting Council（FRC）（2015）*Developments in Corporate Governance and Stewardship 2014.*

Financial Reporting Council（FRC）（2016）*Developments in Corporate Governance and Stewardship 2015.*

Grant Thornton（2014）*Corporate Governance Review 2014; Plotting a new course to improved governance.*

KPMG's Audit Committee Institute（2015）*2015 Global Audit Committee Survey.*

London Stock Exchange（LSE）（2010）*A guide to listing on the London Stock Exchange.*

Vodafone Group Plc（2014）*Annual Report for the year ended 31 March 2014.*

Vodafone Group Plc（2015）*Annual Report for the year ended 31 March 2015.*

伊藤靖史（2003）「イギリスにおける会社法改正―「競争力ある経済のための現代的会社法最終報告書」および白書「会社法の現代化」を中心に―」『同志社法学』54巻5号，1-35頁。

大久保拓也（2003）「イギリス法における取締役の報酬規制―イギリス通商産業省の諮問文書「失敗に対する報酬」の検討―」『比較法制研究（国士舘大学）』26号，93-113頁。

大橋善晃（2008）FSAディスカッション・ペーパー「上場制度の仕組みの見直し」2008年（平成20年）4月4日（日本証券経済研究所）。

小俣光文（2014）「英国における監査報告書改訂の動向」『監査報告書の新展開』同文舘出版，149-177頁。

川島いづみ（2012）「イギリス法における不実の企業情報開示に関する民事責任―判例法の展開―」『早稲田社会科学総合研究』13巻1号，31-56頁。

川島いづみ＝中村信男（2008a）「イギリス2006年会社法（1）（1通則，2会社の設立，8社員，9社員の権利の行使編）」『比較法学』41巻2号，361-395頁。

川島いづみ＝中村信男（2008b）「イギリス2006年会社法（2）（10会社の取締役編1～4章）」『比較法学』41巻3号，189-233頁。

川島いづみ＝中村信男（2009a）「イギリス2006年会社法（3）（10編5～9章，12会社秘書役編）」『比較法学』42巻2号，355-384頁。

川島いづみ＝中村信男（2009b）「イギリス2006年会社法（4）（11社員による代表訴訟編，13決議及び社員総会編1〜4章，14政治献金編）」『比較法学』42巻3号，257-289頁。
川島いづみ＝中村信男（2009c）「イギリス2006年会社法（5）（13編3〜7章）」『比較法学』43巻1号，177-209頁。
川島いづみ＝中村信男（2009d）「イギリス2006年会社法（6）（16編会計監査）」『比較法学』43巻2号，305-333頁。
川島いづみ＝中村信男（2009e）「イギリス2006年会社法（7）（15計算書類および報告書編1〜3章，5〜10章）」『比較法学』43巻3号，269-309頁。
川島いづみ＝中村信男（2010a）「イギリス2006年会社法（8）（42法定会計監査役編）」『比較法学』44巻1号，233-272頁。
川島いづみ＝中村信男（2010b）「イギリス2006年会社法（9）（15編11〜12章，19社債編，21有価証券）」『比較法学』44巻2号，299-335頁。
川島いづみ＝中村信男（2011a）「イギリス2006年会社法（10）（15編4章，29詐欺的取引，30編不公正な侵害に対する構成員の保護，32会社調査，40編海外における資格剥奪）」『比較法学』44巻3号，181-213頁。
川島いづみ＝中村信男（2011b）「イギリス2006年会社法（11）（35編会社登記官）」『比較法学』45巻1号，183-215頁。
川島いづみ＝中村信男（2011c）「イギリス2006年会社法（12）（3編会社の定款等，4会社の能力および関連事項，38会社：解釈）」『比較法学』45巻2号，268-297頁。
川島いづみ＝中村信男（2012a）「イギリス2006年会社法（13）（5編社名，6会社の登記事務所，24年次届出書，41商号）」『比較法学』45巻3号，196-228頁。
川島いづみ＝中村信男（2012b）「イギリス2006年会社法（14）（33編会社法以外設立の会社，34外国会社，36罰則，37補則，39部分改正，47巻末規定）」『比較法学』46巻1号，248-233頁。
川島いづみ＝中村信男（2012c）「イギリス2006年会社法（15）（43透明性義務，44細則，45北アイルランド，46一般補則）」『比較法学』41巻3号，277-233頁。
菅野泰夫（2014）「英国コーポレートガバナンス・コード改訂の最新動向〜2014年9月改訂版とコンサルテーション・ドキュメントの紹介〜」『大和総研調査季報』16号（2014年秋季号），40-53頁。
金融庁（2014）「英国・コーポレートガバナンスコード（仮訳）」（2014年10月20日時点）。
小立敬（2012）「英国の新たな金融監督体制―マクロプルーデンスに重点を置いた体制作り」『月刊資本市場』323号，28-34頁。
小町谷操三（1962）『イギリス会社法概説』有斐閣。
谷口友一（2009）「コーポレート・ガバナンス規制における補完性と柔軟性イギリスにおける『遵守又は説明』規定の生成と展開」『法と政治』60巻3号，51-109頁。
中小企業庁事業環境部財務課（2010）『諸外国における会計制度の概要　中小企業の会計に関する研究会事務局参考資料1』。
中川照行（2011）「「2010年規範」と「監督規範」による英国の新しいガバナンス構造」『経営戦略研究』5号，25-41頁。
中村信男（2010）「イギリス会社法における公開会社と私会社の区分の規制分化」『国際商事法務』38巻10号，1359-1369頁。

日本証券経済研究所（2008）『イギリスの証券市場2009年版』。
八田進二＝橋本尚（2000）『英国のコーポレートガバナンス』白桃書房。
林隆敏（2014）「〈研究〉EUにおける監査規制の動向」『商学論究』62巻9号，49-69頁。
淵田康之（2012）「欧米で再び高まる監査法人改革論」『野村資本市場クオータリィー』2012 Winter，143-160頁。
正井章筰（2009）「EUにおけるコーポレート・ガバナンスをめぐる議論―ヨーロッパ・コーポレート・ガバナンス・フォーラムの声明を中心として―」『比較法学』43巻1号，1-46頁。
安本政恵（2009）「アメリカとイギリスにおけるコーポレートガバナンス制度に関する一考察（一）―ステークホルダーの利益保護という視点から―」『広島法学』33巻2号，143-179頁。
有限責任監査法人トーマツ（2010）「会計基準改訂にかかる情報開示制度等に関する調査研究」（経済産業省委託「平成22年度総合調査研究」）。
吉田裕訳（2003）ロバート・ブラックバーン「英国中小企業の現状」『信金中金月報』3月増刊号，1-22頁。

（小俣光文）

第7章 ドイツにおける連携の状況

1. はじめに

　ドイツにおける決算監査の重要な特質の1つに，決算監査人の長文の監査報告書（Prüfungsbericht）による監査結果の報告がある。この報告は，ドイツの決算監査制度の特質として，情報を内部者，特にコーポレート・ガバナンスの中心に位置する監査役会（Aufsichtsrat）に伝達する主要な取り組みと位置づけることができる。その目的は監査役会による取締役（Vorstand）の監督の支援にある[1]。

　ドイツにおける「監査役監査と公認会計士監査との連携」（以下「連携」という）を考察するに際して，決算監査人から監査役会への支援機能にドイツにおける「連携」の一側面を見出すことができると考えられる。本章は，かかる機能の内容の解明を通してドイツにおける「連携」の特質を明らかにすることを目的とする。

　そのため，まずドイツにおけるコーポレート・ガバナンスの観点から監査役会と決算監査人の役割を導出する。次に，商法典の条文から監査報告書の規定内容の概要を提示する。さらに，監査実務（監査基準）の観点から，その規定内容を分析することによって，支援機能の具体的な内容を明らかにする[2]。以上の決算監査人に関する制度的考察を踏まえて，最後に監査役会側から観察された「連携」の実態についてふれておきたい。

---

[1] わが国の監査役会，取締役とドイツのAufsichtsrat，Vorstandとはかなり性質が異なることが指摘される（例えば松井（2011）26頁を参照）。しかし，本章ではAufsichtsrat，Vorstandについて，監査役会，取締役とする慣用的な訳語を用いている。

[2] なお，本章ではドイツにおける監査制度を説明する際の用語として，決算，コンツェルン決算書，決算監査，経済監査士という用語を用いている。それぞれ，財務諸表，連結財務諸表，財務諸表監査，公認会計士という用語との対応関係があると考えられるが，本章においては（これらの用語以外についても）これまでの先行研究を尊重した用語を用いている。

2．監査役会の役割

　株式会社に関してドイツのコーポレート・ガバナンス・システムは，業務執行と監督とを明確に分ける，いわゆる二元的システム（two-tier system）として特徴付けられる。図表7-1に見られるように，株主総会によって監査役が選任され（株式法101条1項），監査役が構成する監査役会によって取締役を選任するという関係にある（株式法84条1項)[3]。取締役は，株式会社の業務執行および代表のための機関である（株式法76条1項，78条1項)[4]。監査役会は業務執行を監督する機関である（株式法111条1項)[5]。

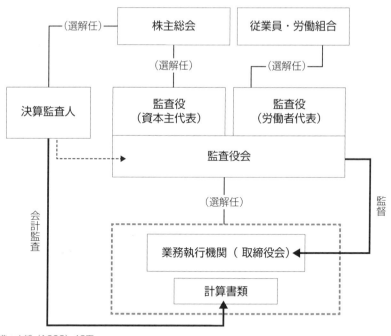

図表7-1　ドイツ株式法・共同決定諸法・商法典による会社二元機構[6]

出典：山浦（1993）46頁。

---

[3] 松井（2011）25-26頁。
[4] 髙橋（2012）143頁。
[5] 髙橋（2012）163頁。

ここでは，共同決定法（Mitbestimmungsgesetz）の適用会社，つまり従業員数が2,000人以上であって，監査役会に株主代表監査役と労働者代表監査役が同数存在する株式会社を想定する。株主代表監査役は，株主総会において選任され，労働者代表監査役は，対象企業の労働者から選ばれる監査役と労働組合から選ばれる監査役の2つがある（共同決定法7条2項）[7]。監査役会はこれまで銀行，創業家，大株主および従業員や労働組合のような様々な利害関係者によって構成され，有効な監視が保証されてきたと考えられる[8]。また取締役の業務執行権限を監査役会に委ねることはできないが，定款の記載または監査役会の決定により，一定の取引について監査役会の承認を得た場合にのみ行うことができる（株式法111条4項）[9]。加えて監査役会は，取締役が責任を負う年度決算書を監査し，株主総会に報告する義務を負う（株式法170条以下）。監査役の監査は決算監査人の決算書の監査結果を基にして行われる。

一方，決算監査人は，株主総会により選任される（商法典318条1項）。決算監査人の選任の直後，監査役会は会社を代表して決算監査人と監査の委任を含む監査契約を締結する[10]。決算監査人の監査結果は監査証明書たる確認の付記（Bestätigungsvermerk）として外部に公表される（商法典322条）。また，監査結果が長文の監査報告書として監査役会に提出される（商法典321条）（以下単に「監査報告書」という）。このことから，決算監査人は外部利害関係者の観点から決算書の信頼性に貢献するだけではない。決算監査人は，監査報告書を通じて監査役会の監督機能を強化する役割があるのである[11]。以上のように，監査報告書はドイツ決算監査制度に独自性を与えるうえで顕著な存在である。そのため，次節以降で詳述する。

---

6 本図表は，山浦（1993）で示されている図表に，決算監査人と監査役会との関係を示すために，筆者が点線の矢印を書き加えている。また，加藤（1997）18頁も参照した。
7 松井（2011）30頁。
8 Köhler et al.（2008）p.114.
9 松井（2011）31頁；高橋（2012）164頁。
10 高橋（2012）285頁。
11 Köhler et al.（2008）p.115. また高柳龍芳教授は，ドイツにおける法定監査が，「経営者への指導的な経営協力としての内部的な監査と，公共の利益保護としての外部的な監査という，二面的な性格をもつもの」であると述べている。その特徴を最も良く表すのが「監査報告書の形態」であることが指摘されている（高柳（1963）130頁）。

3．決算監査人の役割

それでは決算監査人に注目してその役割を見ていこう[12]。

決算監査人は2つの側面から企業のコントロールを支援する。すなわち，監査役会に対する企業内部の支援機能（Unterstützungsfunktion）および公衆に対する企業外部の保証または証明機能である[13]。これらの機能は，内部への監査報告書と外部への確認の付記という異なる報告書に特徴を与えている。

まず決算監査人は，会計報告の適法性および正規性の監査ならびに監査報告書による監査役会への詳細な報告によって，監督機関を支援する専門家として機能する。内部企業規制の中に積極的な機能の担い手として組み入れられているのである[14]。かかるシステムにおいて，決算監査人は監査役会を，とりわけその会計報告の監督（株式法171条1項）に際して，支援し情報提供することによって支持するのである。監査報告書における監査結果の詳細な報告は，監査役会員に彼等自身の監督任務を果たすことができるようにするのである[15]。ここではこのような機能を決算監査人の支援機能と定義する[16]。

一方，決算監査人は監査証明書たる確認の付記により，公衆に年度決算書によって説明される企業の情報の正確性と真実性を保証しなければならない。それによって監査人は，会計報告の公の保証人（Garant）として会計報告の受け手に対して，経営者による年度決算書の正規性を保証するのである[17]。

以上の決算監査人による2つの機能の内，本章は監査役会との「連携」を考察する観点から，企業内部の支援機能のみを取り上げるものである。

ところで，監査役会には以前より企業経営の全般にわたる監督義務が課され

12　ここでの記述は，Hommelhoff /Mattheus（2003）の所説に依拠している。
13　Hommelhoff/Mattheus（2003）S.647.
14　Hommelhoff/Mattheus（2003）S.645.
15　Hommelhoff/Mattheus（2003）S.645. Leuz and Wüstemann（2004）によれば，後述のDAX 30に属する上場企業の監査報告書は数百ページのサイズを有している。すなわち，監査報告書は一般に利用可能な年度決算書よりも，企業の財政状態および経営成績に関する極めて広い洞察を監査報告書の受け手にもたらすのである（p.465）。なお，Leuz and Wüstemann（2004）の所説については，小松（2012a）188頁以下を参照されたい。
16　Hommelhoff/Mattheus（2003）S.645.
17　Hommelhoff/Mattheus（2003）S.646.

ている（株式法111条1項）。つまり会計報告の監査は，中心にあるとはいえ，監査役会に課された監督義務の一要素にすぎない。株式法171条1項による監査役会による会計報告の監査は，年度決算書の法遵守性，定款遵守性および正規性だけでなく，年度決算書の目的遵守性もまた含んでいる[18]。その場合，会計上の裁量余地（Bilanzierungsspielräume）を行使する場合の適切性，つまり会計政策，あるいは企業の発展にそのつど少なからず影響を与える利益分配および年度剰余の積立てがとりわけ重要な考慮事項となる。したがって，確かに決算監査人の任務が内容上監査役会の任務と重なっているとはいえ，監査役会は，決算監査の結果として監査報告書が提出されているにもかかわらず，企業経営の年次報告書を自立して自己の責任の下に監査し判断を形成しなければならないことを意味する[19]。したがって，決算監査人の支援機能は，決算監査の結果である監査報告書により，監査役が自立して形成すべき判断について，監査役を支援するという点に意義がある。またこの機能は，監査役会の会計会議（Bilanzsitzung）またはその監査委員会（Prüfungsausschuss）（株式法171条1項1文）において，決算監査人が参加し報告する義務を含んでいるのである。

4．法規定に見る連携の方法—商法典321条「監査報告書」の規定内容

決算監査人の監査報告書による報告義務を規定しているのは商法典321条である。本規定は広範囲の情報機能，すなわち監査役会への支援機能を顧慮したものである[20]。ここではその根拠となる法律の内容からかかる機能の概要を見ていこう[21]。

まず，商法典321条の全文を示す[22]。なお，以下の条文において括弧内の数字は項の番号であり，先頭の数字は文の番号を示す。

---

18 Hommelhoff/Mattheus（2003）S.645-646.
19 Hommelhoff/Mattheus（2003）S.646. Hommelhoff/Mattheusは，これを「独立の監査および判断形成の原則」（Prinzip selbständiger Prüfung und Urteilsbildung）と表現している。また，Hommelhoff/Mattheusは，監査役会と決算監査人の監査義務は，異なって整えられた任務として相並んでいるのであり，それらは協働システム（Kooperationssystem）に組み入れられているだけである，と述べている（S.645）。
20 Hommelhoff/Mattheus（2003）S.646.

第321条　監査報告書

(1) ¹決算監査人は，監査の方法および範囲につきならびに結果につき，書面により，かつ要求された明瞭性をもって報告しなければならない。

²この報告書において，あらかじめ法定代表者による企業またはコンツェルンの状態の判断に対して意見の表明がなされなければならず，その際とりわけ，状況報告書を考慮したうえで，また，コンツェルンの親企業のコンツェルン決算書の監査に際しては，コンツェルンの親企業のコンツェルン状況報告書を考慮したうえで，企業の存続能力および将来の発展動向の判断にまで立ち入らなければならない。ただし，監査される書類および状況報告書またはコンツェルン状況報告書が，そのような判断を可能にする場合に限る。

³さらに，決算監査人は，監査の実施の際に，確定された虚偽または法律規定への違反，ならびに監査される企業またはコンツェルンの存続を危うくするかもしくはその発展を著しく阻害し得るか，あるいは法定代表者または被用者による法律，会社約款または定款に対する重大な違反を認識せしめる諸事実を報告しなければならない。

(2) ¹監査報告書の主要部において，帳簿記帳およびその他の監査済書類，年度決算書，状況報告書，コンツェルン決算書およびコンツェルン状況報告書が，法律規定およびこれを補完する会社約款または定款の定めに合致しているかにつき，確認しなければならない。

²また，かかる枠組において，確認の付記の限定または拒絶に至らなかった異議についても報告しなければならない。ただし，それが業務執行および監査される企業の監視にとって重要である場合に限る。

³さらにまた，決算書は全体として，正規の簿記の諸原則または他の重要な会計報告の諸原則を考慮して，資本会社またはコンツェルンの財産状態，財務状態および収益状態の実質的諸関係に合致する写像を伝達しているかにつき，立ち入らなければならない。

⁴そのうえ，重要な評価基礎，ならびに貸借対照表計上方法と評価方法および判断の余地の活用ならびに事実関係形成措置を含む評価基礎の変更が全体として，財産状態，財務

21　商法典321条の主要な改正は，1986年および1998年に行われている。1986年の改正に関しては「監査報告書の情報伝達の拡大」として内藤（1995）において取り上げられている。またKonTraGによる決算監査に関係する改正内容については，加藤（1998a），加藤（1998b），内藤（1999），鈴木（2000）および内藤（2015）などにおいて詳細に取り上げられている（KonTraGは，1998年5月に発効のGesetz zur Kontrolle und Transparenz im Unternehmensbereich（企業領域における統制と透明化に関する法律）の略称である）。

　なお，本文で掲げたものは，KonTraG の後のTransPuGによる改正商法典321条である（TransPuGは，2002年7月に発効のTransparenz-und Publi-zitätsgesetz（透明化・開示法）（正式名称，Gesetz zur weiteren Reform des Aktien-und Bilanzrechts, zu Transparenz und Publizität）の略称である）。

22　本条文の訳出に当たり，KonTraGによる商法典321条の規定であるが，鈴木（2000）141-143頁を参照した。

第7章　ドイツにおける連携の状況

> 状態および収益状態の記述にいかなる影響をもつかについても，立ち入らなければならない。
> [5]それに加えて，年度決算書およびコンツェルン決算書の項目は分類され，かつ十分に説明されなければならない。ただし，かかる記載が附属説明書において含まれていない場合に限る。
> [6]法定代表者は，要求された説明および証明を提出したかにつき，記述されなければならない。
> (3)　[1]監査報告書の特別の段落において，監査の対象，方法および範囲が説明されなければならない。
> [2]その際，適用された会計報告および監査の諸原則にも立ち入らなければならない。
> (4)　[1]監査の枠内において，商法典第317条第4項による判断が下されているときは，その結果が監査報告の特別な部分において記述されなければならない。
> [2]内部監査システムを改善するための措置が必要であるかにつき，立ち入らなければならない。
> (5)　[1]決算監査人は，この報告書に署名しかつこれを法定代表者に提出しなければならない。[2]監査役会が委任書を交付しているのであれば，報告書はそこに提出されなければならない。取締役には報告書の送付の前に，意見を表明する機会が与えられなければならない。

本条文の各規定と特徴点は，次のように対応させて示すことができる[23]。
①　決算監査人の報告義務（1項1文および2文）
②　説明義務および警告義務（1項3文）
③　監査報告書の主要部分（2項）
④　監査の対象，種類および範囲に関する特有な報告部分（3項）
⑤　株式に相場が付された資本会社における監視システムの監査に関する特別な報告部分（4項）
⑥　署名および提出（5項）
以下，これに従って商法典321条の概要を示す。

(1) 決算監査人の報告義務

　1項1文は決算監査人の報告義務について規定している。まず，監査の方法

23　Baumbach/Hopt (2006) S.1122.

および範囲ならびに結果について文書による報告，すなわち監査報告書を要求している。その場合，本条項においてとりわけ明瞭性が言及されている。明瞭性には専門知識を有さない監査役会のために，理解可能性も意味されている[24]。

　1項2文においても決算監査人の報告義務について規定している。決算監査人は前もって取締役の企業またはコンツェルンの状態の判断（商法典289条1項）に対して意見を表明しなければならないことが規定されている。これは冒頭報告（Vorangestellte Berichterstattung）[25]といわれる。その場合，監査済書類および状況報告書により可能となる限り，とりわけ企業の存続および将来の発展動向に立ち入らなければならない。

(2) 決算監査人の説明義務および警告義務

　1項3文によれば，決算監査人は監査の実施の際に確認された虚偽または法律規定に対する違反，ならびに次の諸事実を報告しなければならない。すなわち，監査される企業またはコンツェルンにとって存続を脅かし，またはその発展を著しく損い得る事実[26]であり，あるいは法律，会社約款または定款に対する重大な違反を認識せしめる事実である。

　なお1項3文は確認された事実を積極的に報告するため，この報告義務はより深化した説明義務ということができる。また早期に報告する義務であることから警告義務ということができる[27]。

(3) 監査報告書の主要部分

　2項1文は，監査報告書の主要部分において，監査対象が法律規定およびこれを補完する会社約款または定款の定めに合致しているかを確認しなければな

---

[24] Baumbach/Hopt（2006）S.1122.
[25] IDW PS 450第26項。なお，この決算監査人の報告については，商法典289条1項により資本会社の取締役は，状況報告書において「将来の発展のリスク（Risiken der künftigen Entwicklung）」を明確に報告しなければならないことが前提となっている。
[26] 決算監査人が「企業またはコンツェルンにとって存続を脅かし，またはその発展を著しく損い得る事実」を報告する義務を特に「説明義務（Redepflicht）」という。内藤（1995）228頁，Baetge/Linßen（1999）S.372を参照。
[27] Baumbach/Hopt（2006）S.1123.

らないことが規定されている。その場合の監査対象とは，帳簿記帳およびその他の監査済書類，年度決算書，状況報告書，コンツェルン決算書およびコンツェルン状況報告書である。

また2項2文において，確認の付記の限定または拒絶に至らなかった異議についても，それが業務執行または監査される企業の監視にとって重要である限り，報告されなければならない。

2項3文において監査報告書は，決算書が全体として正規の簿記の諸原則またはその他の重要な会計報告の諸原則を遵守したうえで，商法典264条2項により要求されている資本会社またはコンツェルンの「真実かつ公正な写像」[28]を伝達しているかについて取り上げなければならない。

加えて，2項4文において重大な「評価基礎」[29]も取り上げなければならない。この点については，年度決算書に与える影響に関係して本章の7の（5）の検討対象とする。

（4）取引所の相場が付された資本会社に関する監視システムの監査に関する報告部分

上場している株式会社の場合，監査報告書は，株式会社の「監視システム（Überwachungssystem）」[30]（株式法91条2項）の監査の結果に関する特別な報告部分を含まなければならない。監査報告書は，内部の監視システムがその任務を果たしているかどうか，または改善されなければならないか，およびいかなる措置がそのために必要かについて意見を表明しなければならない。虚偽が生じる源泉およびかかるシステムの弱点を認識している場合には，決算監査人による監査役会のための中心的で重要な支援となると考えられる。改善が必要な場合には，弱点は指摘されなければならない[31]。

---

28 「真実かつ公正な写像（a true and fair view）」は法文中では「実質的諸関係に合致する写像」と表現されている。
29 評価基礎とは，IDW PS 450 第78項によれば，「計上および評価方法であり，また資産および負債の評価に関して重要な諸要素（パラメータ，仮定および判断の余地）を含む」とされる。詳細は小松（2012b）を参照されたい。
30 監視システムとは，リスクの早期認識のためのリスク・マネジメント・システムであり，内部統制システムの一部と位置づけられる。ドイツにおける監視システムを含む内部統制システムの展開については小松（2012a）を参照されたい。
31 Baumbach/Hopt（2006）S.1125.

(5) 署名および提出

署名された監査報告書は，法定代表者に提出される。監査役会が監査契約を締結している場合（株式法111条2項3文），監査報告書は監査役会に提出されなければならない。ただし，その前に取締役にあらかじめ意見を表明する機会が与えられている。決算監査人は，監査役会議長に監査報告書を引き渡すことによって提出義務を果たす。監査報告書はさらに他の監査役会員に渡される。監査役会議長との調整のうえで，監査報告書の最終的なものが取締役に渡されることが勧告される[32]。

5．ドイツにおける「連携」強化の背景

監査役会と決算監査人の連携はこれまでにもドイツにおいて確認することができる[33]。しかし1998年に施行されたKonTraGによる改革により，支援機能の質的変化が生じ，それにより監査役会との連携が強化されたと考えられる。

ここで，その背後にある事態の推移を確認しておかなければならない。そのため，1990年代におけるドイツにおける会計不正事件を特に1998年のKonTraGの成立に至るまでを見ておこう。田村（2005）は，当該期間に生じた会計不正事件について，5つの事案を挙げている。それを時系列で示したものが図表7-2である。

本図表にしたがい，各事案の概要を示すと次のとおりである[34]。

まず，1993年のMetallgesellschaft AGおよびSüdmilch AG/Sachsenmilch AGは，「取締役会の危険な情報を鵜呑みにした監査役会議長のお粗末な舵取り」

---

32 IDW PS 450第117項。
33 連携という用語ではないが，わが国の文献においては，ドイツの決算監査人は監査役会の「パートナー」であると言及されている（小柿（1997）395頁；正井（1997）45頁；田村（2005）257頁などを参照）。
34 なお，KonTraGの理由書の総論（Allgemeine Begründung）によれば，ドイツの株式法は多くの段階のコントロールを有し，監視がいくつかの段階で行われることを規定している。その段階は，4つに分けることができる。まず第1に取締役による企業内部のコントロールの設置である。第2の監視段階は監査役会による。この監視段階は決算監査人によって支援される。第3に株主総会である。法的に明示された権限の範囲で経営活動のコントロールを果たす。ここでは個人による総会への出席のほかに，とりわけ銀行の寄託議決権の果たす機能が重要である。最後に株式が売買されている会社の場合には，その重要性の高まりに伴って資本市場によるコントロールが付け加わる（KonTraG（1998）S.11；加藤・遠藤（1999）139-140頁）。ここでの記述は，以上を前提にしている。

図表7-2 ドイツ企業の会計不正事件（1990年代）

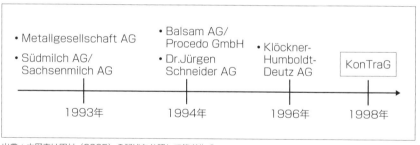

出典：本図表は田村（2005）の記述を参照して筆者作成。

により生じ、企業統治が機能していなかったケースである。このケースでは監査役会に批判が集中したことが注目される[35]。1994年のBalsam AG/Procedo GmbHにおいては、「損失額が会社の規模に釣り合わないほど多額であり、決算監査人の監査および企業内部の監査体制も機能しておらず、関連するドイツの大手銀行の監督機能も働いていなかったケースである。」[36] 同年のDr.Jürgen Schneider AGにおいては、「金融機関が企業の状況を精査することなく信用を供与していたケースである。これらのケースではとりわけ大銀行に対して銀行の監督機能に批判が及んだことは注目される。」[37] 1996年のKlöckner-Humboldt-Deutz AGの場合は、「原油先物取引による損失を計算書類の粉飾によって覆い隠したケースである。監査役会、決算監査人および大手銀行の対応が批判されたケースである。」[38]

これらの事例につき明らかとなった特徴について、田村（2005）は次の点を指摘している。第一に、「なされるべきでない行為が取締役によってなされたためコントロールが困難になっていたこと」である。第二に、「内部コントロールと外部からの監督による複数のシステムが何度も作動しなくなり、それが長期化してしまったこと」である。しかも、「決算監査人と取締役会が自ら距離をおいて危機の徴候を無視するようになった」のである。第三に、「大銀行が何ら特別に効果的なコントロールをしていたとはみられないこと」であ

---

35 田村（2005）263頁；Schäfer（2001）S.22-25.
36 田村（2005）264-265頁；Schäfer（2001）S.27-29.
37 田村（2005）265-266頁；Schäfer（2001）S.29-31.
38 田村（2005）266頁；Schäfer（2001）S.31-32.

る[39]。全体として共通しているのは,「長期にわたりその兆候に対する対処がなされなかったことが目立つ」[40]ことである。

以上のような1990年代の会計不正事件により,「連携」を含む企業統治の議論が立法論となり,KonTraGやTransPuGなどの一連の法改正へと発展したと考えられる。

6.「連携」強化のための諸規定

上述した事情を背景にして,1998年に施行されたKonTraGには,内部のコーポレート・ガバナンスの強化の観点から,株式法および商法典の改革により取締役,監査役会および決算監査に関する改革が含まれている。多くの改革に関する事項の中でも,ここではとりわけ取締役による監視システムの設置と決算監査人の監査範囲の拡大および監査報告書による記載を例にして見ていこう。

(1) 取締役による監視システムの設置と監査報告書による記載

ここでの議論を明確にするために,まず条文間の関係を示せば次のとおりである。これらはKonTraGにより定められた規定である。

```
取締役による監視システムの設置(株式法91条2項)
                ↓
       監査範囲の拡大(商法典317条4項)
                ↓
        監査報告書(商法典321条4項)
```

まず株式法91条2項により,既述のように取締役の監視システムの設置の法的な明確化がなされた。商法典317条4項は,決算監査人は上場している株式会社の監査に際して,株式法91条2項に基づいて,適切なリスク・マネジメントおよび適切な内部監査に配慮する義務を負う取締役が,当該義務を履行した

---

[39] 田村(2005)266-267頁。
[40] 田村(2005)267頁。

かについて判断しなければならないことを求めている。株式法91条2項および商法典317条4項の規制は，可能な限り早期にリスクおよび誤った発展動向を認識するのに使われ，その目的は企業の存立の危機を回避することにある。

また，株式法91条2項の措置を評価するという決算監査人の義務により，監査役会への情報伝達が改善されることが明らかになる。すなわち，取締役が適切なリスク・マネジメントと適切な内部監査を設置したかについて，決算監査人により商法典317条4項に従い監査された場合，商法典321条4項により監査報告書の特別な部分において判断の結果が記述されなければならない。

その場合，決算監査人は，設置された監視システムがその任務を果たしているかについても意見を表明しなければならない。必要であれば欠陥を指摘し，内部監視システムの改善が可能となる措置を挙げなければならない。その結果，監査役会は，企業組織における虚偽の源泉または弱点について全体として重要な情報と知識が与えられるのである[41]。

Hommelhoff et al. (1999) によれば，株式法91条2項は，リスク・マネジメント・システムと内部統制システムの設置に関する取締役の法的義務である。この義務は，KonTraGにより努力のうえ獲得されたのであり，過去におけるいくつかの企業危機の観点から明確に定められたのである。また，多くの改革の事項の中でも，決算監査人の監査および報告義務（商法典317条4項，321条4項）は抜きん出た重要性を持つ。かかる義務は，間接的にも監査役会の監督活動（株式法111条1項）に影響を与えるからである[42]。Hommelhoff et al. (1999) は，株式法91条2項／商法典317条4項・321条4項／株式法111条1項（監査役会による取締役の監督義務）を，「規制の三角形（Regelungsdreieck）」と呼ぶ（図表7-3）。当該規制は企業におけるマイナスの発展動向を早期に認識し，それに対処することができる良いチャンスを作り出すのである[43]。

ドイツの制度状況から，取締役の監視システムの設置義務を監査対象として，ここに決算監査人と監査役会との連携に関する1つの形を見ることができる。

---

41 ここまでの記述は，KonTraG (1998) の理由書のⅡ（各論）に依拠している。
42 Hommelhoff et al. (1999) S.438.
43 Hommelhoff et al. (1999) S.439.

図表7-3 規制の三角形

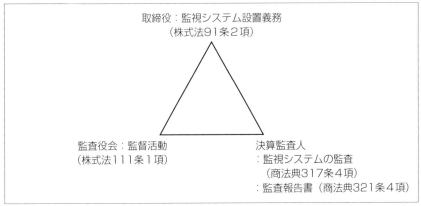

出典：Hommelhoff et al.（1999）の所説に従い筆者作成。

(2) 決算監査人の監査役会への出席と口頭報告

 (1)で述べたように，質的に強化された決算監査人と監査役会との協力関係をさらなる諸規定が補助し支援する。ここでもその議論を明確にするために，まず条文間の関係を示しておこう。これらもKonTraGによる規定である。

```
        監査役会による監査委任書の交付と決算監査人の報告義務
              （株式法111条2項3文，商法典321条5項2文）
                              ↓
               監査報告書の明瞭性（商法典321条1項1文）
          決算監査人の監査役会での口頭の報告（株式法171条1項2文）
```

 上記の諸規定は，まず監査結果について必要な明瞭さをもって文書によって報告するものである（商法典321条1項1文）。また決算監査人が監査役会の会計会議に出席し，口頭で報告する新たな義務である（株式法171条1項2文）。この観点から，監査役会による監査委任書の交付と決算監査人の報告義務（株式法111条2項3文および商法典321条5項2文）は，的確に決算監査人を監査役会に合わせているのである。つまり，決算監査人が取締役から合理的に距離を置くことを企図しているのである。これらは，質的に変化した支援概念を十

分な効果で満たすために必要な規定である[44]。

(3) ドイツにおける「連携」強化の射程

最後に，ドイツにおける決算監査人の監査役会支援機能の評価について，1つの例としてHommelhoff et al. (1999) の見解を示しておこう。それによれば，監査役会による監督は，KonTraGによる決算監査の改革を通じてその本来の効果が推進された。企業経営の監督に際して，監査役会の協力者としての決算監査人の歴史的な役割が改めて着目されたのである。立法者はドイツのコーポレート・ガバナンスにおける決算監査人の役割を見直し，かかる役割を強調し，拡充した。その目的は，上述の不祥事を背景にして，監査役会の監督任務とその効果的な遂行を徹底的に改善することにある。それを強化するものとして，決算監査人の支援機能が注目されたのである。株式会社の経営システムの安定化と強化のために，監査役会の協力者としての決算監査人は重要な支えになるが，さらに進んで，ドイツにおける企業経営の効率的なコントロールを行うため，監査役会と決算監査人は目的共同体（Zweckgemeinschaft）へと進展したと述べられていることは注目される[45]。

Hommelhoff et al. (1999) によれば，かかる目的共同体は，ドイツの二元的企業体制モデルが，国際的な受容を得て，一元的システムと並んで機関システム（Organisationssysteme）の全世界にわたる競争の中で地歩を固めるチャンスを与えるという。彼等はここに，ドイツの経済監査士（Wirtschaftsprüfer）の比類のない特別な役割があると見ているのである[46]。

7．監査基準に見る連携の方法――監査報告書の記載事項

ここでは，監査報告書の記載事項に着目して，監査基準の観点から「連携」の方法を見ていこう。ドイツにおいて「連携」に関して直接的に規制する監査基準としては，次の2つがある。

---

[44] Hommelhoff et al. (1999) S.443.
[45] Hommelhoff et al. (1999) S.390.
[46] Hommelhoff et al. (1999) S.442.

- IDW監査基準450号「決算監査における正規の報告の諸原則」[47]（以下「IDW PS 450」という）
- IDW監査基準470号「決算監査人の監督機関とのコミュニケーションに関する諸原則」[48]（以下「IDW PS 470」という）

　IDW PS 450は，長文による監査報告書を規定している。決算監査人が監査役会に行う文書による報告であるため，監査基準に見る連携の方法として，ここでの中心的なテーマとする。

　一方，IDW PS 470は，決算監査人が監督機関と有効な相互のコミュニケーションを行う際の一般原則を規定し，特に決算監査人が監査役会において行う口頭報告のテーマとなる領域を示している。本章において，この基準の各規定の検討は，IDW PS 450の内容の考察と重複するため省略する[49]。

　さて，これまで検討を加えた決算監査人の監査報告書による支援機能は，IDW PS 450においてもその第1項において明記されている。すなわち，

> 監査報告書において，決算監査人は，とりわけ監督に責任がある企業の機関のために，監査の対象，方法および範囲ならびに監査における発見事項および結果について要約する。その場合，監査報告書は，重要な監査上の確認事項および結果の文書化を通して，企業の監視を支援する任務がある。

　職業団体の見解として，監査報告書の目的が決算監査人の監査役会への支援にあることが表明されていることは改めて注目される。

　ところで，IDW PS 450は，前述のように監査報告書について定めた商法典321条の内容に従って構成されている。登記社団ドイツ経済監査士協会（IDW）はこの監査基準において，経済監査士が決算監査人として，自己責任の下で実施した決算監査について報告をする際に従うべき職業上の見解を詳述している[50]。すなわち，IDW PS 450は商法典321条の監査実務指針たる性格を有して

47　Grundsätze ordnungsmäßiger Berichterstattung bei Abschlussprüfungen（IDW PS 450）．
　　ここでは，IDWの中央専門委員会（HFA）により改正され2003年9月29日に成立した基準を前提としている。
48　Grundsätze für die Kommunikation des Abschlussprüfers mit dem Aufsichtsorgan（IDW PS 470）．
49　詳細は小松（2016）を参照されたい。
50　IDW PS 450第2項。

いる。そこで以下では，監査報告書の記載事項の内容を検討することによって，決算監査人の監査役会への支援機能の具体的な内容を提示する。

まず，IDW PS 450は，監査報告書作成に関する一般原則を明示しているが[51]，その中でもとりわけ全体として貫かれているのは監査報告における明瞭性から要請される問題指向性である。問題指向性を有する監査報告とは，監査報告書の受け手（監査役会の委員会を含む監査役会の構成員）が，取締役の行った措置を自ら評価できるようにし，自己の監査活動および監督活動を方向付けるべき指摘を与えることである。問題指向的監査報告により監査役会員の判断形成が支援されるのである。

IDW PS 450は全体で155項にわたっているが，監査報告書を次頁の図表7-4に掲げた名称に従って分類するよう勧告している。本図表に見られるように，監査報告書の記載は8項目ある。ここでは規定内容に従って要点を7つの観点から提示しよう。かかる観点は全て決算監査人による問題指向的監査報告という認識の下に形成される。

なお，以下の記述の括弧内の番号は，IDW PS 450の規定番号を示している。

(1) 冒頭報告（図表7-4の2-1の内容）

冒頭報告の目的は，監査報告書の受け手にまずは重要な事項に関心を向けさせることにある（26項）。その際，法定代表者による企業の状況の判断に関する報告が決算監査人によってより分析的に記述され，強調されれば，監査報告書の受け手は経済的状態についての重要な観点を補足することができる。この決算監査人の意見は，監査役会員に，自己の状況判断の評価のための根拠として使えるように作成される（28項）。さらに決算監査人は冒頭で，決算監査の実施の際に確認した被監査企業の発展を著しく阻害する事実，またはその存続を危うくする事実を報告しなければならない（35項）。場合によっては，対抗措置を緊急に講ずるため前もって別個に部分報告を行うことが必要となる（36項）。

---

51 IDW PS 450第8項以下に規定されている。詳細は小松（2014）を参照されたい。

図表7-4　IDW PS 450による監査報告書の記載事項

```
監査報告書の     ┬─ 1 監査委任契約
記載事項         │
                 ├─ 2 基本的確認事項 ┬─ 2-1 企業の状況 ┬─ (1) 法定代表者の状況
                 │                   │                 │      判断に対する意見
                 │                   │                 └─ (2) 発展を阻害するまたは
                 │                   │                        存続を危うくする事実
                 │                   └─ 2-2 不正 ┬─ (1) 会計報告における
                 │                                │      不正
                 │                                └─ (2) その他の不正
                 ├─ 3 監査の対象，方法および範囲
                 │
                 ├─ 4 会計報告に対する   ┬─ 4-1 会計報告の ┬─ (1) 帳簿記帳およびそ
                 │   確認事項および解説  │   正規性         │      れ以外の必要書類
                 │                       │                 ├─ (2) 年度決算書
                 │                       │                 └─ (3) 状況報告書
                 │                       └─ 4-2 年度決算書の ┬─ (1) 年度決算書の総合的言
                 │                           総合的言明       │      明に対する確認事項
                 │                                            ├─ (2) 重要な評価基礎
                 │                                            ├─ (3) 評価基礎の変更
                 │                                            ├─ (4) 事実関係形成措置
                 │                                            └─ (5) 分類および解説
                 ├─ 5 リスク早期認識システムに対する確認事項
                 ├─ 6 監査委任契約の拡大からの確認事項
                 ├─ 7 確認の付記
                 └─ 8 監査報告書の付録
```

出典：本図表は，IDW PS 450の規定内容に従い筆者作成。

(2) 不正の報告（図表7-4の2-2の内容）

　不正の報告は，決算監査人により，企業の業務執行の監督にとって重要である限り報告される（45項）。すなわち，会計報告の諸規定に対する違反を意味する不正の報告は，決算監査人により問題指向的観点から行われるのである。また監査の過程で不正が取り除かれた場合においてもかかる観点から判断される。またIDW PS 450は特に，会計報告に関係する内部統制システムの弱点を指し示す場合には，監査報告書における報告を必要としている（47項）。

　不正の報告に関して，決算監査人は最終的に法的な評価を下すよう求められ

てはいない。しかし，法定代表者または従業員の法律，会社約款または定款に対する違反は，会計報告に直接的には関係しない法律規定への違反を含んでいるのが通常である。IDW PS 450によれば，重大な違反であることを実質的に示す事実というだけでも，決算監査人には報告義務が存在するのである（48項）。

(3) 監査対象の報告（図表7-4の3の内容）

監査の対象，方法および範囲については，IDW PS 450の55項から60項に詳述されている。決算監査の対象の報告の目的は，報告書の受け手が，監査業務をより良く評価できるようにするためにある（51項）。とりわけ，監査範囲の記述は，監査役会員が自己の監督任務に関して結論を導き出すことができるほど詳細でなければならないことが規定されている（56項）。

(4) 会計報告の正規性の報告（図表7-4の4-1の内容）

会計報告の正規性は，帳簿記帳およびその他の監査された資料，年度決算書ならびに状況報告書が，法律規定および会社約款または定款の補完規定に合致しているかについて，監査報告書において確認される。会計報告の正規性は，問題指向的観点から業務執行の監督に適した確認事項を限定する（61項）。この観点によれば，確認の付記の限定または拒絶という結果には至らなかった場合であっても，業務執行の監督には重要であることを示す異議であれば報告されなければならない（62項）。以上の正規性の確認とは別に決算監査人は，年度決算書または状況報告書に関係しない内部統制システムの領域における確認された重大な欠陥についても，報告しなければならない（66項）。

(5) 総合的言明の報告（図表7-4の4-2の内容）

決算監査人は，年度決算書が全体として，正規の簿記の諸原則を遵守したうえで，資本会社の財産状態，財務状態および収益状態の実質的諸関係に合致する写像を伝達しているかについて取り上げなければならない。かかる写像は貸借対照表，損益計算書ならびに附属説明書といった個々の構成要素の総合的観点から生じるため，年度決算書の総合的言明（Gesamtaussage）という（72項）。しかもかかる言明は，重要な評価基礎，評価基礎の変更および事実関係

形成措置[52]により大きく影響を受けるという特質がある。決算監査人は，総合的言明に影響を与えるこれらの措置も取り上げなければならない。この報告により，監査報告書の受け手が，総合的言明に影響を与える措置を自ら評価できるようにし，自己の監査活動および監督活動を方向付けるべき指摘が与えられなければならないのである（74項）。そのため，年度決算書の諸項目はいくつかの部分に細分され，十分に解説される必要がある（75項）。

(6) 分類および解説（図表7-4の4-2 (5) の内容）

　年度決算書の項目は，決算監査人によって分類（あるいは細分）され，さらに十分に解説されなければならない。とりわけ重要な評価基礎とその変更および事実関係形成措置の実施が，個々の決算書項目の計上，評価または構成にいかなる影響を与えるかについて立ち入ることを必要とする。これは商法典321条2項5文による要請である（97項）。

　法律で要求される場合だけではなく，依頼人による希望によって追加の分析および解説が行われるが，その場合，分類および解説は，重要な情報およびコントロール手段を与える。とりわけ企業に明確な内部報告体制が存在しない場合に，監査報告書の受け手のために，決算監査を通じた重要なサポートを意味する（99項）。すなわち，受け手に報告年度の企業の状態と発展動向を監査報告書において明確にし，年度決算書の細目を深く理解することを促し，重要な発見事項が伝達されるのである（101項）。

(7) 監視システムの報告（図表7-4の5の内容）

　監視システムの監査については，すでに4の(4)でその意義付けを行っているが，再度 IDW PS 450の規定により要点のみを示す。上場されている株式会社

---

[52] 事実関係形成措置についてIDW PS 450は明確な定義を提示しているとは言い難い。しかし，94項以下に例示とともに記述がある。それによれば事実関係形成措置とは，次の場合に資産および負債の計上や評価に影響を及ぼす措置である。すなわち，
- 決算監査人の判断によれば，決算書の受け手の予想に合致する一般的な形成（Gestaltung）から逸脱している場合であり，かつ
- かかる一般的な形成からの逸脱が年度決算書の全体的言明に著しく影響を及ぼす場合である。
　同基準の95項において，その例として，資産担保証券の取引またはペンジオン取引（Pensionsgeshäfte）における債権の売却およびセール・アンド・リースバック取引などが挙げられている。

は，年度決算監査の際に，監視システムの監査結果が報告される。取締役は監視システムを適切な形式で設置したか，監視システムはその任務を果たすことができるかについて詳述されなければならない。さらに監視システムを改善するための措置が必要かについても，取り上げなければならない（104項）。またその改善のための措置が必要である場合，決算監査人はこれを確認し，改善の必要がある領域を挙げなければならないのである（106項）。

8．決算監査人と監査役会の連携の実態

これまで，決算監査人は，監査役会の「協力者（Gehilfe）」[53]として，株式法171条1項による監査役会独自の会計報告の監査に関する義務に際して，監査役会を支援することを見てきた。本節は，かかる連携関係の制度的形式の捕捉からさらに進んで，連携の実態の具体的な解明を行う。

そのため，ここではPatrick Velteの2009年の論攷「監査役会と決算監査人の協働—ドイツ・プライム・スタンダードに関する経験的分析」を取り上げ，決算監査人と監査役会の連携の実態を明らかにする。

(1) 監査役会の連携意識

Velteの分析は，まず株式法171条2項[54]による監査役会の文書（以下「監査役会の報告書」という）による報告に焦点を当てる。彼によれば，決算監査人が監査役会の協力者として機能し，支援機能を発揮するのであれば，外部決算監査の結果は，株式法171条1項による監査役会の独自の会計報告の監査を進めるうえでの基盤を表すはずである。このような考えが監査役会に意識されていれば，監査役会は，その報告書の業務方法の記述の枠組の中で，監査役会と決算監査人との協働についての報告があるはずである[55]。その際，「協働」が行われたことの判断基準として，彼により7点が示されているが，ここでは「監査役会による監査報告書の閲覧」と「決算監査人の監査役会や監査委員会の会

53　Velte（2009）S.109.
54　株式法171条2項は，監査役会は監査の結果を文書により株主総会に報告するよう定めている。
55　Velte（2009）S.109.

議への出席」を取り上げる[56]。

(2) 調査方法——経験的分析の対象と処理方法

　Velteは，ドイツのプライム・スタンダードに上場されている企業の2007年事業年度または2006/2007年事業年度の事業報告書（Geschäftsberichte）[57]を分析評価する経験的調査を行った[58]。対象になったのは，ドイツ株価指数30（DAX 30）[59]，テクノロジーDAX（TecDAX）[60]，ミッドキャップDAX（MDDAX）[61]，スモールキャップDAX（SDAX）[62]である。その際，これらの上場企業（160社）から，比較可能性の観点で，ドイツに本拠がある全ての株式会社（150社）について28社のDAX 30企業，25社のTecDAX企業，48社のMDAX企業および49社のSDAX企業が選択された[63]。

(3) 決算監査人の監査報告書の閲覧

　既述のように，監査報告書は，監査役会と決算監査人の協働の重要な情報伝達手段である。この監査報告書は，決算監査人がKonTraG以来，もっぱら，直接に監査役会の支援のために作成されるのである（株式法170条3項1文）。ドイツ・プライム・スタンダードにおける，Vellteによる株式会社に関する2007または2006/2007事業年度の事業報告の分析評価によれば，80.0％

---

[56] 本文での2点のほかに，Velte（2009）は以下を示している。「独立性の表明の入手を含む決算監査人の独立性の評価に関する監査役会の報告」，「株主総会における選出提案の表明についての報告」，「監査契約の付与について」および「監査の重点の決定についておよび報酬の取り決めについて」（S.102）。

[57] Velte（2009）は，この場合，株式法第171条第2項による株主総会における監査役会の報告書ならびに（それが存在する限り）ドイツ・コーポレートガバナンス規準（DCGK）の3.10により勧告されたコーポレート・ガバナンス報告書を想定している（S.104）。また正井（2003）323頁および338頁を参照した。

[58] Velte（2009）による事業報告書の分析評価は，外部の決算監査人に関する監査役会の任意の報告であることは注意されなければならない（S.104）。

[59] DAX 30は，ドイツを代表する30銘柄で構成され，1988年に導入された（日本証券経済研究所（2012）126-127頁）。

[60] TecDAXは，かつて存在した新興企業向けの株式市場であるノイアマルクトのNEMAX50を引き継いだハイテク企業30銘柄による指数である（日本証券経済研究所（2012）126-127頁）。

[61] MDDAXはEU規制市場のプライム・スタンダードにて，DAX 30よりも小規模な50銘柄で構成される（日本証券経済研究所（2012）127頁）。

[62] SDAXは，EU規制市場のプライム・スタンダードにて，MDAXよりも小規模な50銘柄で構成される（日本証券経済研究所（2012）127頁）。

[63] Velte（2009）S.108.

(TecDAX), 77.6%（SDAX), 77.1%（MDAX）および71.4%（DAX 30) の割合に至った（図表7-5)。すなわち, 分析対象企業の監査役会の報告において, 決算監査人の監査報告書の閲覧については, 文書により記録されているというのが支配的な結果といえる[64]。

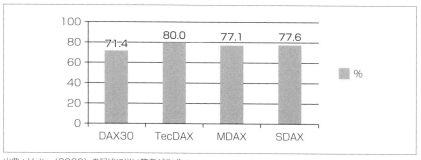

図表7-5　監査役会による決算監査人の監査報告書の閲覧

出典：Velte（2009）の記述に従い筆者が作成。

Velteは最も低い数値（71.4%）が, DAX 30の企業であったことは驚くべきことであるという。各DAXはいわば売上規模による分類ともいえる。彼は企業の売上規模と積極的な公表行動との間には正の関連があると予想していたが, この場合には予想どおりにはならなかった[65]。

(4) 決算監査人の監査役会や監査委員会の会議への出席

株式法107条3項1文によれば, 監査役会は, その中に委員会を設置することができる。その委員会に監査委員会がある[66]。特に上場会社については, 監査委員会の設置が勧告されている[67]。

64　Velte（2009）S.109.
65　Velte（2009）S.109.
66　高橋（2012）186頁。
67　ドイツ・コーポレート・ガバナンス規準5.3.2。邦訳は正井（2003）327頁を参照した。それによれば, 監査委員会は, 「とくに, 計算およびリスク管理の問題, 決算監査人の必要な独立性, 決算監査人への監査の委託, 監査の重点の決定および報酬の協定という問題」を取り扱う。なお, 高橋（2012）186-187頁も参照した。

実施された調査によれば，DAX 30企業は全て監査委員会を持っている[68]。MDAX企業は，98％であり，DAX 30とほぼ同じ設置割合である。TecDAXおよびSDAXにおいては，企業の64.0％ないし61.0％が監査委員会の設置を行っていたにすぎない（図表7-6）。このことから，監査委員会の設置については，DAX30およびMDAX企業においてドイツ・コーポレート・ガバナンス規準の勧告が高く受容されていることが窺える[69]。

　ところで，決算監査人の監査役会または監査委員会の会計会議への出席義務は，同様にKonTraGにより導入され，BilMoG[70]により株式法171条1項2文に従い認められた[71]。企業が監査委員会を設けている限り，監査役会の会議と監

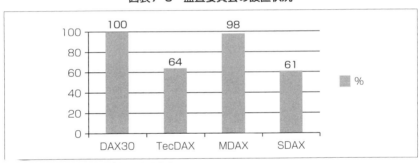

図表7-6　監査委員会の設置状況

出典：Velte（2009）の記述に従い筆者作成。

---

[68] Koller et al.（2008）は，ドイツの監査委員会は以下の点で特に米国の監査委員会とは異なることを指摘している。第1に決定事項を，単一の監査役会構成員または委員会に委任することは一般に禁じられている（株式法107条3項）。したがって，ドイツの監査委員会は，監査役会の決定の前の予備的業務または監査報酬の交渉といった情報伝達業務を行うにすぎない。第2に米国と異なり，ドイツの監査委員会は，コーポレート・ガバナンスの中における監督機関を構成するのではなく，むしろ，監査役会内の資源を束ねかつ分業を促進することによって，効率的な監督を強化するのである。ドイツの監査委員会と米国の監査委員会（audit committee）との区別は極めて重要である（p.115）。

[69] Velte（2009）S.109.

[70] 2009年に施行された「貸借対照表法改革法」("Gesetz zur Modernisierung des Bilanzrechts")の略称である。

[71] BilMoGによる株式法171条1項2文は，次のように規定している。「年度決算書またはコンツェルン決算書が決算監査人によって監査されなければならないときは，この者は，監査役会または監査委員会の交渉に参加しなければならず，自己の監査の重要な結果，とりわけ会計（報告）過程に関する内部統制およびリスク・マネジメント・システムの重要な弱点を報告しなければならない。」なお，本規定の邦訳は千葉（2009）362頁を参照した。

査委員会の会議の両方の出席が支持されている[72]。その理由は，場合によっては監査委員会において，監査役会で扱われるのとは異なる問題が扱われるからである[73]。

Velteは，決算監査人には，監査役会の会議，監査委員会の会議あるいは両方に出席する選択権が認められるため，ここから監査役会の報告の枠組みにおいて，選択権行使のための暗黙の報告義務が導かれるという[74]。このような背景事情の下に，ドイツ・プライム・スタンダードの調査対象となった全ての企業は，決算監査人の監査役会や監査委員会の会議への出席について情報を開示している。実施された監査委員会を伴うMDAX企業の72.3％は，決算監査人による両方の会議の出席がなされている。これに続いて，SDAXおよびTecDAX企業は，それぞれ66.7％と56.3％と同調している（図表7-7）。

DAX 30企業の場合には両方の会議への出席は，42.9％にすぎなかった。このことから売上規模に比例して，決算監査人の両方の会議の出席という選択権が行使されるとは説得的にいえないことが明らかになる[75]。

これに対して，決算監査人の監査委員会のみの出席は，DAX 30企業の場合には，53.6％であり，最も高い数値を示している。その他の指数の企業の場合

図表7-7 決算監査人による監査役会の会議と監査委員会の会議の両方への出席

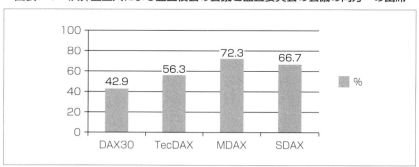

出典：Velte（2009）の記述に従い筆者作成。

---

72 Velte（2009）S.107-108. IDWはPS 470の1b項において，両方の出席を勧告している（小松（2016）111頁）。
73 Velte（2009）S.108.
74 Velte（2009）S.108.
75 Velte（2009）S.108.

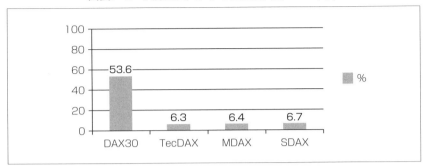

図表7-8　決算監査人による監査委員会のみの出席

出典：Velte（2009）の記述に従い筆者作成。

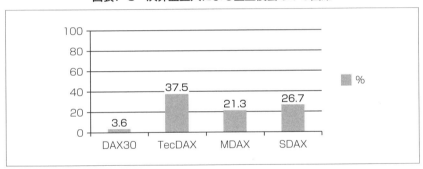

図表7-9　決算監査人による監査役会のみの出席

出典：Velte（2009）の記述に従い筆者作成。

には，監査委員会へのみの参加は，極めて低い数値となっている（SDAX：6.7％，MDAX：6.4％，TecDAX：6.3％）[76]（図表7-8）。

また，上述の状況とは異なり，DAX 30企業（3.6％）を除いて，監査役会の会議への参加のみが，しばしば行われていることが判明する（TecDAX：37.5％，SDAX：26.7％，MDAX：21.3％）[77]（図表7-9）。

決算監査人の会議への参加形態は，上場企業の売上規模別の区分において相違が見られるように，監査役会と監査委員会の役割の重要性について検討すべき課題を提示しているように思われる。

---

[76] Velte（2009）S.108.
[77] Velte（2009）S.108.

(5) Velte（2009）による経験的分析の意義付け

　以上のように，連携の実態を監査役側から，その報告書による情報の開示を手掛かりに解明を試みた。選択されたドイツ・プライムスタンダードの上場企業の70％を超える企業の監査役会が決算監査人の監査報告書を閲覧している旨の報告を行っていた。また，決算監査人の監査役会や監査委員会の会議への出席に関しては，分類される株式市場のセグメントにより決算監査人の参加形態は異なるものの，全ての企業が報告を行っていた。監査役会側から見て，決算監査人との連携が意識されている結果であると考えられる。もちろん，Velte（2009）による経験的分析は絶対視されるべきものでなく，監査役会の報告書という文書上から得られた実態にすぎない。しかし，監査役と決算監査人の連携における監査実務を描出する手がかりをわれわれに与えてくれるのである。

9．おわりに

　ドイツにおいて決算監査人は，監査報告書を通じて監査役会の監督機能を強化する役割がある。これを決算監査人の監査役会支援機能という。本章では，この機能にドイツにおける監査役監査との連携機能の特質を見出すことができると考え，決算監査の制度の側面とその実務の実態の両面から「連携」を考察した。

　そのために，まず監査役会と決算監査人の役割から両者の連携の必要性を導いた。続いてその根拠となる商法典の条文により連携の具体的な手段となる監査報告書の規定内容の概要を示した。その際，1990年代の不正会計事件を契機として，1998年のKonTraGにより「連携」強化が図られ，決算監査人の監査役会支援機能を質的に変化させ，実質化したことを示した。その点を具体的に解明するために，法律による規定内容から一歩進んで，実務指針たるIDW PS 450の規定内容を検討し，監査報告書の記載内容を提示した。決算監査人は監査報告書により，監査役会に問題指向的観点を付与するのであり，それにより監査役会による監査判断が支援される。これまでの考察により，問題指向的監査報告こそ決算監査人の監査役会支援機能の中心であり，この機能は監査役会が自らの監査を進めるうえでの基礎となるのである。また，監査役会側から見

ても,決算監査人との連携が意識されている実態が観察された。

以上述べたように,本章は法律,監査基準,監査実務から成る決算監査制度全体の状況の析出を通して,ドイツにおける監査役監査と公認会計士監査との連携の特質を提示した。「連携」の特質が発現する基盤にはドイツにおけるコーポレート・ガバナンス構造がある。かかる構造との適合関係により,決算監査制度の特質も規定される[78]。そこで顕在化する特質が,決算監査人の監査報告書による監査役会への支援機能である。この機能にドイツにおける「連携」の意義と独自性を見出すことができると思われる。

● 参考文献

Baumbach, A. und K.J. Hopt (2006) Handelsgesetzbuch mit GmbH & Co., Handelsklauseln, Bank-und Börsenrecht, Transportrecht (ohne Seerecht), 32.Auflage, München.

Baetge, J. und T. Linßen (1999) Beurteilung der wirtschaftlichen Lage durch den Abschlßprüfer und Darstellung des Urteils im Prüfungsbericht und Bestätigungsvermerk, in: Betriebswirtschaftliche Forschung und Praxis (BFuP), 51, Jg. S. 369-389.

Hommelhoff, P., D. Mattheus, J. Krumnow, H. Lenz, und W. Schruff (1999) KonTraG—Mehr Kontrolle und Transparenz?, in: Betriebswirtschaftliche Forschung und Praxis (BFuP), 51, Jg. S. 437-453.

Hommelhoff, P. und D. Mattheus (2003) Die Rolle des Abschlussprüfers bei der Corporate Governance, in: Handbuch Corporate Governance: Leitung und Überwachung börsennotierter Unternehmen in der Rechts-und Wirtschafts-praxis, hrsg. v. Hommelhoff, P., K.J. Hopt, und A.S. van Werder. S. 639-671.

IDW Prüfungsstandard (2004) Grundsätze ordnungsmäßiger Berichterstattung bei Abschlussprüfungen (IDW PS 450), Stand: 29. 09. 2003, in: German Auditing Standards, Düsseldorf 2004, S.867-953.

IDW Prüfungsstandard (2012a) Grundsätze ordnungsmäßiger Berichterstattung bei Abschlussprüfungen (IDW PS 450), Stand: 01. 03. 2012, in: Institut der Wirtschaftsprüfer (Hrsg.), IDW Prüfungsstandards,IDW Stellungnahmen zur Rechnungslegung, CD-ROM Ausgabe 2014/2015, Düsseldorf 2014.

IDW Prüfungsstandard (2012b) Grundsätze für die Kommunikation des Abschlussprüfers mit dem Aufsichtsorgan (IDW PS 470), Stand: 01.03.2012, in: Institut der Wirtschaftsprüfer (Hrsg.), IDW Prüfungsstandards, IDW Stellungnahmen zur Rechnungslegung, CD-ROM Ausgabe 2014/2015, Düsseldorf 2014.

KonTraG (1998) Entwurf eines Gesetzes zur Kontrolle und Transparenz im Unterneh-

---

78 ドイツにおける決算監査制度と企業の資金調達行動,会計制度およびコーポレート・ガバナンスとの結びつきによる特質の発現については,小松(2012a)および小松(2015)を参照されたい。

mensbereich (KonTraG) (vom 28.01.1998), Deutscher Bundestag, Drucksache 13/9712.
Köhler, A.G., K.-U. Merten, R. Quick, and K. Ruhnke (2008) Audit regulation in Germany: improvements driven by internationalization. In Quick, R., S. Turley, and M. Willkens, eds. Auditing, Trust and Governance: Developing regulation in Europe, New York, pp.111-143.
Leuz, C and J.Wüstemann (2004) The Role of Accounting in the German Financial System. In J.P. Krahnen, and R.H. Schmidt, eds. The German Financial System. Oxford pp.450-515.
Shäfer, J. (2001) Das Überwachungssystem nach §91 Abs.2 AktG unter Berücksichtigung der besonderen Pflichten des Vorstands, Lohmar.
Velte, P. (2009) Die Zusammenarbeit zwischen Aufsichtsrat und Abschlussprüfer, Eine empirische Analyse für den Deutschen Prime Standard in: Die Aktiengesellschaft (AG), Heft 4, S. 102-109.
片木晴彦（1987）「西ドイツにおける決算監査人の監査報告書―決算監査人と監査役会の連携―」『広島法学』11巻1号，37-60頁。
加藤恭彦（1993）『現代ドイツ監査制度論』千倉書房。
加藤恭彦（1997）「監査役監査制度の問題点―無機能化と活性化をめぐって」『甲南経営研究』37巻3・4号，1-27頁。
加藤恭彦（1998a）「ドイツ監査制度の新動向とコーポレートガバナンスの視点」加藤恭彦編著『EUにおける会計・監査制度の調和化』中央経済社　47-68頁。
加藤恭彦（1998b）「ドイツ商法の改正と監査報告書制度―KonTraG（1998）を中心として―」『商学論集』（関西大学）43巻4号，571-589頁。
加藤恭彦・遠藤久史（1998）「ドイツにおける「企業領域におけるコントロールと透明性に関する法律」の概説（1）」『甲南経営研究』39巻1号，129-141頁。
小柿徳則（1997）「会計監査人の情報提供機能とコーポレート・ガバナンス（二）」『民商法雑誌』117巻3号，338-413頁。
小松義明（2012a）『ドイツ監査制度改革論』大東文化大学経営研究所。
小松義明（2012b）「ドイツにおける監査報告書制度の特質―商法典第321条とIDW監査基準第450号の検討―」『経営論集』（大東文化大学）24号，51-80頁。
小松義明（2014）「ドイツ監査報告制度に関する基礎的研究（3）―長文式監査報告書の記載事項―」『経営論集』（大東文化大学）27号，19-40頁。
小松義明（2015）「ドイツ監査報告制度に関する基礎的研究（4・完）―決算監査人の支援機能の質的変化―」『経営論集』（大東文化大学）28・29合併号，91-107頁。
小松義明（2016）「ドイツにおける決算監査人の監査役会とのコミュニケーションに関する諸原則とテーマ領域―IDW監査基準第470号を中心として―」『経営論集』（大東文化大学）30・31合併号，109-120頁。
鈴木義夫（2000）『ドイツ会計制度改革論』森山書店。
高橋英治（2012）『ドイツ会社法概説』有斐閣。
高柳龍芳（1963）「ドイツ法定監査の二元的性格について」『會計』84巻1号，125-135頁。
高柳龍芳（1980）「ドイツの監査役監査と決算監査士監査の関係」『商学論集』（関西大学）

25巻5号，427-449頁。
高柳龍芳（1984）『監査報告書論―ドイツ法定監査を主題として―（増訂版）』千倉書房。
田村詩子（2005）「企業における不正会計と企業統治―ドイツにおける会計監査システム改革―」『龍谷法学』37巻4号，253-334頁。
千葉修身（2009）「ドイツ貸借対照表法現代化法―司法省参事官草案と政府草案―」『明大商学論叢』91巻1号，317-402頁。
内藤文雄（1992）「決算監査書監査人の警告機能について」『国民経済雑誌』165巻3号，77-100頁。
内藤文雄（1995）『監査判断形成論』中央経済社。
内藤文雄（1999）『連結財務諸表監査』中央経済社。
内藤文雄＝松本祥尚＝林隆敏編著（2010）『国際監査基準の完全解説』中央経済社。
内藤文雄（2015）「ドイツにおける企業リスク情報開示の規定改正と監査への影響」『甲南経営研究』55巻4号，69-103頁。
日本証券経済研究所（2012）『図説　ヨーロッパの証券市場　2012年版』公益財団法人 日本証券経済研究所。
前田重行（2016）「監査役会の監督機能―業務執行に対する監査と関与・介入」早川　勝・正井章筰・神作裕之・高橋英治編著『ドイツ会社法・資本市場法研究』中央経済社，296-324頁。
正井章筰（1997）「ドイツの監査役会制度の改革について―最近の動向―」『姫路法学』22号，1-71頁。
正井章筰（2003）『ドイツのコーポレート・ガバナンス』成文堂。
松井秀征（2011）「ドイツにおける株式会社法制の運用実態とわが国への示唆（上）」『商事法務』1941号，25-34頁。
宮上一男＝W.フレーリックス監修（1993）『現代ドイツ商法典　第2版』森山書店。
山浦久司（1993）「監査・監視機能と会社機構の国際比較―主要国の比較検討とわが国会社機構の特徴ならびに問題点の抽出―」日本監査研究学会＝監査役監査研究部会編『監査役監査』第一法規，37-78頁。

（小松義明）

第8章 監査役監査と公認会計士監査との連携の実務
～監査役の視点から～

1．はじめに

(1) 目的

本章の目的は，近年の企業不祥事を背景に，「監査役と会計監査人の連携」の重要性が増している中で，監査役の会計監査における「連携の実務事例」を紹介・報告し，その問題点を踏まえ，課題とする「連携のあり方」を検討することにある。なお，文中の意見やコメントにわたる部分は，筆者個人の見解であり，筆者の属する組織の見解を代表するものではないことを申し添える。

(2) 連携の実務に影響を与える背景

監査役の会計監査人との連携の実態は，多くの監査役諸氏からのヒアリング等によるが，「会計監査の状況報告を受ける顔合わせ」から「会計処理および内部統制のプロセス上の意見交換」まで，コミュニケーションのレベルは各社各様（各人各様）でバラエティに富むが，その背景（要因）として，主に以下の10項目が考えられる。

なお，会計監査人の立場から，監査契約（報酬）による「時間的制約」も背景に考えられるが，本章では「連携のあり方」を検討する趣旨から対象外としている。

① 上場・非上場，規模
② ガバナンス体制，監査体制
③ 業界の体質，事業環境，業績
④ 監査役の人数・キャリア，常勤・非常勤
⑤ 監査役補助使用人の有無・キャリア
⑥ 親子会社（国内外）の有無・影響（連結）

⑦ 法令等の改正,新たな会計基準の適用
⑧ 経営者の誠実性・資質
⑨ 監査役監査基準・指針等の取り扱い
⑩ 不正発生のリスク評価度

　監査役は,株主により選任され,会社の委任を受けた独立の法定機関として,取締役の職務執行を監査する役割を担う。このため,調査権などの幅広い権限が与えられているが,一方で,善管注意義務や取締役会・株主総会への報告,必要に応じた意見発信などの義務を負う。

　このように,幅広い権限はあるものの,監査役に対して会社法の規定以外に,強制力のある基準,指針が存在しないことから,連携の実態は監査役の捉え方により,各社各様となっていると思われる。

　本章で紹介する事例の会社（X社）が,その類型として標準的であるかは確かではないが,事例会社の監査役（常勤監査役）は,上記の背景などを踏まえて,不正リスク等の評価を行い,日々の監査活動に取り組んでいる。

2. 監査役監査基準等

　監査役と会計監査人の連携の必要性とその根拠となる法令・基準等について概観する。

(1) 会計監査人との連係の必要性「新任監査役ガイドQ58」（日本監査役協会）[1]

　公益社団法人日本監査役協会は,「新任監査役ガイド〈第5版〉」で「監査役は,会計監査人監査の相当性判断のためだけでなく,会計監査人の独立性・監査環境に留意するとともに,必要な情報を提供するなど会計監査人との連係を密にすることを通して,会計監査の適正性および信頼性の確保に努めなければなりません。（→基準27②）」としており,2011年3月改正の監査役監査基準（以下「監査役監査基準」という）は,44条にて以下のとおり定めてきた[2]。

1　公益社団法人日本監査役協会（2011）98頁。
2　社団法人日本監査役協会（2011a）40頁。監査役監査基準の2015年7月改定については6.(4)にて後述。

第8章 監査役監査と公認会計士監査との連携の実務 〜監査役の視点から〜

> **（会計監査人との連係）**
> **第44条**
> 1．監査役及び監査役会は，会計監査人と定期的に会合をもつなど，緊密な連係を保ち，積極的に意見及び情報の交換を行い，効率的な監査を実施するよう努めなければならない。
> 2．監査役及び監査役会は，会計監査人から監査計画の概要を受領し，監査重点項目等について説明を受け，意見交換を行わなければならない。
> 3．監査役は，必要に応じて会計監査人の往査及び監査講評に立ち会うほか，会計監査人に対し監査の実施経過について，適宜報告を求めることができる。
> 4．監査役は，会計監査人から取締役の職務の執行に関して不正の行為又は法令もしくは定款に違反する重大な事実（財務計算に関する書類の適正性の確保に影響を及ぼすおそれがある事実を含む）がある旨の報告等を受けた場合には，監査役会において審議のうえ，必要な調査を行い，取締役に対して助言又は勧告を行うなど，必要な措置を講じなければならない。
> 5．監査役は，業務監査の過程において知り得た情報のうち，会計監査人の監査の参考となる情報又は会計監査人の監査に影響を及ぼすと認められる事項について会計監査人に情報を提供するなど，会計監査人との情報の共有に努める。

(2) 監査役（会）の会計監査人に対する法的権限

会社法は，監査役（会）に会計監査人との関係に関し，次のような規定を設けている。

① 会計監査人の選任・解任・不再任に関する議案または議題の決定権（会社法344条[3]）および解任権（会社法340条）
② 会計監査人の報酬等の同意権（会社法399条）
③ 会計監査人から報告を受ける権限（会社法397条1項，3項）
④ 会計監査人に報告を求める権限（会社法397条2項）
⑤ 会計監査人から監査報告の内容の通知を受ける権限（会社計算規則130条）
⑥ 会計監査人から職務遂行に関する事項の通知を受ける権限（会社計算規則131条）

---

3 平成26年会社法（2015年（平成27年）5月施行）により同意権から議案決定権に変更された。6.(1)にて後述。

(3) 連携の具体的な例示

具体的な連携の時期や内容は、日本監査役協会の資料[4]によれば以下のとおりである。

① 監査契約の新規締結時（新たに選任した時）

会計監査人の状況および品質管理体制（不正リスク対応を含む）、前任会計監査人との引き継ぎ状況の確認。

② 監査契約の更新時、または監査法人の業務執行社員もしくは監査役の交代時

監査体制、監査契約の内容、監査報酬等、人事交代の説明。

③ 会計監査人の解任・不再任時

解任・不再任は取締役と会計監査人双方からの説明。

④ 監査計画の策定時

連携に際して、両者の期待に相違が生じないように、事前に協議事項を決めておく。

監査役と会計監査人双方の監査計画の意見交換。連携のメイン事項が多く存在する。

⑤ 四半期レビュー時

四半期レビューの実施状況の報告と意見交換。

⑥ 期末監査時

会計監査人の監査の方法と結果の相当性を最終的に判断する重要な報告と意見交換。

⑦ 随時

会計監査人の監査（事業所往査）への立会い、監査講評に同席、事業の環境の変化・不祥事発生時などの情報交換。

⑧ 会計監査人から不正リスク対応基準に基づく通知、協議の申入れ時（後述（4））

事実関係を確認し、権限行使の要否を判断するとともに、適時の情報提供。

---

[4] 公益社団法人日本監査役協会（2011）99頁（Q59）；社団法人日本監査役協会（2011c）126-132頁；公益社団法人日本監査役協会（2014）111-130頁。

⑨ 会計監査人から法令違反等事実の通知，報告時
　　会社法397条1項および金融商品取引法193条の3その他法令等に基づく対応として，その内容および監査役の対応等につき意見交換し，必要な措置を講じる。

(4) 監査基準の改訂及び監査における不正リスク対応基準の設定に関する意見書（企業会計審議会）

　会計監査人については，2013年3月に企業会計審議会が，公認会計士監査をより実効性のあるものとする観点から「監査基準の改訂及び監査における不正リスク対応基準の設定に関する意見書」を公表し，以下の監査役等との連携に関する項目を設け，適切に監査役等と連携を図らなければならないことが明記された。なお，意見書では，会計監査人を監査人としている。

① 「監査人は，監査の各段階において，監査役等と協議する等適切な連携を図らなければならない。」（監査基準第三実施基準一基本原則7）
② 「監査人は，監査の各段階において，不正リスクの内容や程度に応じ，適切に監査役等と協議する等，監査役等との連携を図らなければならない。監査人は，不正による重要な虚偽の表示の疑義があると判断した場合には，速やかに監査役等に報告するとともに，監査を完了するために必要となる監査手続の種類，時期及び範囲についても協議しなければならない。」（監査における不正リスク対応基準第二17）

(5) 会計監査人との連携に関する実務指針（日本監査役協会）

　日本監査役協会は，日本公認会計士協会とともに，2013年11月に改正版の「監査役等と監査人との連携に関する共同研究報告」（以下「共同研究報告」という）を公表した。この改正を受けて，日本監査役協会は，2014年4月に「会計監査人との連携に関する実務指針」（以下「連携に関する実務指針」という）を「共同研究報告」と対比する形式で改正した。改正後の連携に関する実務指針の冒頭部分「連携の必要性」を以下に示す。

第1　会計監査人との連携の必要性

(1) 監査役等は，会社法によって会計監査人に対する権限を与えられているが，会計監査人の再任の適否の検討や監査報酬等の同意をはじめとするこれらの権限を有効に行使することは，監査役等の重要な善管注意義務であるので，会計監査人と常に接触を保ち連携を深めることによって，与えられた権限を適切に行使するための判断をしなければならない。

(2) 監査役等と会計監査人は，同一の監査対象に対して（会社法第436条第2項第1号），それぞれが独立した立場で監査を行う責務を負っている。

　しかし，コーポレート・ガバナンスの充実という要請に応えるためには，監査役等と会計監査人は，相互の信頼関係を基礎としながら，緊張感のある協力関係のもとで，双方向からの積極的な連携によって，監査の有効性及び効率性の向上に努めなければならない。

(3) 会社法において，監査役等は，会計監査人の各事業年度の計算書類及びその附属明細書，臨時計算書類，連結計算書類（以下「計算関係書類」という。）の監査の方法と結果の相当性を判断することを求められ，かつ，会計監査人の職務の遂行が適正に実施されることを確保するための体制に関する事項についても監査報告に記載しなければならない。

　そのためには，会計監査人が職業的専門家として遵守すべき，監査基準，品質管理基準，監査実務指針，監査法人の内規などの準拠状況や会計基準改正などに関する情報について，常日頃から質問や意見交換を通して確認することが望ましい。

(4) 職業的専門家としての会計監査人は，会計監査の適正性・信頼性を確保するために，公正不偏の態度及び独立の立場を保持することが求められている。

　監査役等の会計監査における重要なテーマも，「監査役監査基準」及び「監査委員会監査基準」に規定されているように，会計監査人の独立性保持を確認することであり，そのために，監査環境の状況を監視するとともに，会計監査人に対する質問などを通してその状況の把握に努め，必要に応じて取締役に改善を勧告しなければならない。

(5) 会社法においては，会計監査人の任務懈怠に基づく会社に対する損害賠償責任は代表訴訟の対象とされており，また，監査役・監査委員と会計監査人とは連帯して責任を負うという法制になっている。（会社法第423条第1項，第429条第1項，第430条）。

　したがって，監査役・監査委員としては，会計監査人と適切な連携を図り，会計監査人に任務懈怠が生ずることのないよう配慮する必要がある。

第8章 監査役監査と公認会計士監査との連携の実務 〜監査役の視点から〜

3．監査役による会計監査人との連携の事例

　本項では，実際の監査役がどのような連携を行っているかの事例を紹介する。

(1) 事例会社の監査体制の概要等

　事例会社X社は，企業グループに属する非上場の大会社（少数株主あり）であり，取締役会，監査役会，会計監査人を設置している。また，経営と執行を分離するため，執行役員制度[5]を採用している。なお，執行役員は計14名だが，取締役8名（うち1名は社外非常勤で親会社職員）のうち代表取締役を含む6名が執行役員を兼務する。

　監査役会は，社内経理部門の出身で，財務および会計に関する知見を有する常勤監査役1名と社外非常勤監査役2名（弁護士1名，親会社職員1名）で構成され，監査役の職務補助使用人（監査役スタッフ）は置いていない。執行側には，監査部が置かれ，内部監査を担当する者6名とJ-SOX（金融商品取引法上の財務報告に係る内部統制）監査を担当する者2名が在籍している。また，監査にあたっては，親会社の内部監査部門およびJ-SOXを担当する部門と監査方針・監査方法を協議するなど，連携して実施している。

　なお，会計監査人は，連結子会社の多くに見られるが，親会社の会計監査人と同一の法人（大手監査法人）を選任している。

　事例会社のガバナンス体制は図表8-1「ガバナンス体系図（X社）」のとおりである。

　図表8-1に示すとおり，事例会社はガバナンス体制の一環として，執行側に代表取締役社長を委員長とする「コンプライアンス委員会」，「情報セキュリティ対策委員会」，およびリスク管理部門長を委員長とする「ALM・リスク管理小委員会」を設置している。

　監査役は，株主総会後の監査役会で，年度の監査方針および監査計画を決定

---

[5] 執行役員制度：「『執行役員』は会社法に基づく機関ではなく，任意の制度です。ソニーが1997年に執行役員制度を導入して以来，多くの会社が採用しています。株主代表訴訟の対象にはなりません。」（公益社団法人日本監査役協会（2011）131頁ミニ知識40「執行役と執行役員」より）。

し、取締役会において概要の報告を行い、監査役監査への理解と協力を要請している。

また、日本監査役協会の監査役監査基準を、自社に合わせてカスタマイズし、監査役会において決定し採用している他、親会社の監査役会とも連携をして監査活動を行っている。

図表8-1　ガバナンス体系図（X社）

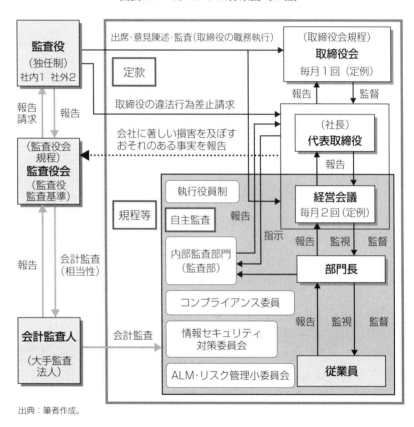

出典：筆者作成。

(2) 監査役の監査スケジュールにおける連携の状況

図表8-2は実際の監査活動の中での連携を時系列にまとめたものである。

第8章 監査役監査と公認会計士監査との連携の実務 〜監査役の視点から〜

図表8-2 監査役と会計監査人の1年間の連携の取り組み事例

日程	会計監査人の活動	会計監査人と監査役の連携※1	監査役の活動および監査役会の運営	経理部門の活動※2
5月			監査役会・会計監査人の再任適否の検討・協議	
6月	←	a.特定監査役選定通知,監査役監査計画説明	・特定監査役が,監査部長とともに会計監査人事務所訪問,選定を通知し,監査役会および監査部の各←監査計画を,説明し意見交換※3 ・監査契約条文等の確認	・過年度繰越課題の確認 ・監査契約の締結(報酬除く)
7月	・監査計画の立案←	b.説明・協議会	→ ・会計監査人監査計画の説明,意見交換と確認,および監査体制の整備状況,年度課題等の協議	・会計処理の留意事項確認 ・新年度会計処理の変更等報告
	・第1四半期連結パッケージ←のレビュー	c.実施状況の確認	・監査状況の確認と意見交換←	・第1四半期報告(経営会議)
8月	・監査報酬の見積り・内容説←明	d.説明・協議会	監査役会 ・監査報酬の同意審議	・報酬判定の意見交換 ・報酬に係る契約
9月	・内部統制の整←備状況の検討	e.実施状況の確認	・中間決算の監査状況と課題確認・意見交換,J-SOX監査状況の確認(監査役活動の報告)	・税効果タックスプランの意見交換 ・中間決算課題の意見交換
	・経営者ディスカッション		→ ・ディスカッション後に会計監査人と意見交換	
10月	・中間連結パッケージのレビュー(第2四半期)	f.実施状況の確認	・監査状況の確認と意見交換(中間)および中間確定のため決算に準じて確認・協議	
			監査役会 ・中間決算の状況につき←報告・協議	・第2四半期(中間)決算報告(経営会議)
11月	・内部統制の整←備状況の検討	g.実施状況の確認	監査役会 ・中間期の内部統制状況←につき協議	・J-SOXの課題,進捗状況の確認
12月	・事業所往査(営業部店往←査)	h.往査立会い	・往査の立会いと監査講評に出席	

日程	会計監査人の活動	会計監査人と監査役の連携 ※1	監査役の活動および監査役会の運営	経理部門の活動 ※2
12月	・コンピュータシステムのレビュー ・中間監査の報告 ←	i.中間報告会 →	・留意事項および内部統制状況（J-SOX）の確認，および意見交換，期末課題の確認	・中間監査報告について，課題の確認と意見交換
1月	・確認状（債権・債務）選定発送 ・第3四半期連結パッケージのレビュー	j.実施状況の確認	・監査状況の確認と意見交換 ←	・第3四半期報告（経営会議）
2月	・事業所往査（営業部店往査） ・内部統制の運用状況の検討	k.往査立会い l.実施状況の確認	・往査の立会いと監査講評に出席 ・監査状況の確認と意見交換，J-SOX状況確認	・会計監査人指摘課題について進捗確認（繰越課題等）
3月	・内部統制の運用状況の検討 ・棚卸立会	m.実施状況の確認	監査役会　・監査報告書（内部統制）の状況協議 ・期末決算の課題を確認（監査役活動の報告）← ・棚卸し現場を訪問し，監査状況を確認	・税効果タックスプランの意見交換 ・J-SOX進捗状況の確認 ・期末決算課題の聴取
4月	・決算実査 ・確認状（債権・債務以外）選定発送 ・コンピュータシステムのレビュー ・期末財務諸表項目の監査 ← ・計算書類等の表示検討（4月） ・期末連結パッケージのレビュー	n.実施状況の確認	監査役会　決算監査に係るスケジュールなどの確認 ・決算監査の状況確認と意見交換（決算最終） → ・監査役活動の全般的報告（最終）← ・経営者確認書（案）のチェック・協議	・事業報告書の提出・説明 ・後発事象の確認など ・経営者確認書（案）の説明
5月				

198

第8章 監査役監査と公認会計士監査との連携の実務 〜監査役の視点から〜

日程	会計監査人の活動	会計監査人と監査役の連携 ※1		監査役の活動および監査役会の運営	経理部門の活動 ※2
5月	・審査,報告書作成等（監査結果報告と指摘事項補足）	o.監査報告会	→	監査役会 ・監査報告書「事業報告」および「計算書類」審議 ・監査報告書「会計監査人相当性」審議 ← ・監査報告書「内部統制」審議	・決算の確定報告 ・経営者確認書の最終確認 ・J-SOX進捗状況の確認
				監査役会 ・会計監査人の再任適否の検討・協議	・会計監査人再任の手続き
6月	・指摘事項（気付事項）の作成 ←	p.指摘事項報告会	→	・指摘事項の説明を受け,検討課題等の確認および意見交換	・指摘事項の確認 ・J-SOX進捗状況の最終確認

※1　下線の連携は，両者で期初に実施を確認。その他は，会計監査人の日程に合わせて随時に実施。
※2　経理部門とは毎月，月次状況や課題等についての意見交換を実施。経営会議の定例報告も受ける。
※3　内部監査部門とは毎月，監査スケジュールや監査結果等について報告を受け，意見交換を実施しているが，会計監査人との連携に関わる項目のみ記載している。
注　：矢印はアクションの方向を示す。
　　　EX. ← 監査役から会計監査人，←・→ 双方向
出典：筆者作成。

　監査役は，毎月経理部門と定例的にコンタクトし，同部門の業務執行の状況や課題等を確認しつつ，会計監査人と面談し意見交換するなど，監査の実効性を高めるため，様々な形でのコミュニケーションを図っている。また，面談にとどまらず，会計監査人の事業所往査に立ち会うなどの形もある。
　各場面での監査役と会計監査人との連携の内容を項目別に整理するとおおむね以下の図表8-3のようになる。

図表8-3　スケジュール表の連携項目ごとの具体的な内容

	連携項目		連携の内容	実施時期
a	特定監査役選定通知		総会後の監査役会での選定の旨を通知。	6月
	監査役監査計画説明		監査部とともに会計監査人の事務所を訪問し，監査役監査計画および監査部監査計画につき，会計監査人に説明し，3者で確認と意見交換。	
b, d	説明・協議会		会計監査人の監査計画の説明および会社計算規則131条の通知を受け，監査体制の整備状況を確認。過年度の繰越課題と重点監査項目の意見交換。	7月
			報酬見積額の計画を踏まえた前年差異など質疑。	8月
c, e, f, g, j, l, m, n	実施状況の確認		監査の実施に合わせて，概要を確認し，最終時（日）には双方向の意見交換と発見事項等の監査状況を確認。経営者ディスカッション後の意見交換。四半期のレビューは，問題点および決算への課題，内部統制に関する課題等を共有し，監査役からは懸念事項を報告。期末監査では，経営者確認書（案）の報告を受け，意見交換。	7，9，10，11，1，2，3，4，5月
h, k	事業所往査立会い		監査講評に出席し，監査状況を確認し意見交換。	12，2月
i, o	監査報告会	中間	監査の実施報告を受け，重点項目の監査状況，監査計画との差異，期末決算への課題をチェック，意見交換。	12月
		期末	監査の実施報告と結果を受け，実施内容を確認。補足の指摘（気付き）事項について，重点的な確認と意見交換。日本公認会計士協会（JICPA）の品質管理レビューおよび公認会計士・監査審査会（CPAAOB）の監査事務所検査の有無を含め状況を確認。	5月
p	指摘事項報告会		翌年度の重点監査項目・課題を共有し，監査役監査計画に織り込む。	6月

出典：筆者作成。

4．監査役と会計監査人の連携が重要となるその他の場面

　日常的な監査活動に加え，企業活動もしくは時々の事案などにおいても，監査役は会計監査人とコミュニケーションを図っている。具体的な例は以下のと

おりである。

(1) 業界を取り巻く環境および会社決算の状況，新会計制度の適用に関する意見交換

監査役から「業界の事業環境は，前年に底を打った後，若干ながら回復基調にある。損益は不良債権の減少により，〇〇年度も前年度同様に順調に推移の見込みである」と伝え，また，会計監査人からは「〇〇年度で対応が必要な新しい会計基準はない」との報告を受けた。さらに，翌年度以降に適用となる新会計基準については，会計監査人からの執行部門へのサポートの要請も含めて影響などについて話しあった。

(2) グループ「新中期経営計画」に関する情報の共有

親会社グループの新しい中期経営計画のスタートを踏まえ，子会社としての計画における位置づけを含め，会社の施策・損益計画について，監査役の把握する範囲で会計監査人に伝えるとともに情報の共有を図った。

(3) 繰越欠損金の縮小と税効果会計対応の必要性

期初から，会社の有する法人税の繰越欠損金の残高が減少し，重要性がなくなると見込まれたため，監査委員会報告66号「繰延税金資産の回収可能性の判断に関する監査上の取扱い」の判断指針における分類レベルの変更とともに，正確な税務計算と税効果プランの必要性があった。しかしながら，結果として欠損金が相当額の繰り越しとなり，プランとの差異が生じたため，会社作成の計算書類（案）における「繰延税金資産」と「当期純利益」が最終段階で修正に至った。

かかる場面において，担当の会計士からは「業務プロセスに係る問題が考えられるのでは」との指摘があったが，監査役と会計監査人および執行部門との協議により，業務を補完するプロセスがあることから，指摘事項には該当しないことが確認された。

(4) 海外案件，ニュービジネス案件に関する情報の共有

　中古資産を取得し転売を目指す新たなビジネスであり，期末における在庫評価の問題とともに海外取引のリスク要因が考えられるため，監査役は出席する重要会議の状況を注視し，当該取引の会計処理等の課題について会計監査人と意見交換を行った。会計監査人側は，期中に行われる経営トップとのディスカッション（インタビュー）での確認事項に加えるとともに在庫となった資産の棚卸監査を実施した。

(5) 特殊取引に関する意見交換

　会社には，事務事故を含む事件事故の発生時および発生リスクのある事案についての経営への報告制度がある。その中で，「継続的に取引が発生する顧客で，契約・請求等の手続きがマニュアルで特殊な取引先があり，データ処理されない契約の発生リスクがある」との報告があった。

　かかる事案に関し，監査役は会計上の簿外取引と内部統制上の問題が考えられるため，当該取引先の事案を含む執行側の特殊取引への対応と改善策の進捗状況について，会計監査人へ随時に報告し意見交換を行った。一方で，会計監査人は事件事故を所管する部門への聴取の実施に加えて，当該取引先を担当する部門を対象に臨時の監査を実施した。

5．事例を踏まえた連携に関する課題

　筆者自身の経験に加え，自身が日本監査役協会の監査実務部会を通じた監査役諸氏との意見交換などを通じて得られた問題を整理すると以下のような課題が浮かび上がって来た。

(1) 双方向になっていないとの懸念

　期初の計画策定時に予定されている「説明会・報告会」を除き，監査役から会計監査人への一方向の接触が大半となっている。また，監査役は監査報告の相当性監査の目的意識の下，「双方向でともに・・・」というところに一線を引きがちである。さらに，会計不正で報道されるような不祥事は非常にレアな

ケースと両者ともに捉えており,「重大なリスクは,当社に限ってまずはないだろう」という先入観および過信があり,形式的な接触となっているようである。また,説明会・報告会等を除き,会計監査人からのアプローチは常勤監査役に対してのみで,事例会社では2から3回程度である。一般に,連携が双方向になっていないとの懸念がある。

　このような点から,会計監査人側からの一層の連携への踏み出しを期待したい。一例であるが,「会計監査人から,監査役へ被監査会社に関する会計処理についてのレクチャーを行う機会を設ける」などは,双方向のコミュニケーションへの期待も含め,連携の拡充に有用と考えられる。

(2) 監査計画説明会および監査結果報告会が形式的

　監査役会のメンバー全員と会計監査人との会合については,説明会・報告会を含めて年数回開催されるが,形式的な「顔合わせの会」になっている点は否めない。交代する会計監査人の業務執行社員および監査役の挨拶と雑談に終始することも多い。

(3) 内部監査部門と会計監査人との接点の不足

　監査役と内部監査部門（J-SOX担当を含む）のコミュニケーションは,毎月実施し情報の共有を密にしている。一方,会計監査人と内部監査部門（J-SOX担当を含む）との関係,内部監査部門と経理部門とのコンタクトは非常に少ない。このような中,内部監査の結果については,四半期ごとに取締役会へ報告されているが,会計監査人はその資料に目を通すレベルに止まり,また,内部監査部門は,期初の監査計画説明時と期末のヒアリング時の接点だけで,とても信頼関係が構築されているとは言い難い状況にある。いわゆる三様監査の実効性を高めるうえでの課題を感じる。

(4) 監査役から会計監査人への重要会議の報告度

　社内の重要会議に出席している監査役は,その会議の中で,必要と思われる会計監査に関連する部分について,会計監査人に状況を随時に報告している。有効な連携と監査役は自負するが,一方向な面もあり,会計監査人が会社の理

解を深めるうえで「十分なレベルの報告なのか」という疑問がある。

(5) 連携の状況についての監査役間の共有度

監査役会で期初に定めた「計画と役割分担」に終始し，常勤から非常勤への会計監査の状況（連携を含む）に関する報告・協議を必要に応じて監査役会で行っているが，十分ではない状況で，監査役間の共有度に懸念がある。会計上で重要な問題が発生した時には，監査役間で情報を共有し，議論を交わしているが，会計監査人の監査実施状況や連携の状況報告などの通常事項に関する共有度は弱い。

(6) 連携の回数不足

監査役と会計監査人の連携（会合）の回数は，かつて日本監査役協会が行ったアンケートでは年平均6.1回となっている[6]。一般的に，期初監査計画時，四半期ごとのレビュー時，期末決算時，およびその他必要に応じてとなっている会社が多い。

この回数では，連携の充実には十分ではないと考える。会計監査人の会社本社における監査時には，紹介した事例のように最低1回は接点を持ち，互いの監査の状況についての意見交換を行うなど，回数を増加させて気軽に何でも意思疎通ができる関係をつくる必要がある。また，会計監査人の現場の監査に立ち会うことは，連携の頻度も高まる上に，共有する時間も長くなるので，相互理解のために有用であり必要と考える。

(7) 両者のスタンスについて

目線のレベルを合わせる努力（両者の歩み寄り）をベースに接点を積み重ね，忌憚なく何でも言いあえるようなコミュニケーションの構築が必要である。

監査役は会計監査人の相当性を監査するという立場の意識が強いため，一線を引きがちで，監査役監査基準に記載されている最低限の項目で足りるという考え方が，かなり支配的のように思う。前出の「連携に関する実務指針」や「共

---

6 社団法人日本監査役協会（2009）10頁。

同研究報告」で期待されている「双方向のコミュニケーション」に一歩でも近づく努力，そしてコミュニケーションのベースとなる会計知識の習得が必要であり，この点では，日本監査役協会主催のセミナーなどが有効と思われる。

　一方で，会計監査人は，監査役に財務・会計の知見が乏しい場合は，話が通じないという過信，そして，多忙であるなどを理由に，若干ではあるが監査役を敬遠しがちになっているのではないかと思われる。

　効率的で実効性ある監査のためにも，財務・会計の知見がある監査役の有無にかかわらず，両者が目線を合わせるスタンスと，まず一歩を踏み出す努力が必要である。

(8) 三様監査の連携の必要性

　監査役監査，会計士監査，内部監査の３つを総称して「三様監査」というが，執行側に所属し任意の監査を担う内部監査部門の「会社の問題点等の情報と評価」は，極めて実態に沿って細部にわたる。

　三者でいろいろな角度から，情報を共有する連携は，会社の現状理解を深めることができるので，各監査における効率性と実効性に資する。

　日本監査役協会の監査実務部会に所属するある会社では，「三様監査協議会」なるものを立ち上げて，推進をしている。その協議会のキックオフには，やはり監査役からの積極的な働きかけがポイントであったようである。なお，三様監査については，前出の日本監査役協会「新任監査役ガイド〈第5版〉」のミニ知識によると次のとおり説明されている。

ミニ知識43　三様監査

- 監査役監査，公認会計士監査，内部監査の３つを総称して，三様監査といいます。
- 「公認会計士監査」は，公認会計士や監査法人が行う主として法定（会社法・金商法）の会計監査です。
- 「内部監査」は，取締役（会）の指揮下で内部統制システムのモニタリング等を行う任意の監査です。
- 監査役，公認会計士，内部監査人（内部監査部門等）の３者は，それぞれに立場と目的は異なりますが，監査するという点では変わりがなく，３者が連係して監査を行うことにより，それぞれの監査の効率性・実効性を高めることが可能となります。

6．課題を巡る近時の動向　～法令・基準等の改正等～

　連携に影響を与える，あるいはすでに影響を与えていると考えられる近時の法令・基準等の動向は以下のとおりである。

(1) 平成26年会社法の施行

　2015年5月施行の平成26年会社法では，会計監査人の選解任に関する規定が，監査役の同意権から次のとおり決定権に変更された。

　　「監査役設置会社においては，株主総会に提出する会計監査人の選任及び解任並びに会計監査人を再任しないことに関する議案の内容は，監査役が決定する。」（平成26年会社法344条1項）

　近時の動向の中では，この決定権の変更が連携の実務に最も大きく影響していると考えられる。例えば，日本監査役協会の実務部会等での監査役諸氏からのヒアリング等によると，会社法改正初年度から，会計監査人の再任等に関する監査役の主体的な評価・判定のために，連携の重要な項目である会計監査人の年次監査計画や監査報酬額の見積りに関する説明が，従来よりも前倒しで行われる傾向が見られている。

　また，平成26年会社法の中には「社外役員の要件の厳格化」（平成26年会社法2条15号，16号）があり，事例会社のように，親会社の職員が兼務する子会社社外監査役は「社外」の資格を失うため，監査役会の成立要件（3人以上で半数以上が社外）に抵触することになる。このため，会社の機関設計の再検討（監査役会非設置会社への移行の検討）が対応策の一案として浮上している。前出の監査役諸氏からのヒアリングでは，同様の立場にある会社で，監査役会非設置会社への移行を検討中，あるいは移行を既に株主総会で決議し完了した会社もあるようで，ガバナンスの強化を目指した平成26年会社法の趣旨に逆行しかねない副産物も現れている。

(2) 監査基準委員会報告書260号の改正

　会計監査人が監査に当たり依拠する監査基準等の中に監査基準委員会報告書

があるが，2015年5月に日本公認会計士協会が監査基準委員会報告書260「監査役等とのコミュニケーション」を一部改正し，2015年4月1日から開始する事業年度に係る監査から適用するとして公表した。

改正の内容は，監査事務所の品質管理システムの監査役等への書面伝達義務の明確化，監査事務所の品質管理システムのレビューおよび公認会計士・監査審査会（CPAAOB）の検査結果等の報告が挙げられる。また，改正の中には，特別な検討を必要とするリスクを含む等，監査役等とのコミュニケーション項目の明瞭化も含まれており，緊張感のある連携（コミュニケーション）が期待される。

(3) コーポレートガバナンス・コードの適用

「コーポレートガバナンス・コードの策定に関する有識者会議」から2015年3月に「コーポレートガバナンス・コード原案」として公表され，その後，有価証券上場規程が変更され，その別添として定められた「コーポレートガバナンス・コード」は，経過措置の期間はあるものの，2015年6月から上場会社に適用された。その原則3-2では，外部会計監査人の適正な監査の確保に向けた適切な対応を行うべきとし，補充原則で次のとおり規定している。

「外部会計監査人と監査役（監査役会への出席を含む），内部監査部門や社外取締役との十分な連携の確保」（コーポレートガバナンス・コード原案 補充原則3-2②ⅲ）

また，このコードについては，対象とする上場会社が，次のとおり区分されている。

① 市場第一部，二部 ⇒「5基本原則」「30原則」「38補充原則」全73項目の原則を実施し，実施しない場合に理由の説明が必要となる。

② マザーズ及びJASDAQ ⇒「5基本原則」を実施し，実施しない場合に理由の説明が必要となる。

これにより，対象となる上場会社においては，本コードに基づく具体的な取り組みが必要になり，連携の向上が期待される。

(4) 監査役監査基準の改定

　会社法令の改正等を受けて，日本監査役協会は2015年7月に監査役監査基準を改定した（以下「改定監査役監査基準」という）[7]。改定監査役監査基準では，基準利用者の利便性をより一層向上させるために，形式面では各条項のレベル分け[8]および補足の追記が行われている。

　本章2節(1)で示した監査役監査基準44条は，以下のとおり変更された。

（会計監査人との連携）
第47条
1. 監査役及び監査役会は，会計監査人と定期的に会合をもち，必要に応じて監査役会への出席を求めるほか，会計監査人から監査に関する報告を適時かつ随時に受領し，積極的に意見及び情報の交換を行うなど，会計監査人と緊密な連携を保ち実効的かつ効率的な監査を実施することができるよう，そのための体制の整備に努める。【Lv.4】
2. 監査役及び監査役会は，会計監査人から監査計画の概要を受領し，監査重点項目等について説明を受け，意見交換を行う。【Lv.3】
3. 監査役は，業務監査の過程において知り得た情報のうち，会計監査人の監査の参考となる情報又は会計監査人の監査に影響を及ぼすと認められる事項について会計監査人に情報を提供するなど，会計監査人との情報の共有に努める。【Lv.4】
4. 監査役は，必要に応じて会計監査人の往査及び監査講評に立ち会うほか，会計監査人に対し監査の実施経過について，適宜報告を求めることができる。【Lv.5】
5. 監査役は，会計監査人から取締役の職務の執行に関して不正の行為又は法令若しくは定款に違反する重大な事実（財務計算に関する書類の適正性の確保に影響を及ぼすおそれがある事実を含む。）がある旨の報告等を受けた場合には，監査役会において審議のうえ，必要な調査を行い，取締役会に対する報告又は取締役に対する助言若しくは勧告など，必要な措置を適時に講じなければならない。【Lv.2】

【第1項，第3項補足】「報告を受け意見交換する」ことと会計監査人に対する情報提供を別の条項とし，後者を第3項とした。

注：下線は改定部分。

---

[7] 公益社団法人日本監査役協会（2015a）。
[8] 各項のレベル分けは以下のとおり行われている。
　　Lv.1＝法定事項
　　Lv.2＝不遵守があった場合に，善管注意義務違反となる蓋然性が相当程度ある事項
　　Lv.3＝不遵守が直ちに善管注意義務違反となるわけではないが，不遵守の態様によっては善管注意義務違反を問われることがあり得る事項
　　Lv.4＝努力義務事項，望ましい事項，行動規範ではあるが上記1～3に該当しない事項（検討・考慮すべきものの具体的な行動指針は示されていない事項等）
　　Lv.5＝権利の確認等上記1～4に当てはまらない事項

第8章　監査役監査と公認会計士監査との連携の実務　～監査役の視点から～

　改定監査役監査基準について，私見ではあるが，内容的には連携向上の効果が強く期待できるものではなく，改正前の基準を踏襲・整理したレベルと考える。むしろ，連携に関する実務指針とのつながりをつけて，改定監査役監査基準と「内部統制システムに係る監査の実施基準」[9]（以下「内部統制システム監査実施基準」という）との関係のように項目の中で規定し[10]，「詳細は，連携に関する実務指針による」として，リンクさせることが有用と考える。

(5) 会計監査人の評価及び選定基準策定に関する監査役等の実務指針の公表（日本監査役協会）

　日本監査役協会は，2015年11月に「会計監査人の評価及び選定基準策定に関する監査役等の実務指針」[11]（以下「評価・選定に関する実務指針」という）を公表した。この評価・選定に関する実務指針は，会社法令の改正やコーポレートガバナンス・コードの適用を受けて，会計監査人の評価や選定の基準が求められる中，監査役等に資するために公表された。その評価基準策定の実務指針第4では，「監査役等とのコミュニケーション」を取り上げ，監査実施の責任者等との有効なコミュニケーションを図ることに加えて会計監査人の質問・回答が適時・適切かなどを評価するとし，確認・留意すべき多くの項目を挙げている。以下①～③に項目の一部を紹介する。

① 「監査実施の責任者及び現場責任者は，監査役等に，近年の会計・監査の一般的動向と，それが会社に与える影響について情報を提供しているか。」（評価項目4-1関連する確認・留意すべき事項1）

② 「監査実施の責任者及び現場責任者は，監査役等に，専門家（IT専門家，年金数理人，不動産鑑定士など）の利用状況と，その業務が適切であることの評価方法について情報を提供しているか。」（評価項目4-1関連する確認・留意すべき事項5）

③ 「監査実施の責任者及び現場責任者は，監査役等に対し適切なタイミングで質問や相談事項への適切な回答を伝えているか。」（評価項目4-2関連

9　公益社団法人日本監査役協会（2015b）
10　監査役監査基準24条9項は「内部統制システムに関する監査については，本基準に定める事項のほか，別に定める内部統制システムに係る監査の実施基準による。【Lv.5】」としている。
11　公益社団法人日本監査役協会（2015c）

する確認・留意すべき事項2）

　前述のとおり，評価・選定に関する実務指針は多くの評価・確認する項目を挙げており，関連するその他の基準等と併せて監査役等が効果的に活用できれば，監査役等と会計監査人のコミュニケーション（連携）は一層高められると期待するが，一方で，監査役等のサイドには会計監査に関する相当程度の知識が求められる。

7．課題解決に向けての提言

　事例に基づく種々の課題，ガバナンス強化に向けた近時の動向などを踏まえて，連携の向上という課題解決への提言は以下のとおり。

(1) 双方の踏み出しと意識改革

　監査役から連携への「まず一歩の踏み出し」が必要である。そのためには，ベースとなる連携の理解と意識改革がポイントと考える。

　会計監査人の計画説明会，結果報告会，および随時の連携において，監査役は積極的に質問をするなどのコミュニケーションを図る。説明会等では事前に資料を入手し経理部門に確認しておくなど，意見交換のベースとなる会計監査に関する知識を持ち，形式的な「顔合せ報告会」にならないようにする。また，重要会議に関する監査役から会計監査人への情報提供もコミュニケーションには有効である。

　一方で，会計監査人側にも積極的な踏み出しを期待したい。会計監査人は監査意見の形成上，重要性の基準でスクリーニングし除外したものでも，単独あるいは累積して不正等の重要なトラブルになる場合があり，一律の除外ではなく，日ごろから会社をウォッチしている監査役からの情報収集，懸案事項を共有するなど接点を持って検討を行う。

　さらに，職業的専門家の立場から，会計監査の実務や連携に関する横断的なベストプラクティスや好事例などを監査役へ紹介するなどの積極的な発信が有用であり，取り組みを期待する。

(2) 監査を担う部門の連携と三様監査

　三様監査という観点からは，内部監査部門も重要である。日本監査役協会の監査実務部会における会計不正の事例研究の中で，内部監査機能が脆弱なため，重大な不祥事に結びついたというケースが多く報告されている。監査という面で捉えると，三者ともに共通するものが立場は違ってもあるはずであり，現場と絶えず接点を持ってモニタリングをしている内部監査部門の情報は，まさに生きている。ポイントを絞って情報と課題の共有に努めることが大切である。監査役から内部監査部門，内部監査部門から監査役への双方向に加え三様監査に踏み出し，それぞれの監査の実効性を高める努力が必要であり，その牽引役は監査役が担うものと考える。

(3) 基準・指針等への織り込み

　日本監査役協会の監査役監査基準については，大半の大会社等の監査役が，依拠する監査の基準として，多少のカスタマイズや変更を加えて，会社が基準として規定していると思われる。また，内部統制システム監査実施基準についても，同様に大会社等で相当数の会社が監査役監査基準に合わせて，会社の実施基準として規定していると考えられる。

　このようなことから，監査役と会計監査人との連携の向上という点から，連携に関する実務指針や共同研究報告，さらに評価・選定に関する実務指針の記載事項の一部を，監査役監査基準に取り入れる，または，前出6．(4)で記載したように，「つながりをつける」のはどうだろうか。会社による多少のカスタマイズはあるにせよ，監査役監査基準の内容を充実させれば，監査役は，法令や基準等に対して真摯に取り組む姿勢があるので，課題とする連携が自主的に進む効果があるものと考える。

8．おわりに

　冒頭で述べたように，本章は筆者の監査役としての実務事例を紹介・報告することで課題を提起し，自らの「連携の向上への思い」を提言として整理したものであり，経理部門出身の企業グループに属する非上場会社の監査役の事例

として，参考にして頂ければと思う。

「連携のあり方の検討」に際しては，会社の類型や連携の阻害・助長要因など，影響を与える様々な背景がある点を十分に踏まえて，検討を加えることが必要であるし，提言で申し述べたように，両者の「一歩の踏み出し」と「意識改革」が連携を支えるうえで重要であると考える。

2015年，日本を代表する大手電機メーカーの「不適切な会計処理の問題」が発覚し，歴代トップの辞任，巨額の決算遡及修正，さらに金融庁による担当会計監査人の行政処分などが発生した。企業統治強化への改革がまさに進められている最中で，このような不祥事の発生は非常に残念なことであり，改めて，本書のテーマである「監査役監査と公認会計士監査との連携のあり方」，さらに，監査役等と会計監査人に求められる監査に携わる者の原点といえる「独立の立場」について考えさせられた。

最後になるが，企業統治の強化を目指す2015年5月施行の「平成26年会社法」および2015年6月適用の「コーポレートガバナンス・コード」，さらに関連する基準・指針等の公表が相次ぐ中，その多くが連携向上の必要性を取り上げている。これら一連の動きが，今後，有効に機能することで，「監査役と会計監査人との連携」を助長させるアクセルとなり，会計監査の質的な向上が図られて，連携の目的である「財務報告の不正防止」につながるものと強く期待している。

●参考文献

公益社団法人日本監査役協会（2011）「新任監査役ガイド〈第5版〉」『月刊監査役』592号。
公益社団法人日本監査役協会（2014）「会計監査人との連携に関する実務指針」『月刊監査役』627号，90-133頁。
公益社団法人日本監査役協会（2015a）「監査役監査基準」『月刊監査役』644号別冊付録。
公益社団法人日本監査役協会（2015b）「内部統制システムに係る監査の実施基準」『月刊監査役』644号別冊付録。
公益社団法人日本監査役協会（2015c）「会計監査人の評価及び選定基準策定に関する監査役等の実務指針」『月刊監査役』647号別冊付録。
公益社団法人日本監査役協会＝日本公認会計士協会（2013）「監査役等と監査人との連携に関する共同研究報告」『月刊監査役』620号，98-120頁。
社団法人日本監査役協会（2009）「会計監査人の選任議案及び監査報酬の決定に関する監査役等の関与に関するインターネット・アンケート」集計結果（http://www.kansa．

or.jp/support/el007_091021.pdf〔最終閲覧日:2016年5月18日〕)。
社団法人日本監査役協会(2011a)「監査役監査基準」『月刊監査役』583号,21-67頁。
社団法人日本監査役協会(2011b)「内部統制システムに係る監査の実施基準」『月刊監査役』583号,69-101頁。
社団法人日本監査役協会(2011c)「監査役監査実施要領」『月刊監査役』588号。
日本公認会計士協会監査基準委員会(2011)監査基準委員会報告書260「監査役等とのコミュニケーション」。
日本公認会計士協会監査基準委員会(2015)監査基準委員会報告書260「監査役等とのコミュニケーション」(2015年(平成27年)5月29日改正)。

(橋目秀夫)

第9章 監査役監査と公認会計士監査との連携の実務
~監査人の視点から~

1. はじめに

　近年，公認会計士監査において監査役もしくは監査役会または監査委員会（以下「監査役等」という）との連携の強化の要請が強くなってきている。以前から，公認会計士監査における監査人（以下「監査人」という）により，監査役等に対して監査結果の報告等が行われてきたが，最近，コーポレート・ガバナンス向上の観点から監査役等と監査人との相互連携，双方向のコミュニケーションが以前より増して要請される状況にある。

　2013年（平成25年）には，不正による有価証券報告書の虚偽記載等の不適切な事例の発生を背景とした，監査における不正リスク対応基準の新設および監査基準の改訂により，監査人による監査役等との連携が明確化され，公益社団法人日本監査役協会と日本公認会計士協会による共同研究報告が改正されるなど，連携のレベル向上を図る動きがあった。また，平成26年会社法では監査役等に会計監査人の選解任等議案の決定権が付与され，政府の成長戦略[1]を受けて2015年（平成27年）3月に公表された，コーポレートガバナンス・コードの策定に関する有識者会議による「コーポレートガバナンス・コード原案~会社の持続的な成長と中長期的な企業価値の向上のために~」（以下「コード原案」という）においても，監査役等と監査人の連携に関する規定が置かれ，連携の強化の傾向に拍車をかけている。

　本章では，こうした動向を踏まえ，最近の監査役監査と公認会計士監査との連携の実務を紹介するとともに，監査人の立場から，監査人と監査役等との間で十分に有効な双方向のコミュニケーションを達成するための課題について述

1　首相官邸（2014）「「日本再興戦略」改訂2014―未来への挑戦―」。ここで，最重要課題として「コーポレート・ガバナンスの強化」が盛り込まれた。

べることとする。

2．監査人と監査役等との連携に関する法令および監査基準等の規定

監査役監査基準には従来から会計監査人との関係等の視点が取り入れられていたようであるが[2]，ここ十年程の間で，監査役等と監査人の連携に関する法令改正および監査基準等の改訂による制度整備が進展した。そこで，監査人の立場からの近年の監査役等との連携に関する主な法令改正および監査基準等の改訂状況（図表9-1）を振り返りつつ，監査人と監査役等との連携に関する法令，監査基準等の規定について確認する。

図表9-1　近年の監査役等との連携に関する主な法令改正および監査基準等の改訂状況

2002年 （平成14年） 12月	金融審議会公認会計士制度部会報告「公認会計士監査制度の充実・強化」公表
2004年 （平成16年） 2月	日本公認会計士協会監査基準委員会報告書第25号「監査役若しくは監査役会又は監査委員会とのコミュニケーション」公表
2005年 （平成17年） 6月	会社法成立による監査役等に対する会計監査人の報酬等の同意権の付与
2005年 （平成17年） 7月	証券取引法（現　金融商品取引法）による有価証券報告書の「コーポレート・ガバナンスの状況」に監査役等と監査人との相互連携に関する記載の義務付け
〃	日本監査役協会・日本公認会計士協会「監査役若しくは監査委員会と監査人との連携に関する共同研究報告」公表
2008年 （平成20年） 4月	金融商品取引法による内部統制報告制度，四半期報告制度および監査人による法令違反等事実発見時の通知・申出制度の導入
〃	公認会計士法による監査法人における品質管理の強化等
2011年 （平成23年） 12月	日本公認会計士協会による国際監査基準を踏まえた新起草方針に基づく監査基準委員会報告書の公表

2　日本監査役協会（2004）「監査役監査基準の改定について」Ⅱ．3。

第9章 監査役監査と公認会計士監査との連携の実務 ～監査人の視点から～

2012年(平成24年)3月	日本監査役協会および日本公認会計士協会による共同声明「企業統治の一層の充実に向けた対応について」の公表
2013年(平成25年)3月	企業会計審議会「監査基準の改訂及び監査における不正リスク対応基準の設定に関する意見書」の公表。改訂監査基準による監査役等と連携についての規定の明記
2013年(平成25年)4月	日本監査役協会および日本公認会計士協会による共同声明「『監査基準の改訂及び監査における不正リスク対応基準の設定に関する意見書』の公表に伴う監査役等と監査人とのより一層の連携について」の公表
2013年(平成25年)10月	日本公認会計士協会副会長「監査役等への品質管理レビューの結果の通知及び公認会計士・監査審査会の検査結果の開示について」
2013年(平成25年)11月	日本監査役協会・日本公認会計士協会「監査役等と監査人との連携に関する共同研究報告」の公表（「監査役若しくは監査役又は監査委員会と監査人との連携に関する共同研究報告」の改正）
2014年(平成26年)6月	改正会社法による監査役等に対する会計監査人の選解任権等の決定権の付与
2015年(平成27年)3月	コーポレートガバナンス・コードの策定に関する有識者会議「コーポレートガバナンス・コード原案～会社の持続的な成長と中長期的な企業価値の向上のために～」の公表
2015年(平成27年)4月	公認会計士・監査審査会「「公認会計士・監査審査会の実施する検査に関する基本指針」の改正について」の公表
2015年(平成27年)5月	東京証券取引所「コーポレートガバナンス・コード」（東京証券取引所の有価証券上場規程別添）の公表
〃	日本公認会計士協会「監査基準委員会報告書260「監査役等とのコミュニケーション」の改正並びに当該改正に関連する品質管理基準委員会報告書及び監査基準委員会報告書の一部改正の公表について」および監査基準委員会研究報告第4号「監査品質の枠組み」の公表
2015年(平成27年)6月	公認会計士・監査審査会「検査結果等の第三者への開示について」の公表
2015年(平成27年)7月	公認会計士・監査審査会「監査事務所検査結果事例集」および「監査役等から会計監査人に対する質問例」の公表
2015年(平成27年)11月	日本監査役協会「会計監査人の評価及び選定基準策定に関する監査役等の実務指針」の公表

出典：筆者作成。

(1) 会社法関連規定

会社法関連規定としては，次のようなものがある。

① 会計監査人による取締役の職務の執行に関する不正の行為または法令・定款違反事実発見時の報告義務（会社法397条1項，3項・4項）

② 監査役等による会計監査人に対する報告徴求権（会社法397条2項，3項・4項）

③ 監査役（会）監査報告における，(i)会計監査人の会計監査の方法および結果の相当性，(ii)監査人の職務の遂行が適正に実施されることを確保するための体制に関する評価の内容についての記載（会社計算規則127条2号・4号）

④ 会計監査人による職務の適正遂行を確保するための体制に関する事項の通知義務（会社計算規則131条，130条1項）

⑤ 監査役等による会計監査人の選解任等の議案・報酬等の同意権（会社法344条，399条の2第3項2号，404条2項2号，399条）

⑤の監査役等による会計監査人の報酬等の同意権は，平成17年商法改正（会社法制定）により新たに付与されることとなったものである。なお，会計監査人の選解任等の議案については，平成26年会社法前は委員会設置会社における監査委員会に対してのみ決定権限が付与されていたが（会社法404条2項2号），新設された監査等委員会設置会社における監査等委員会も含め，監査役または監査役会にも決定権が付与されることとされた（会社法344条1項・3項，399条の2第3項2号）。

(2) 金融商品取引法関連

金融商品取引法関連規定としては，監査人による法令違反等事実発見時の通知・申出制度において，監査人が法令違反等事実を発見した時に監査役等へ通知しなければならないとする義務がある（金商法193条の3第1項，財務諸表等の監査証明に関する内閣府令7条）。

このほか，有価証券報告書および四半期報告書の作成は，取締役の重要な職務執行の1つであることから，監査役等が有価証券報告書および四半期報告書に関連して取締役に法令違反（善管注意義務を含む）がないかどうかについて

第9章　監査役監査と公認会計士監査との連携の実務　～監査人の視点から～

の判断をし，必要に応じて適切に対応するための監査人との連携が必要とされている[3]。こうした趣旨を踏まえ，監査人は監査役等に対し，監査および四半期レビューの実施状況，会計・監査上の懸案事項および内部統制上の問題点の改善状況等を含め，監査人の監査報告書および四半期レビュー報告書の記載内容を説明している。

同様に，内部統制報告書の作成も取締役の重要な職務執行の1つであることから，監査役等は，内部統制報告書が，財務報告に係る内部統制の評価について，全ての重要な点において適正に表示しているか否かを，監査人による監査結果などを踏まえて判断する必要がある。監査人に対する要求事項としても，次のような規定がある[4]。

① 内部統制監査の実施において内部統制の開示すべき重要な不備を発見した場合には，当該開示すべき重要な不備の内容およびその是正結果を監査役等に報告しなければならない。
② 内部統制監査の実施において不正または法令に違反する重大な事実を発見した場合には，監査役等に報告して適切な対応を求めなければならない。
③ 効果的かつ効率的な監査を実施するために，監査役等との連携の範囲および程度を決定しなければならない。

(3) 監査基準等

2013年（平成25年）3月に企業会計審議会により新設された，監査における不正リスク対応基準（以下「不正リスク対応基準」という）に次のような規定が盛り込まれた。

① 監査人は，監査の各段階において，不正リスクの内容や程度に応じ，適切に監査役等と協議する等，監査役等との連携を図らなければならない。監査人は，不正による重要な虚偽の表示の疑義があると判断した場合には，速やかに監査役等に報告するとともに，監査を完了するために必要となる監査手続の種類，時期および範囲についても協議しなければならない（不正リスク対応基準第二17項）。

---

[3] 公益社団法人日本監査役協会会計委員会（2014）「会計監査人との連携に関する実務指針」第3(1)。
[4] 企業会計審議会（2007）「財務報告に係る内部統制及び監査に関する実施基準」Ⅲ 4(3)～(5)。

② 監査人は,監査実施の過程において経営者の関与が疑われる不正を発見した場合には,監査役等に報告し,協議の上,経営者に問題点の是正等適切な措置を求めるとともに,当該不正が財務諸表に与える影響を評価しなければならない(不正リスク対応基準第二18項)。

不正リスク対応基準は,2011年(平成23年)に発覚したオリンパス事件,大王製紙事件といった不正による有価証券報告書の虚偽記載等の不適切な事例の発生を背景に,監査基準をめぐる国際的な動向を踏まえ設定されたものである。不正に関しては,財務諸表作成者である経営者に責任があるところであり,その対応としては,公認会計士監査における監査手続等の充実とともに,企業におけるコーポレート・ガバナンスのあり方の検討などを含め,幅広い観点からの取組みが重要であり,監査人は,企業における内部統制の取組みを考慮するとともに,取締役の職務の執行を監査する監査役等と適切に連携を図っていくことが重要とされている。

なお,不正リスク対応基準は,全ての監査において実施されるのではなく,主として,財務諸表および監査報告について広範な利用者が存在する金融商品取引法に基づいて開示を行っている企業(非上場企業のうち資本金5億円未満または売上高10億円未満かつ負債総額200億円未満の企業は除く)に対する監査において実施することを念頭に作成されている。会社法関係法令においては不正リスク対応基準を適用することが明確に規定されていないため,会社法に基づく監査について本基準に準拠することを要しない(企業会計審議会「監査における不正リスク対応基準の設定について」二3(1))。

不正リスク対応基準と同時に改訂された監査基準においても,監査における監査役等との連携は,不正が疑われる場合に限らず重要であることから,監査人は,監査の各段階において,監査役等と協議する等適切な連携を図らなければならないことが明記された(監査基準第三7項)。

(4) コーポレートガバナンス・コード

2015年(平成27年)3月に公表されたコード原案をベースに,東京証券取引所は,同年5月に有価証券上場規程の別添としてコーポレートガバナンス・コ

ード(以下「コード」という)を公表するとともに[5]，関連する上場制度の整備を行った。コードは，法令とは異なり法的拘束力を有する規範でなく，その実施に当たっては，「コンプライ・オア・エクスプレイン」の手法を採用し，コードの各原則を実施するか，実施しない場合にはその理由をコーポレート・ガバナンス報告書に記載することとされている(有価証券上場規程436条の3,419条，有価証券上場規程施行規則211条4項等)。またその実施時期は2015年(平成27年) 6月からであるが，コーポレート・ガバナンス報告書は，内容に変更が生じた場合には遅滞なく変更後の報告書を提出しなければならないところ(有価証券上場規程419条)，コード適用に当たっての経過措置として，2015年(平成27年) 6月1日以後最初に開催する定時株主総会の日から6ヵ月を経過する日までに提出するものとされた。

コードは，図表9-2のとおり，①株主の権利・平等性の確保，②株主以外のステークホルダーとの適切な協働，③適切な情報開示と透明性の確保，④取締役会等の責務および⑤株主との対話の5つの章から構成されている。また，コードにおいて示される規範は，5つの基本原則，30の原則および38の補充原則から構成されている。

コードの適用対象は，上場内国株券の発行者であるが，本則市場の上場会社に対しては，基本原則，原則および補充原則について「実施するか，実施しない場合にはその理由を説明する」必要があるものの，マザーズおよびJAS-DAQの上場会社に対しては，基本原則のみが対象範囲とされている(有価証券上場規程436条の3)。

コードにおける監査役等と監査人の連携に関する原則は，原則3-2，4-4および4-11である。

まず，原則3-2は，外部会計監査人および上場会社は，外部会計監査人が株主・

---

[5] 2014年(平成26年)6月24日に閣議決定された「「日本再興戦略」改訂2014—未来への挑戦—」において，「持続的成長に向けた企業の自律的な取組を促すため，東京証券取引所が，新たに「コーポレートガバナンス・コード」を策定する。」とされたことを受けたものである。策定に当たっては，「東京証券取引所と金融庁を共同事務局とする有識者会議において，秋頃までを目途に基本的な考え方を取りまとめ」るとされたことから，当該共同事務局の「コーポレートガバナンス・コードの策定に関する有識者会議」が，2014年(平成26年)12月17日からのパブリックコメントの募集を経て，2015年(平成27年) 3月5日に公表した「コーポレートガバナンス・コード原案」の内容をそのまま取り込んだものとなっている。

図表9-2　コーポレートガバナンス・コードの構成

基本原則【5】	原　則【30】	補充原則【38】
1　株主の権利・平等性の確保	1-1株主の権利の確保／1-2株主総会における権利行使／1-3資本政策の基本的な方針／1-4いわゆる政策保有株式／1-5いわゆる買収防衛策／1-6株主の利益を害する可能性のある資本政策／1-7関連当事者間の取引【7】	1-1①～③, 1-2①～⑤, 1-5①【9】
2　株主以外のステークホルダーとの適切な協働	2-1中長期的な企業価値向上の基礎となる経営理念の策定／2-2会社の行動準則の策定・実践／2-3社会・環境問題をはじめとするサステナビリティーを巡る課題／2-4女性の活躍促進を含む社内の多様性の確保／2-5内部通報【5】	2-2①, 2-3①, 2-5①【3】
3　適切な情報開示と透明性の確保	3-1情報開示の充実／3-2外部会計監査人【2】	3-1①・②, 3-2①・②【4】
4　取締役会等の責務	4-1取締役会の役割・責務（1）／4-2取締役会の役割・責務（2）／4-3取締役会の役割・責務（3）／4-4監査役及び監査役会の役割・責務／4-5取締役・監査役等の受託者責任／4-6経営の監督と執行／4-7独立社外取締役の役割・責務／4-8独立社外取締役の有効な活用／4-9独立社外取締役の独立性判断基準及び資質／4-10任意の仕組みの活用／4-11取締役会・監査役会の実効性確保のための前提条件／4-12取締役会における審議の活性化／4-13情報入手と支援体制／4-14取締役・監査役のトレーニング【14】	4-1①～③, 4-2①, 4-3①・②, 4-4①, 4-8①・②, 4-10①, 4-11①・②・③, 4-12①, 4-13①～③, 4-14①・②【19】
5　株主との対話	5-1株主との建設的な対話に関する方針／5-2経営戦略や経営計画の策定・公表【2】	5-1①～③【3】

注　：【　】は，規定の数を示したものである。
出典：コードに基づき筆者作成。

投資家に対して責務を負っていることを認識し，適正な監査の確保に向けて適切な対応を行うべきであるとし，補充原則において，監査役会は，少なくとも下記の対応を行うべきであるとしている（補充原則3-2①）。

① 外部会計監査人候補を適切に選定し外部会計監査人を適切に評価するための基準の策定
② 外部会計監査人に求められる独立性と専門性を有しているか否かについての確認

第9章 監査役監査と公認会計士監査との連携の実務 〜監査人の視点から〜

　ここで，①は平成26年会社法により，株主総会に提出される会計監査人の選解任等に関する議案の内容は，監査役設置会社においては監査役会が決定することとされたこと（会社法344条）も踏まえて，外部会計監査人の選解任プロセスに客観性を求めるものであるとされる[6]。

　また，取締役会および監査役会は，少なくとも下記の対応を行うべきであるとされている（補充原則3-2②）。

① 高品質な監査を可能とする十分な監査時間の確保
② 外部会計監査人からCEO・CFO等の経営陣幹部へのアクセス（面談等）の確保
③ 外部会計監査人と監査役（監査役会への出席を含む），内部監査部門や社外取締役との十分な連携の確保
④ 外部会計監査人が不正を発見し適切な対応を求めた場合や，不備・問題点を指摘した場合の会社側の対応体制の確立

　ここで，③は外部会計監査人が必要と考える場合に監査役会に出席することを含め，外部会計監査人と社内の関係機関や関係部署との連携を確保しようとする趣旨である[7]。また，④の対応体制には，金融商品取引法193条の3に基づく法令違反等事実の内容および是正措置の上場会社に対する通知が行われた場合や，もう少し広く「不備・問題点」が指摘された後の上場会社における対応体制が含まれているとされる[8]。

　原則4-4は，監査役および監査役会は，取締役の職務の執行の監査，外部会計監査人の選解任や監査報酬に係る権限の行使などの役割・責務を果たすに当たって，株主に対する受託者責任を踏まえ，独立した客観的な立場において適切な判断を行うべきであるとしている。

　原則4-11は，監査役には，財務・会計に関する適切な知見を有している者が1名以上選任されるべきであるとしている。

6　油布ほか（2015）37頁。
7　油布ほか（2015）38頁。
8　油布ほか（2015）38頁。

(5) 実務指針等

①監査基準委員会報告書

(i) 新起草方針に基づく監査基準委員会報告書260等

　2011年（平成23年）に，日本公認会計士協会より，国際監査基準を踏まえた新起草方針に基づく監査基準委員会報告書が公表され，監査人と監査役等とのコミュニケーションに関連する報告書として，監査基準委員会報告書260「監査役等とのコミュニケーション」（以下「監基報260」という）が公表された。

　その前身の実務指針としては，2004年（平成16年）の監査基準委員会報告書25号「監査役若しくは監査役会又は監査委員会とのコミュニケーション」があるが，これはISA260「統治責任者とのコミュニケーション」およびSAS AU380「監査委員会とのコミュニケーション」を参考のうえ取りまとめられたものである[9]。

　監査基準委員会報告書25号には，「コーポレート・ガバナンスと監査」として，金融審議会公認会計士制度部会報告書の内容が次のとおり引用されていた（監査基準委員会報告書25号2項）。

　2．金融審議会公認会計士制度部会報告「公認会計士監査制度の充実・強化」（平成14年12月17日）において，コーポレート・ガバナンスと監査について次のように提言されている。

　コーポレート・ガバナンスの充実・強化は，財務情報などの作成過程の健全性の確保，経営者の行動や内部統制システムの実効性に対するモニタリング，市場における財務情報の信頼性の向上などに大きく寄与するものであると考えられている。

　監査役等は，財務情報などの作成過程の健全性の確保，経営者の職務執行の監視や内部統制システムの実効性に対するモニタリングなどの機能を果たすものとされている。

　監査人は，財務諸表の監査を通じて，コーポレート・ガバナンスの充実・強化に資することが期待されている。

　こうしたことから，監査基準委員会報告書25号において監査役等とのコミュニケーションの目的は，監査役等が経営者に対するモニタリングの機能を果た

---

[9] 日本公認会計士協会（2004）「監査基準委員会報告書第25号「監査役若しくは監査役会又は監査委員会とのコミュニケーション」の公表について」。

第9章 監査役監査と公認会計士監査との連携の実務 〜監査人の視点から〜

し内部統制の有効性を高めることとされていた（監査基準委員会報告書25号4項）。

コミュニケーションの範囲と内容は，監査人が監査において判断した事項および発見した事項のうち監査役等の職務遂行に関連して重要と判断する事項とされ（監査基準委員会報告書25号7項），コミュニケーションの対象とする事項が例示されたうえで，監査役等の職務遂行に関連して重要と監査人が判断した事項についてコミュニケーションを行うこととされていた（8項）。また，監査役等とのコミュニケーションの時期は，内容に応じて適時に行うことが必要とされており（9項），コミュニケーションの方法は，口頭または書面とされていた（10項）。

監基報260では要求事項が追加されているが，監査基準委員会報告書25号に比べ，次の観点から，監査役等との有効な双方向のコミュニケーションを強調していること（監基報260第4項）にその特徴がある。
① 監査人と監査役等が，監査に関する事項を理解し，効果的な連携をもたらすような関係を構築すること
② 監査人が，監査役等から監査に関連する情報を入手すること
③ 監査役等が，財務報告プロセスを監視する責任を果たし，それによって，財務諸表の重要な虚偽表示リスクを軽減すること

また，監基報260は，監査人が監査役等と行うコミュニケーションの総括的な枠組みを提供しており，コミュニケーションを行うことが要求される特定の項目を規定するとともに，監査人と監査役等との間の双方向のコミュニケーションが，監査の目的に照らして適切に実施されたかどうかの評価を求めている（監基報260第12〜15項，20項）。

なお，監査人による監査役等とのコミュニケーションを規定している実務指針は，監基報260以外にもある。例えば，グループ監査を行うに当たってのコミュニケーションについて監査基準委員会報告書600「グループ監査」，監査の過程で識別した重要な不備（開示すべき重要な不備）等に関するコミュニケーションについて監査基準委員会報告書265「内部統制の不備に関するコミュニケーション」，四半期レビューを行うに当たってのコミュニケーションについて監査・保証実務委員会報告書83号「四半期レビューに関する実務指針」があ

る。詳細は，監査役等と監査人との連携に関する共同研究報告の別紙に実務指針等の一覧が掲載されているため，参照されたい。

(ii) 2015年改正監査基準委員会報告書260等

2015年（平成27年）5月29日，日本公認会計士協会は，「監査基準委員会報告書260「監査役等とのコミュニケーション」の改正並びに当該改正に関連する品質管理基準委員会報告書及び監査基準委員会報告書の一部改正」を公表し，監基報260と関連する品質管理基準委員会報告書および監基報の改正を行った。

改正内容は，平成26年会社法への対応，改正された独立性に関する指針への対応，監査事務所の品質管理のシステムの整備・運用状況に関する監査人の伝達義務の明確化および監査役等とのコミュニケーション項目の明瞭化である[10]。次に，それぞれの改正内容を説明する。

(改正会社法への対応)

改正会社法への対応とは，次のとおりである。

① コミュニケーションを行うべき「統治責任者」の定義に監査等委員会を追加
② 社外取締役その他の非業務執行取締役とも必要に応じてコミュニケーションを行うことが有用な場合がある旨の適用指針の追加
③ 当該改正に関連する品質管理基準委員会報告書および他の監基報の一部改正

統治責任者の定義に監査等委員会を追加した（監基報260第9項（2））のは，平成26年会社法において監査等委員会設置会社制度が創設されたことに伴うものである。社外取締役その他の非業務執行取締役とのコミュニケーションに関しては，監査役会設置会社において，取締役会における投票権を持ちながら経営者を監督する社外取締役の活用の必要性が提唱され，社外取締役の選任が事実上義務付けとなった状況[11]に対応したものである。改正監基報260では，

---

10 日本公認会計士協会（2015）「監査基準委員会報告書260「監査役等とのコミュニケーション」の改正並びに当該改正に関連する品質管理基準委員会報告書及び監査基準委員会報告書の一部改正の公表について」。
11 社外取締役を選任する上場会社（市場第一部）の比率は92.0％に増加している（前年比＋388社，＋17.7ポイント。東京証券取引所（2015）東証上場会社における社外取締役の選任状況〈速報〉)。

2015年（平成27年）3月に公表されたコード原案の内容も踏まえ，社外取締役のみならず，その他の非業務執行取締役も対象としたうえで，監査人が非業務執行取締役とコミュニケーションすることは必須としていないが，非業務執行取締役ともコミュニケーションを行うことが有用な場合として，次の3つを掲げている（監基報260A 2項）。

① 経営者の関与が疑われる不正を発見した場合，または不正による重要な虚偽表示の疑義があると判断した場合
② 経営者との連絡・調整や監査役会との連携に係る体制整備を図るため，独立社外取締役の互選により「筆頭独立社外取締役」が決定されている場合
③ 取締役会議長と経営者とを分離している場合

（独立性に関する指針への対応）

独立性に関する指針への対応とは，2014年（平成26年）7月に行われた日本公認会計士協会による「独立性に関する指針」の改正により，監査人の独立性に関する違反が生じた場合における監査役等とのコミュニケーションが求められるようになったこと[12]を明確化したものである（監基報260第15項，18項，A21-2項）。

（監査事務所の品質管理のシステムの整備・運用状況に関する監査人の伝達義務の明確化）

監査事務所の品質管理のシステムの整備・運用状況に関する監査人の伝達義務の明確化とは，日本公認会計士協会の品質管理レビューまたは公認会計士・監査審査会の検査の結果の伝達を含む，監査事務所の品質管理のシステムの整備・運用状況の監査役等への伝達について明確化したものである（監基報260

---

12 国際会計士連盟（International Federation of Accountants：IFAC）の国際会計士倫理基準審議会（International Ethics Standards Board for Accountants：IESBA）が策定している倫理規程（Code of Ethics for Professional Accountants）の改正規定が2013年（平成25年）3月に公表されたことを受け，2014年（平成26年）7月9日に，日本公認会計士協会の「倫理規則」および「独立性に関する指針」が改正されるとともに，「利益相反に関する指針」が制定され，2015年（平成27年）4月1日から施行された（日本公認会計士協会（2014）「倫理規則」及び「独立性に関する指針」の改正並びに「利益相反に関する指針」の制定について」）。これにより，独立性に関する指針の規定に対する違反を認識した場合，当該違反の重要性の程度，会計事務所等の構成性および関連する監査報告書の発行に与える影響を評価するとともに，認識した全ての違反について，当該違反の重要性にかかわらず，対応策を講じたうえで，監査役等と協議し了解を得ることとされた。

第15-2項)。その対象は，少なくとも①公認会計士法上の大会社等の監査，②会計監査人設置会社の監査ならびに③信用金庫，信用協同組合および労働金庫の監査のいずれかに該当する監査であり，②の会計監査人設置会社には，会社法上の会計監査人設置会社のほか，法令により，会計監査人に監査役等に対して監査人の職務の遂行に関する事項の通知義務が定められている場合が含まれる（監基報260A22-2項)。また，具体的な伝達すべき事項は，図表9-3のとおりである（監基報260A22-3項)。

　品質管理レビューについては，監査事務所または監査業務における品質管理に関する限定事項[13]のみならず，改善勧告事項[14]についても伝達しなければならないことが明らかにされた（監基報260A22-3項(1)②(ウ)，(オ))。公認会計士・監査審査会によれば，品質管理レビューにおいて改善勧告事項を伝達されながら，限定事項が付されていないことを理由に，「品質管理レビューにおいて重要な指摘を受けていない」との結論のみを，書面ではなく，口頭で通知している事例が数多く見られるとし，会計監査人および監査役等においては，審査会検査や品質管理レビューの結果を踏まえた監査の品質管理上の問題点についても意見交換するなどして，両者間での連携を積極的に推進し，これにより，監査の品質の維持・向上，ひいては，被監査会社におけるコーポレート・ガバナンスの充実・強化に一層努める必要があるとしていた[15]。

　これを受けて日本公認会計士協会は，2015年（平成27年）5月29日に，「監査基準委員会報告書260の改正に伴う監査役等への品質管理レビュー結果の伝達に関する留意点」を公表し，監査役等への品質管理レビュー制度の説明における留意点，監査役等への品質管理レビューの結果の伝達開始時期，新規業務

---

[13] 改善勧告事項（注10）のうち，重要な準拠違反が発生している相当程度の懸念または重大な懸念があるものをいう（日本公認会計士協会（2015）「監査基準委員会報告書260の改正に伴う監査役等への品質管理レビューの結果の伝達に関する留意点」【付録】【用語説明１】，同（2015）「品質管理レビュー手続」487項，489項)。
[14] 発見事項（品質管理レビューを実施した結果，品質管理のシステムの不備あるいは運用上の問題を発見した場合で，それが原因となって監査事務所が実施した監査業務において職業的専門家としての基準および適用される法令等に対する準拠違反が発生している懸念があるものをいう）のうち，重要な準拠違反が発生している懸念があるものをいう（日本公認会計士協会（2015）「監査基準委員会報告書260の改正に伴う監査役等への品質管理レビューの結果の伝達に関する留意点」【付録】【用語説明１】，同（2015）「品質管理レビュー手続」487項，489-2項)。
[15] 公認会計士・監査審査会（2015）「監査事務所検査結果事例集」Ⅰ．9．(1)。

図表9-3 監査事務所の品質管理のシステムの外部のレビューまたは検査結果について監査役等に伝達すべき事項（監基報260A22-3項）。

	日本公認会計士協会の品質管理レビュー	公認会計士・監査審査会の検査
(1) 対象となるレビュー報告書等/検査結果通知書	① 直近の品質管理レビュー報告書および改善勧告書の日付（過去に受領していない場合はその旨） ② フォローアップ・レビュー報告書の日付（①に関連してフォローアップ・レビューが実施された場合は、①と併記）	① 直近の検査結果通知書の日付（過去に受領していない場合にはその旨）
(2) (1)のレビュー報告書等/検査結果通知書の内容および対応状況	① 品質管理レビューの結論（限定事項付き結論または否定的結論の場合にはその理由を含む）およびその結果に基づく措置 ② フォローアップ・レビューの実施結果（改善勧告書に記載された事項の改善状況を含む）およびその結果に基づく措置 ③ 監査事務所における品質管理に関する限定事項および改善勧告事項の有無、当該事項があった場合は、その内容の要約および監査事務所の対応状況	① 監査事務所の品質管理のシステムの整備・運用等に関する指摘の有無およびその概要ならびに監査事務所の対応状況
	① 品質管理レビューの対象業務として選定されたかどうかの事実 ② 選定された場合は、当該監査業務における品質管理に関する限定事項および改善勧告事項の有無、当該事項があったときは、その内容の要約および対応状況	① 検査の対象業務として選定されたかどうかの事実 ② 選定された場合は、当該監査業務における品質管理に関する指摘の有無、指摘があったときは、その内容および対応状況

出典：監基報260に基づきあずさ監査法人作成。

受嘱のための提案書での品質管理レビュー結果の記載[16]について明らかにしている。

　また、公認会計士・監査審査会は、2015年（平成27年）4月17日に「公認会計士・監査審査会の実施する審査に関する基本指針」を改正し、検査結果およ

---

[16] 新規業務受嘱のための提案書での品質管理レビュー結果については、一定の要件を満たす場合には監査事務所の判断で開示できるとしている（日本公認会計士協会（2014）「新規業務受嘱のための提案書での品質管理レビュー結果の記載の取扱いについて」）。

び検査関係情報[17]について，被監査会社の監査役等に対して，監査事務所の品質管理のシステムの整備・運用等に関する指摘の有無およびその概要，被監査会社が検査対象となった場合の当該被監査会社に係る指摘の有無およびその内容を書面で伝達する場合には，審査会の事前の承認なく，当該検査対象先以外の第三者に開示してもよいことを明らかにした。これを受け，同年6月11日には，「検査結果等の第三者への開示について」が公表され，監査契約のプロポーザルの提出先（潜在的な被監査会社）等，被監査会社の監査役等以外の第三者に対して検査結果等を開示する場合の審査会への事前承諾の申請手続，被監査会社の監査役等が当社の取締役や同社の親会社の監査役等および取締役に対して伝達を受けた検査結果等を伝える場合の取扱い等をQ&A形式で明確にしている。

(監査役等とのコミュニケーション項目の明瞭化)

監査役等とのコミュニケーション項目の明瞭化とは，計画した監査の範囲とその実施時期の概要に関するコミュニケーションにおいて，監査人により識別された特別な検討を必要とするリスク[18]を追加する（監基報260第13項，A11-2項）等の改正を行ったものである。

②日本監査役協会・日本公認会計士協会「監査役等と監査人との連携に関する共同研究報告」

2005年（平成17年）に，有価証券報告書「コーポレート・ガバナンスの状況」における監査役等と監査人との相互連携に関する記載が義務付けられることとなった（平成17年内閣府令34号）。また，2005年（平成17年）商法改正（会社法制定）により，監査役等に対する会計監査人の報酬等の同意権が付与されることとなった。こうした動きを受け，日本監査役協会・日本公認会計士協会の共同研究報告「監査役若しくは監査委員会と監査人との連携に関する共同研究報告」が公表された。

---

17 検査中の，検査官からの質問，指摘，要請その他検査官と検査対象先の役職員および監査実施者との間のやりとりの内容をいう（公認会計士・監査審査会（2015）「公認会計士・監査審査会の実施する検査に関する基本指針」）。
18 識別し評価した重要な虚偽表示リスクの中で，特別な監査上の検討が必要と監査人が判断したリスクをいう（監基報315第3項）。

第9章 監査役監査と公認会計士監査との連携の実務 ～監査人の視点から～

　その後，当該共同研究報告は，金融商品取引法や公認会計士法の改正等を踏まえ改正されるなどの経緯を経て，2013年（平成25年）に監基報260の公表，不正リスク対応基準の設定等を受け，「監査役等と監査人との連携に関する共同研究報告」（以下「改正共同研究報告」という）と改題されたうえで改正された。

　改正共同研究報告の記載事項は，あくまで実務の参考に供するための例示とされている。もっとも，日本監査役協会と日本公認会計士協会による共同研究報告との位置付けから，コミュニケーション項目を明確化する役割も果たしているといえる。具体的には，会社計算規則の趣旨，すなわち，監査役等は会計監査人の監査の相当性および職務の適正遂行を確保するための体制を評価すること（会社計算規則127条2号・4号），そのために会計監査人が会計監査報告の通知を行い（会社計算規則130条），職務の適正遂行を確保するための体制に関する事項の通知を行うとされていること（会社計算規則131条3号）にも鑑み，監査人に関する重要な事項として，日本公認会計士協会品質管理レビュー（フォローアップ・レビューを含む。以下同じ）の状況および公認会計士・監査審査会検査の結果を監査役等に通知（開示）することが規定されている点である[19]。

　なお，その後改正監基報260により，職務の適正遂行を確保するための体制に関する事項の通知に際して，日本公認会計士協会の品質管理レビューまたは公認会計士・監査審査会の検査の結果を伝達することが規定されたことは，①(ⅱ)で説明したとおりである。

③監査基準委員会研究報告4号「監査品質の枠組み」

　2015年（平成27年）5月29日に，日本公認会計士協会より，監査基準委員会研究報告4号「監査品質の枠組み」（以下「監基研4号」という）が公表された。監基研4号は，監査人の監査品質の継続的な改善に資するため，国際監査・保証基準審議会（International Auditing and Assurance Standards Board：

---

[19] 「監査役等と監査人との連携に関する共同研究報告」4．(1)①（注3），日本公認会計士協会（2013）「監査役等への品質管理レビューの結果及び公認会計士・監査審査会の検査結果の開示について」，飯室（2013）63-66頁。

IAASB) において公表された"A Framework for Audit Quality"をもとに，わが国において監査品質に影響を及ぼす要因を加味して体系的に取りまとめたものである。会社法の改正およびコーポレートガバナンス・コードが公表されたことに伴い，今後，監査品質および監査品質に影響を及ぼす要因に関する議論の機会が増えることが想定されることから，そのような監査の利害関係者における議論に資することを期待して公表された[20]。

監基研4号は，監査品質に関して，次に資することを目的としている（監基研4号1項）。

① 監査品質に影響を及ぼす重要な要因についての共通認識の醸成
② 監査品質を継続的に改善するための方法の探求
③ 監査の利害関係者間の監査品質に関連する有意義な対話の促進

とはいえ，監査品質は多面的で複雑な主題であり，国際的にも確立した監査品質の定義は存在しないとしている（監基研4号4項）。これは，次の点が関連しているとされる（監基研4号5項，6項）。

① 監査が監査人の能力や資質に依存し，職業的専門家としての自己規律を前提とした業務であること
② 監査済財務諸表における重要な虚偽表示の存在の有無は，監査品質の部分的側面しか表さないこと
③ 被監査会社の状況は様々であり，監査意見を裏付ける十分かつ適切な監査証拠を入手したかどうかの判断は，監査人に委ねられること
④ 外部者である財務諸表の利用者は，通常，監査品質を直接的に評価する情報を入手する機会はないこと

また，監査品質に対する見方は，監査の利害関係者の立場によって様々である。これは，それぞれの監査への直接の関与度合と，監査に関連する情報の入手可能性が大きく異なること，監査に求める価値が立場により異なるためである（監基研4号7項）。

監基研4号では，これら様々な見方を総合すると，高品質の監査は，有効で，かつ，適時に効率的に合理的な報酬で実施される監査としている（監基研4号

---

[20] 日本公認会計士協会（2015）「監査基準委員会研究報告第4号「監査品質の枠組み」の公表について」。

8項)。しかしながら,「有効性」,「適時性」,「効率性」および「報酬の合理性」の判断には主観が存在する。わが国において監査役等は,会社法上の規定や監査の基準における連携の規定から,これらをバランス良く評価する立場にあるとし,監査人が監査役等に対して監査品質に関する情報を提供し,監査品質の向上に向けて有意義な協議を行う際には,監査業務レベルおよび監査事務所レベルで監査品質に影響を及ぼす要因が中心になるとしている(監基研4号9項)。

また,監基研4号では,監査の利害関係者間[21]の適切な相互作用および様々な背景的要因も監査品質に影響を及ぼすことを示している(監基研4号10項)。監基研4号の利用により,企業の財務報告制度全体における監査の位置付けや役割を再認識し,次の取組みを通じて,監査品質の向上に資することが期待されている。

① 監査事務所(またはネットワーク・ファーム)における監査品質または監査品質に関するコミュニケーションの改善方法の検討
② 監査の利害関係者間における,監査品質に重要な影響を及ぼす要因に関する認識と理解の向上,および監査品質を高めるために優先的に留意すべき要因の識別

監基研4号では,監査品質に影響を及ぼす要因を,①インプット,②プロセス,③アウトプット,④監査の利害関係者間の主な相互作用および⑤背景的要因の5つに分類している(監基研4号14項)。

さらに,インプット,プロセスおよびアウトプットの各要因を,主体的に,監査業務レベル,監査事務所レベルおよび国レベルの3階層に体系化し,それぞれの要因を具体的な項目に展開している。図表9-4は,要因別・主体別に検討項目を整理したものである。

---

21 財務諸表が作成・承認され,監査を経て,分析・利用されるまでの全プロセスにおける関係者をいい,監査人のほか,経営者,監査役等,監査済財務諸表の利用者,規制当局等が含まれる(監基研4号11項(2))。

図表9-4　インプット，プロセスおよびアウトプットの各要因の，監査業務レベル，監査事務所レベルおよび国レベル別の具体的な項目

（インプット）

	監査業務レベル	監査事務所レベル	国レベル
・価値観，倫理および姿勢	・監査チームの監査が公共の利益のために実施されることおよび職業倫理に関する規定を遵守することの重要性の認識 ・監査チームの公正性・誠実性 ・監査チームの独立性 ・監査チームの職業的専門家としての能力および正当な注意 ・監査チームの職業的専門家としての懐疑心	・適切な「経営者の気風」（tone at the top）を確立し，監査事務所の独立性を遵守するガバナンス体制の構築 ・監査品質を高めるような人事評価および報酬制度を通じた，社員等と専門職員の必要な適性および能力の向上 ・財務的理由による，監査品質を損なう行動や意思決定の防止 ・専門的能力の継続的な向上の機会および専門的な見解を入手する機会 ・判断が困難な問題に関する他者への相談 ・監査契約の新規の締結または更新に関する方針および手続	・基本原則および職業倫理に関する要求事項の明確化 ・日本公認会計士協会および監査監督当局による，公認会計士法および職業倫理に関する規定の理解および統一的適用のための取組み ・監査人交代時における監査事務所間の引継義務の明確化
・知識，技能，経験，および時間	・チーム全体としての必要な能力 ・被監査会社の事業の理解 ・合理的な判断 ・監査責任者による，リスク評価，リスク対応手続の立案，作業の監督および査閲における積極的な関与 ・監査手続の適切な指揮，監督，査閲，およびチームメンバーの継続性	・困難な問題に対処するための十分な時間の確保 ・監査チームの適切なメンバーによる構成 ・経験の浅い専門職員への適時の評価，および適切な指導または実地研修（OJT）の実施 ・監査，会計および必要な場合は業種別の論点に関する，十分な研修の実施	・公認会計士および監査法人の日本公認会計士協会への登録，上場会社を監査する場合の，上場会社監査事務所としての日本公認会計士協会への登録および登録内容の開示 ・公認会計士試験制度の整備，および効果的な実務補習の実施

第9章　監査役監査と公認会計士監査との連携の実務　～監査人の視点から～

	・効果的な監査を実施するのに必要な時間の割当 ・監査責任者および監査チームの上位メンバーの経営者および監査役等との適時のコミュニケーション		・継続的専門研修（CPE）制度の整備 ・監査専門職の，適切な資質を備えた人材を確保し得る魅力ある職業としての位置付け

（プロセス）

	監査業務レベル	監査事務所レベル	国レベル
・監査プロセスおよび品質管理手続	・関連法令，監査の基準および監査事務所の品質管理手続の遵守 ・ITの適切な活用 ・監査の利害関係者との，相互に効果的なコミュニケーションの実施 ・効果的かつ効率的な監査を実施するための，被監査会社との監査の進め方の調整	・職業的専門家としての基準，および適用される法令等の改正ならびに内部の品質管理レビューの結果および外部の品質管理レビューまたは検査の指摘事項の反映 ・個々の監査チームのメンバーの職業的専門家としての懐疑心の保持・発揮，および適切な判断の行使の促進 ・監査業務の効果的な監督と査閲 ・適切な監査調書の作成 ・厳格な品質管理手続の設定，品質管理システムの監視，適切な対応措置 ・適格性を備えた審査担当者による審査の効果的な実施	・一般に公正妥当と認められる監査の基準および品質管理の基準，ならびに職業倫理に関する規定における，監査の目的および具体的な要求事項の明確な定め ・日本公認会計士協会の品質管理レビューおよび公認会計士・監査審査会の審査および検査における，監査事務所レベルおよび監査業務レベルの監査品質に影響を及ぼす要因の考慮 ・監査人が職業的専門家としての正当な注意を払って監査を実施したか否かについて調査し，必要に応じて懲戒処分を行う仕組み

（アウトプット）

	監査業務レベル	監査事務所レベル	国レベル
・有用性と適時性	監査人が作成 ・監査済財務諸表の利用者に対する監査報告書 ・監査役等に対する報告	監査事務所が作成 ・業務の状況に関する説明書類 ・その他の開示書類	

	・経営者に対する報告 ・規制当局に対する報告 被監査会社が作成 ・監査済財務諸表 ・監査役等の監査報告書 日本公認会計士協会または公認会計士・監査審査会が作成 ・個々の監査業務に係る情報	日本公認会計士協会または公認会計士・監査審査会が作成 ・監査事務所の品質管理に係る情報	日本公認会計士協会または公認会計士・監査審査会が作成 ・品質管理レビューまたは検査の全般的な見解

出典：監基研4号に基づきあずさ監査法人作成。

　監査人が監査役等に対して監査品質に関する情報を提供し，監査品質の向上に向けて有意義な協議を行う際には，前述のとおり，監査業務レベルおよび監査事務所レベルで監査品質に影響を及ぼす要因が中心になると考えられる（監基研4号9項）。ただし，監査品質に与える影響を検討するに当たって，各項目の相対的な重要度は個々の状況によって異なるため，評価に用いる項目を適宜選択することが想定される。

④日本監査役協会「会計監査人の評価及び選定基準策定に関する監査役等の実務指針」

　2015年（平成27年）11月10日，日本監査役協会から「会計監査人の評価及び選定基準策定に関する監査役等の実務指針」（以下「評価等実務指針」という）が公表された。これは，適切な監査の確保に向け，監査役等が会計監査人を評価および選定するに際し留意すべき点を指針として供するものであり，2015年（平成27年）5月に施行された平成26年会社法により会計監査人の選解任等議案の決定権が監査役等に移り，また，2015年（平成27年）6月より適用が開始されているコードにおいて監査役等が会計監査人の選定および評価の基準等を設けること等が求められていることを背景に策定された。

　評価等実務指針では，基準の策定において考慮すべき事項として重要なものが多く取り上げられており，各社が会計監査人の評価および選定を行うに際して，また各社における会計監査人の評価および選定の基準の策定に際して，自

図表9-5　会計監査人の評価基準項目例

第1	監査法人の品質管理
1-1	監査法人の品質管理に問題はないか
1-2	監査法人から，日本公認会計士協会による品質管理レビュー結果および公認会計士・監査審査会による監査結果を聴取した結果，問題はないか
第2	監査チーム
2-1	監査チームは独立性を保持しているか
2-2	監査チームは職業的専門家として正当な注意を払い，懐疑心を保持・発揮しているか
2-3	監査チームは会社の事業内容を理解した適切なメンバーにより構成され，リスクを勘案した監査計画を策定し，実施しているか
第3	監査報酬等
3-1	監査報酬（報酬単価および監査時間を含む）の水準および非監査報酬がある場合はその内容・水準は適切か
3-2	監査の有効性と効率性に配慮されているか
第4	監査役等とのコミュニケーション
4-1	監査実施の責任者および現場責任者は監査役等と有効なコミュニケーションを行っているか
4-2	監査役等からの質問や相談事項に対する回答は，適時かつ適切か
第5	経営者等との関係
5-1	監査実施の責任者および現場責任者は，経営者や内部監査部門等と有効なコミュニケーションを行っているか
第6	グループ監査
6-1	海外のネットワーク・ファームの監査人またはその他の監査人がいる場合，特に海外における不正リスクが増大していることにかんがみ，十分なコミュニケーションが取られているか
第7	不正リスク
7-1	監査法人の品質管理体制において不正リスクに十分な配慮がなされているか
7-2	監査チームは監査計画策定に際し，会社の事業内容や管理体制等を勘案して不正リスクを適切に評価し，当該監査計画が適切に実行されているか
7-3	不正の兆候に対する対応が適切に行われているか

社の置かれている環境を念頭に，取捨選択または調整のうえ活用することを前提としている。

また，評価等実務指針には，評価基準項目例（14項目。図表9-5参照）および選定基準項目例（7項目）が掲載されており，企業会計審議会が公表する「監査に関する品質管理基準」や監基研4号等が参照されている。さらに，付録として，「会計監査人の評価基準項目例の時系列的表示」，「監査調書例」，「用語解説」等が添付されている。

3．コミュニケーションの実務

2．で見たように，監査役等とのコミュニケーションに関する法令，監査基準等の要求事項は多岐にわたる。そこで，上場企業の継続監査を例として，コミュニケーションの実務を紹介する。

監査役等とのコミュニケーションは年間を通して行われており，①監査計画説明，②各四半期レビュー結果報告，③会社法監査結果報告，④金融商品取引法監査結果報告など監査または四半期レビューの進捗に応じて，書面，面談等により監査役等に定期的に報告または説明を行うことが一般的である。このほか，重要拠点の監査において監査役等による立会等の機会がある場合や，不正による重要な虚偽表示の疑義や内部統制上の重要な不備等を発見した場合など適時性が要請される項目があれば随時コミュニケーションの機会を設けることになる。

また，不正や法令順守等について監査役等に質問をすることが求められているが（不正リスク対応基準第二2項等），定期的なコミュニケーションの機会をとらえて実施するケースが多いものと考えられる。

図表9-6は，上場会社の継続監査の場合における監査人による監査役等とのコミュニケーションの時期別のコミュニケーション項目の例示である。なお，ここで提示されている項目はあくまで例示にすぎず，非公式な形での意見交換も含め，コミュニケーションが必要とされる項目の全てを網羅するものではないことをお断りしておく。

第9章 監査役監査と公認会計士監査との連携の実務 ～監査人の視点から～

図表9-6 監査人による監査役等とのコミュニケーション項目の例示（上場会社の継続監査の場合）

コミュニケーション項目／時期	監査計画	各四半期	会社法監査結果	金商法監査結果	随時	備考
① 監査責任者の氏名，職責（品基報第29項）	◎	○	○	○	○	
② 品質管理システム（計算規則131条，監基報260第15-2項）	○		◎		○	変更の都度。書面による
③ 公認会計士・監査審査会検査結果・日本公認会計士協会品質管理レビュー結果（改正共同研究報告，監基報260第15-2項）					○	結果通知の都度。書面による
④ 監査人の責任（監基報260第12項），四半期レビュー責任，内部統制監査責任も同様（監保報82号44-2項，83号57項） ✓ 監査人は，経営者が作成する財務諸表に対して監査意見を形成し，表明する責任を有すること ✓ 財務諸表監査は，経営者または監査役等の責任を代替するものではないこと	◎	○	○	○		
⑤ 計画した監査・四半期レビューの範囲とその実施時期（監基報260第13項，600第48項(1)，監保報82号44-2項，83号57項）	○				○修正あれば	
⑥ 重要な構成単位の財務情報について構成単位の監査人が実施する作業に関してグループ監査チームが予定している関与の概要（監基報600第48項(2)）	○				○修正あれば	
⑦ 構成単位の監査人の作業を評価したことによって判明した作業の品質に関する懸念事項（監基報600第48項(3)）			○			
⑧ グループ財務諸表の監査に対する制約（監基報600第48項(4)）			○			
⑨ 監査上の重要な発見事項（監基報260第14項，監保報82号44-2項）。四半期も同様（監保報83号57項） ✓ 会計方針，会計上の見積りおよび財務諸表の開示を含む，企業の会計実務の質的側面のうち重要なものについての監査人の見解		○	○	○	○	書面による（職業的専門家としての判断により，口頭

項目					備考
✓ 監査期間中に困難な状況に直面した場合は，その状況 ✓ 監査の過程で発見され，経営者と協議したかまたは経営者に伝達した重要な事項 ✓ 監査人が要請した経営者確認書の草案					によるコミュニケーションが適切ではないと考える場合)
⑩ 監査人の独立性（監基報260第15項，監保報82号44-2項），四半期も同様（監保報83号57項） ✓ ネットワーク・ファームを含め，監査人の独立性に関する職業倫理の規定を遵守した旨 ✓ 監査人の判断により，独立性に影響を与えると合理的に考えられる事項（監査事務所とネットワーク・ファームが企業および企業が支配する構成単位に対して提供した監査および監査以外の業務について，監査対象期間に関連した報酬金額を含む） ✓ 独立性に対する阻害要因に対して講じられたセーフガード ✓ 独立性に関する指針に示された事項（独立性に関する指針第1部34項から49項，222項）		○	○	○	書面による
⑪ コミュニケーションの方法（監基報260第16項） ✓ 想定されるコミュニケーションの手段，実施時期および内容	○				
⑫ 監査報告書において除外事項付意見の表明が見込まれる場合，その原因となる状況と，除外事項付意見の文言の草案（監基報705第27項）。四半期レビューも同様（監保報83号59項）				○該当すれば	
⑬ 監査報告書における強調事項およびその他の事項区分の文言の草案（監基報706第8項）。四半期レビューも同様（監保報83号59項）		○	○	○	
⑭ 監査の過程で識別した重要な不備（開示すべき重要な不備）等（監基報265第8項，内部統制監査実施基準Ⅲ4．(3)，監保報82号44-2項）			○	○	◎	書面による。会社法監査報告後のも

第9章 監査役監査と公認会計士監査との連携の実務 ～監査人の視点から～

項目	C1	C2	C3	C4	備考
✓ 不備の内容とそれによって見込まれる影響の説明 ✓ 監査役等が，当該報告の前提を理解するための十分な情報					のは，書面または口頭。
⑮ 未修正の虚偽表示（監基報450第11項, 12項）。四半期レビューも同様（監保報83号59項） ✓ 未修正の虚偽表示の内容とそれが個別にまたは集計して監査意見に与える影響 ✓ 過年度の未修正の虚偽表示が関連する取引種類，勘定残高または開示および全体としての財務諸表に与える影響	○	○	○		
⑯ その他の記載内容に修正が必要であるが，経営者が修正することに同意しない場合等（監基報720第9項, 12項, 15項）。四半期レビューも同様（監保報83号59項）	○	○	○		
⑰ 不正または不正の疑い，違法行為またはその疑い等（監基報240第20項, 37項, 39項から41項, 250第13項, 18項, 21項から23項, 600第48項(5)）。	○	○	○	◎	
⑱ 取締役の職務の執行に関する不正または法令・定款違反の重大な事実（会社法397条）				○	
⑲ 監査期間中に発生した関連当事者に関連する重要な事項（監基報550第26項）	○	○	○		
㉑ 継続企業の前提に重要な疑義を生じさせるような事象または状況（監基報570第22項）				○	
㉒ 事後判明事実（監基報560第9項, 12項, 13項, 16項）				○	

注：◎は○に比べ，より適切なコミュニケーションの時期を示したものである。
（略称）
品基報：品質管理基準委員会報告書，計算規則：会社計算規則，監基報：監査基準委員会報告書，監保報：監査・保証実務委員会報告書，内部統制監査実施基準：財務報告に係る内部統制の評価及び監査に関する実施基準
出典：筆者作成。

4．実務上の課題

　以上を踏まえて，実務上の課題について述べる。

(1) コミュニケーション目的の変化

　近年実施されるようになった，監査人による日本公認会計士協会品質管理レビュー（フォローアップ・レビューを含む。以下同じ）および公認会計士・監査審査会検査結果の伝達については，改正共同研究報告を経て，改正監基報260によって義務付けられることとなった。

　こうした要請は，従来の監査計画の立案から実施，意見形成の各段階における監査の実施状況や発見事項についての情報共有といったように，監査人から監査に関連する情報を監査役等に伝えて監査役等の監査に活用するという視点とはコミュニケーションの目的を異にする。品質管理レビュー等の結果の伝達は，監査役等による監査人の職務の遂行状況のモニタリングという視点，すなわち双方向のコミュニケーションを通じ監査品質の改善という同じ目的に向かって，その継続的な改善方法を模索することで，より有効かつ効率的な監査を実現するために実施するものと考えられる。平成26年会社法による会計監査人の選解任等の議案の決定権の監査役または監査役会への付与およびコードにおける監査役等による外部会計監査人の評価基準の策定の要請も，監査役等の機能強化と併せて，こうした観点からのコミュニケーションをより充実させようとするものと考えられる。

(2) 監査人によるコミュニケーション対象者の拡大

　監査基準委員会報告書において，監査人のコミュニケーションの対象である統治責任者（Those charged with Governance）とは，企業の戦略的方向性と説明責任を果たしているかどうかを監視する責任を有する者または組織と定義されている（監基報260第9項(2)）。また，企業の戦略的方向性と説明責任を果たしているかどうかの監視には財務報告プロセスの監視が含まれるとされる。わが国においては，監査役等が経営者である取締役の職務の執行の監査を担う

こと，取締役会が内部の業務執行者を中心に構成されており，監督機能よりも主として意思決定機能を果たす場合が多いこと[22]，さらには監査役等が会計監査人の監査の方法および結果の相当性の判断を行うことから，原則として監査役等が想定されているものと考えられる。

改正監基報260では，社外取締役その他の非業務執行取締役ともコミュニケーションを行うことが有用な場合があるとしている。現状，監査人は社外取締役とは有事対応の際にコミュニケーションする機会はあっても[23]，平時では連携する機会がないことが一般的である。

今後，コードを踏まえて複数人または取締役の3分の1以上の社外取締役が選任されるようになり[24]，独立社外取締役が互選により「筆頭独立社外取締役」を決定することなどにより経営陣との連絡・調整や監査役または監査役会との連携に係る体制整備を図る[25]といった実務が定着することが考えられる。また，世界的な潮流やコードの考え方と整合させて，取締役会が基本的な経営戦略や経営計画を決定することを前提に，主として監督機能を果たすよう[26]，取締役会の議長と経営者を分離する[27]といった状況の変化も想定される。

こうした状況変化を踏まえ，監査人としては，特に監査役設置会社において，監査役と同様に非業務執行役員である社外取締役との関係を見直していく必要

---

22 取締役会には，基本的な経営戦略や経営計画を決定すること加え，監督機能と意思決定機能の2つがあるが，わが国の取締役会は，主として意思決定機能を果たす場合が多いとされている（経済産業省コーポレート・ガバナンス・システムの在り方に関する研究会（2015）「別紙3　法的論点に関する解釈指針　第1」）。
23 日本弁護士連合会（2013）では，社外取締役と会計監査人との連携について，有事においては，正確な情報を把握するために，会計監査人等が有する情報を適時に把握できるように，緊密なコミュニケーションをとる必要があるとしている。
24 コードでは，①独立社外取締役を少なくとも2名以上選任すべきこと，②自主的な判断により，少なくとも3分の1以上の独立社外取締役を選任することが必要と考える上場会社は，そのための取り組み方針を開示することを規定している（原則4－8）。
25 コードでは，独立社外取締役は，例えば，互選により「筆頭独立社外取締役」を決定することなどにより，経営陣との連絡・調整や監査役または監査役会との連携に係る体制整備を図るべきであるとしている（原則4－8②）。
26 コーポレート・ガバナンス・システムの在り方に関する研究会（2015）「別紙3　法的論点に関する解釈指針　第1」。
27 取締役会議長の属性は社長である場合が大多数であるが，中でも東京証券取引所の市場第一部企業については，社長が75.5％，社長以外が24.5％（うち会長（社長を兼務している場合を除く）が22.4％）であり，比較的社長以外の者が取締役会議長を務めている割合が他の市場と比べて多くなっている（コーポレートガバナンス・コードの策定に関する有識者会議第5回事務局説明資料「関連するデータ等」）。

がある。もっとも，統治責任者を特定するに当たっての前提として，まずは非業務執行役員に期待される役割の明確化が必要であると考えられる[28]。

(3) コミュニケーションの内容の充実

KPMGのAudit Committee Instituteが行った2015年度のAudit Committee Survey[29]では，グローバルのアンケート結果と比較する形で日本のそれが示されており，わが国としての課題を見出すことができる。この中から外部監査人の業務の改善の余地がある分野について問う項目の結果（選択肢から3つ選択）を見てみると，グローバルと比較して改善の余地があるとしている項目として，次のものがある。

① 非公式なコミュニケーション（正式な監査役（または監査委員会）との会議以外）（グローバル26％に対し日本36％（＋10ポイント））
② 監査の進捗状況および問題点の報告（グローバル25％に対し日本47％（＋22ポイント））

この結果からすれば，正式な監査役等との会議を設定して情報共有するよりも，より非公式な形のざっくばらんなコミュニケーションの機会を増やすこと，また監査の進捗状況や問題点の報告もより頻繁に行うことが求められているようである。非公式な形でのコミュニケーションの機会を増やし，監査の進捗状況や問題点の報告をこれまで以上に実施することにより，例えば，不正による重要な虚偽表示を示唆する状況の発見に繋がる可能性はより高くなるであろう。

逆に，グローバルと比較して改善の余地があるとしていない項目は次のとおりである。

---

[28] 経済産業省は，社外役員等に関するベストプラクティスとそこから得られる示唆をベースに非業務執行役員に期待される役割とそのサポート体制の在り方について整理し，そのサマリーをガイドラインとして取りまとめている（経済産業省コーポレート・ガバナンス・システムの在り方に関する研究会（2014a），（2014b）。また，社外取締役の役割・機能は，①指名や報酬の決定を通じた業務執行の適切な評価と，評価等を通じた将来志向のインセンティブ付けによる監督，②利益相反の監督および③助言や議決権の行使による業務執行の意思決定への関与といったように整理できるとしている（経済産業省コーポレート・ガバナンス・システムの在り方に関する研究会（2015）「別紙3　法的論点に関する解釈指針　第2」）。

[29] 2014年（平成26年）7月から9月に実施された，世界36ヵ国を対象とする監査役会もしくは監査委員会のメンバーまたはそれに相当する役割の者を対象とする調査である。有効回答は1,558件であり，日本では部分回答含め196件の回答があった。

第9章　監査役監査と公認会計士監査との連携の実務　〜監査人の視点から〜

① 業界特有の課題についての洞察・ベンチマークの提供（グローバル62％に対し日本52％（△10ポイント））
② 経理・財務管理組織の質に関する見解の共有（グローバル43％に対し日本22％（△21ポイント））

①の業界特有の課題についての洞察・ベンチマークの提供については，グローバルほど改善の余地はないとされているものの，絶対値でいえば，最も大きな割合を占めていることから，グローバル共通の課題として認識しておく必要がある。逆に，②の経理・財務管理組織の質に関する共有に関しての割合は低い。あくまで実務上の感覚にすぎないが，これはわが国の場合，常勤監査役が存在することにより外部監査人よりも直接情報を入手できる体制にあるからではないかと推測される。

次に，公認会計士・監査審査会によれば，2012年（平成24年）度までの検査で確認された事項を掲載した2013年（平成25年）版の「監査事務所検査結果事例集」において，その検査の結果，被監査会社の監査役等と監査人との連携が必ずしも十分には行われていない状況が見られると指摘されていた[30]。具体的には，会計監査人から監査役に対しては，説明するインセンティブの不足（監査役から聞かれなければ説明しない）が，監査役から会計監査人に対しては，理解の不足があるとされていた[31]。

その後，2013年（平成25年）度までの検査，2014年（平成26年）度までの検査で確認された事項をそれぞれ掲載した2014年（平成26年）版，2015年（平成27年）版の「監査事務所検査結果事例集」では，会計監査人と監査役等との連携の必要性については，関係者の間に徐々に浸透しつつあり，連携の深度に差こそあれ，定期的なコミュニケーションが図られている状況が認められるとしつつも，品質管理レビューの結果の通知については，改善勧告事項を伝達されながら，限定事項が付されていないことを理由に，「品質管理レビューにおいて重要な指摘を受けていない」との結論のみを，書面ではなく，口頭で通知している事例や，何ら通知を行っていない監査事務所が見られることが指摘され

30　公認会計士・監査審査会（2013）。
31　佐々木（2013）81頁。

ている[32]。この点については，具体的な通知事項を明確にした改正監基報260により改善されるものと思われる。

また，公認会計士・監査審査会は，2015年（平成27年）版の「監査事務所検査結果事例集」と併せて，「監査役等から会計監査人に対する質問例～会計監査人とのコミュニケーションの活性化に向けて～」を公表している。これは，「監査事務所検査結果事例集」における指摘事項を踏まえ，特に問題と思われる事項等について，監査役等と会計監査人に対する質問例をまとめたものであり，監査役等が当該質問例を参考にし，積極的に会計監査人とのコミュニケーションを行うことが期待されている。

このように，監査役等と監査人との間で品質管理レビュー・検査結果とそれへの対応状況等の内容を含む，監査事務所の品質管理に関する事項や，監査計画・監査業務に関する事項のコミュニケーションをより活発に行っていくためには，監査役等の側においても，財務・会計または財務諸表監査の専門家がいることが有効と考える。この点は，コードにおいても監査役には，財務・会計に関する適切な知見を有している者が1名以上選任されるべきであるとしていること（原則4-11）とも軌を一にしている。

5．おわりに

現在，最近の不正会計事案などを契機として，改めて会計監査の信頼性が問われている状況にある。

こうした中，2016年（平成28年）3月8日に金融庁の会計監査の在り方に関する懇談会の提言として「会計監査の信頼性確保のために」が公表され，会計監査の信頼性を確保するために必要な取組みについての議論が取りまとめられた。会計監査に関わる関係者がこの提言の実現に取り組むことにより好循環が生まれ，市場全体における監査の品質の持続的な向上につながっていくことが期待されている。

この提言の1つに「会計監査に関する情報の株主等への提供の充実」という

32　公認会計士・監査審査会（2014）・（2015）Ⅰ．

第9章 監査役監査と公認会計士監査との連携の実務 〜監査人の視点から〜

項目があるが，そこでは企業，監査法人，当局のそれぞれが会計監査に関する情報の株主等への提供の充実に取組み，会計監査の透明性向上に努めるべきとしている。具体的には，企業に対しては，有価証券報告書等における会計監査に関する開示の内容を充実させ，企業が適正な監査の確保に向けて監査人とどのような取組みを行っているか，監査役会等が監査人をどのように評価しているか等について，株主に対して適切に情報提供することを求めている。また，監査法人等に対しては，積極的にその運営状況や個別の会計監査等について情報発信していくこと，当局や日本公認会計士協会に対しては，モニタリング活動の結果を公表する（モニタリング・レポート）ことを求めている。

　このように，監査役等と監査人との連携の状況が株主等に情報提供されることにより，株主が高品質の会計監査を提供する監査法人等を評価する，その評価に基づき企業が監査を依頼することにより，監査人に高品質な監査を提供するインセンティブが強化される，または監査報酬の向上等を通じて，監査の品質の持続的な向上につながっていく好循環が確立していくことが重要である。

　こうした観点から，これまで以上に監査役等と監査人との連携を強めていくことが求められるであろう。

●参考文献

秋坂朝則（2014）「非業務執行社員による「不正リスク」への対応における課題」『現代監査』24号，81-91頁。

飯室進康（2013）「監査事務所検査結果事例集〜検査官の視点〜」（http://www.fsa.go.jp/cpaaob/sonota/kouen/20131025/01.pdf〔最終閲覧日：2016年5月26日〕）。

岩崎淳（2016）「「会計監査人の評価及び選定基準策定に関する監査役等の実務指針」の解説」『月刊監査役』649号，74-83頁。

経済産業省コーポレート・ガバナンス・システムの在り方に関する研究会（2014a）「社外役員を含む非業務執行役員の役割・サポート体制に関する中間とりまとめ」（http://www.meti.go.jp/press/2014/06/20140630002/20140630002A.pdf〔最終閲覧日：2016年5月26日〕）。

経済産業省コーポレート・ガバナンス・システムの在り方に関する研究会（2014b）「社外役員等に関するガイドライン」（http://www.meti.go.jp/press/2014/06/20140630002/20140630002B.pdf〔最終閲覧日：2016年5月26日〕）。

経済産業省コーポレート・ガバナンス・システムの在り方に関する研究会（2015）「コーポレート・ガバナンスの実践〜企業価値向上に向けたインセンティブと改革〜」（http://www.meti.go.jp/press/2015/07/20150724004/20150724004.html〔最終閲覧日：2016

年5月26日〕)。
公認会計士・監査審査会（2013）「監査事務所検査結果事例集」(http://www.fsa.go.jp/cpaaob/shinsakensa/kouhyou/20130705/01.pdf〔最終閲覧日：2016年5月26日〕)。
公認会計士・監査審査会（2014）「監査事務所検査結果事例集」(http://www.fsa.go.jp/cpaaob/shinsakensa/kouhyou/20140714.html〔最終閲覧日：2016年5月26日〕)。
公認会計士・監査審査会（2015）「監査事務所検査結果事例集」(http://www.fsa.go.jp/cpaaob/shinsakensa/kouhyou/20150721.html〔最終閲覧日：2016年5月26日〕)。
佐々木清隆（2013）「講演録　公認会計士・監査審査会の方向性と課題—平成25年度監査法人検査方針と資本市場との関連で—」『月刊資本市場』337号，74-82頁。
自由民主党日本経済再生本部（2014）「日本再生ビジョン」(https://www.y-shiozaki.or.jp/pdf/upload/20140620104042_5hdM.pdf〔最終閲覧日：2016年5月26日〕)。
住田清芽＝伊藤功樹＝西田俊之＝紙谷孝雄＝根津美香＝藤原正啓（2011）「新起草方針に基づく改正版の監査基準委員会報告書（中間報告）第51号から第53号の公表における課題をめぐって」『会計・監査ジャーナル』2月号，9-24頁，第一法規。
住田清芽＝中津川昌樹＝岩崎淳（2016）「会計監査人との連携と有効性の評価基準への考え方」『月刊監査役』650号，3-63頁。
日本公認会計士協会監査基準委員会（2012）「新起草方針に基づく監査基準委員会報告書等の概要」。
日本弁護士連合会（2015）「社外取締役ガイドライン」(http://www.nichibenren.or.jp/library/ja/opinion/report/data/2013/guideline_130214_re_150319.pdf〔最終閲覧日：2016年5月26日〕)。
野村昭文（2014）「監査役等と会計監査人との連携について」『月刊監査役』622号，77-87頁。
三好崇司＝大橋博行＝中津川昌樹＝住田清芽＝濱上孝一＝根津美香＝宮本照雄（2014）「「監査役等と監査人との連携に関する共同研究報告」の改正について」『会計・監査ジャーナル』3月号，9-22頁，第一法規。
弥永真生（2015）『会計監査人論』同文舘出版。
油布志行＝渡邉浩司＝髙田洋輔＝中野常道（2015）「「コーポレートガバナンス・コード原案」の解説〔Ⅲ〕」『旬刊商事法務』2064号，35-43頁。
KPMG's Audit Committee Institute（2015）KPMG's 2015 Audit Committee Survey.

（和久友子）

第10章 監査役監査と公認会計士監査との連携に対する提言

1. はじめに

　不正による有価証券報告書の虚偽記載等の不適切な事例に関する責任は，その作成者である経営者にある。しかし，そのことだけを問題としていても，不正による有価証券報告書の虚偽記載等がなくなるわけではない。2013年（平成25年）の「監査基準の改訂及び監査における不正リスク対応基準の設定に関する意見書」は，不正の対応には，「公認会計士監査における監査手続等の充実とともに，企業におけるコーポレート・ガバナンスのあり方の検討などを含め，幅広い観点からの取組みが重要である」としたうえで，「監査人は，企業における内部統制の取組みを考慮するとともに，取締役の職務の執行を監査する監査役等と適切に連携を図っていくことが重要である」としている。

　これを受け，公益社団法人日本監査役協会および日本公認会計士協会は，2013年4月に，「『監査基準の改訂及び監査における不正リスク対応基準の設定に関する意見書』の公表に伴う監査役等と監査人とのより一層の連携について」を共同声明として公表し，様々な施策を実施している。まず，2013年11月に「監査役等と監査人の連携に関する共同研究報告」（以下「共同研究報告」という）を「監査役若しくは監査役会又は監査委員会と監査人との連携に関する共同研究報告」の改正として公表している。その後，日本監査役協会は，2014年（平成26年）4月に「会計監査人との連携に関する実務指針」を改正し，日本公認会計士協会は，2015年（平成27年）5月に監基報260「監査役等とのコミュニケーション」を改正し，同時に監査基準委員会報告第4号「監査品質の枠組み」を公表している。また，これら一連の施策が行われている中で，外部環境にも変化が生じ，2014年6月には会社法が改正され，監査役等に会計監査人の選任議案の決定権が付与され，2015年6月には東京証券取引所が「コーポレートガ

バナンス・コード」を有価証券上場規程の別添として公表した。これらの内容からもわかるように,監査役等と監査人[1]との連携はますますその重要性が増していると考えられる。

そこで,本章においては,これまでの各章での議論を前提として,監査役等と監査人との連携の実質を向上させるための提言をまとめることとする。

2. 連携の目的の変化の認識

まず,監査役および監査人それぞれが,その連携の目的が変化していることを認識すべきである。すなわち,監査役と監査人との連携の目的は,コーポレート・ガバナンスの充実に寄与するために「監査品質の改善」を図ることにある。このため,その連携は,単なる情報の伝達や情報の共有ではなく,そのことを前提として,それぞれの職務をより効果的かつ効率的に行うことまでを含めて考えるべきである。

確かに,第1章で検討しているように,1974年(昭和49年)に「株式会社の監査等に関する商法の特例に関する法律」が制定され,商法上も職業専門家である監査人(会計監査人)による会計監査が実施されることとなったことから,両者の連携に関する議論が始まったが,それは,あくまでも監査役による会計監査人の会計監査の相当性を評価するためのものであり,当時の監査人は連携の必要性を感じていなかったように思われる。

しかし,2005年3月期決算から有価証券報告書の「コーポレート・ガバナンスの状況」の記載の一部として,監査役等と監査人との相互連携の記載が義務付けられたことから,両者の連携とコーポレート・ガバナンスとの関係が意識されるようになり,連携の目的も整理された。このことは,2005年7月に,日本監査役協会と日本公認会計士協会が公表した「監査役若しくは監査役会又は監査委員会と監査人との連携に関する共同研究報告」において,①監査の品質向上,②監査の効率化,および③コーポレート・ガバナンスの充実・強化への寄与の3点が,連携の効果として掲げられていることからも明らかである。つ

---

[1] 監査人,会計監査人および公認会計士の用語については,会社法の制度として特に論じている場合を除き,「監査人」という用語を使用している。

まり，共同研究報告は，両者の連携がそれぞれの監査の品質向上や効率化を図り，ひいては，コーポレート・ガバナンスの充実・強化にも寄与するという考えに基づいている。ただし，共同研究報告の「監査役等と監査人との連携の方法，時期及び情報・意見交換事項の例示」に示されている内容の多くは，監査人から監査役等への情報提供に関する事項であり，監査役等から監査人に対する情報提供の内容については，「監査役等の監査体制」，「監査役等による監査計画」，「監査役等監査の実施状況」という表現にとどまり，ほとんど具体的な内容が示されておらず，双方向での連携が必要であるとしながらも，明示された連携の効果をどのように挙げるのか，という点についての検討は十分ではなかったといえる。

　このことを変化させ，その考えを深化させる契機となったのが，相次いで発覚した不正による有価証券報告書の虚偽記載等の不適切な事例を受け，日本監査役協会と日本公認会計士協会が公表した共同声明「企業統治の一層の充実に向けた対応について」である。そこでは，連携の目的を「企業統治の一層の充実という要請に応える」こととし，監査役等および監査人は，「真の連携をより深化させ，監査の品質の更なる向上に取り組んでい」き，「同時に，双方向からの積極的な連携を従前以上に強く認識し，それぞれの職務を確実に遂行することも重要であると認識して」いるとし，監査の品質のさらなる向上には連携を深化させることが必要であり，それぞれの職務を確実に遂行するためにも，連携を意識することが必要であることを明らかにしている。この考えが，その後の監査基準の改訂や監査における不正リスク対応基準（以下「不正リスク対応基準」という）の設定につながり，さらにはその後の様々な施策につながっていったものと思われる。

　このように，監査役監査と公認会計士監査との連携の目的は，単に監査役が会計監査人の会計監査の相当性を評価するためのものから，相互連携を通してそれぞれの監査の品質の向上と効率性を高め，コーポレート・ガバナンスの一層の充実に寄与することに変化している。このような変化を監査役および監査人がそれぞれ認識することが，両者の意識改革の始まりとなる。なおその際，監査人は，会社法において会計監査人が機関として位置づけられている点にも着目し，金融商品取引法上の監査人としてではなく，会社法上の会計監査人と

して，その連携の目的を意識することが必要となる。

3．共有化する情報の明確化

　共同研究報告が指摘するように，監査役と監査人とが適切に連携するには，「両者の有効な双方のコミュニケーションが不可欠であ」り，そのためには，「監査役等からは日常の業務監査等で知り得た情報を監査人に伝え，監査人からは会計監査で得た情報を監査役等に伝えることにより，それぞれの監査の有効性及び効率性を高めることができる」のである。ここで重要となるのが，監査役から監査人への情報提供の範囲および監査人から監査役への情報提供の範囲である。つまり，相互に提供する情報の範囲を明らかにしなければ，具体的にどのような内容の情報を共有すべきかが明らかとはならない。

　では，どのような情報を共有すればよいのであろうか。このことは，両者の連携の目的から考える必要がある。つまり，どのような情報を得ることができれば，それぞれの監査の品質を向上させ，その効率性に資するかである。

(1) 監査役監査にとって有用な情報

　監査役がその職務を行うにあたっての有用な情報には，①取締役の職務の執行の監査にとって有用な情報，②会計監査人の監査の相当性を判断するために有用な情報，③会計監査人の選任議案に関して有用な情報および④会計監査人の報酬等に関して有用な情報などがあると考えられる。このうち②から④に関する情報の範囲は比較的明確に定めることが可能であるが，①に関する情報の範囲を確定することは困難である。すなわち，②から④に関する情報は，監査人の状況，その品質管理体制，監査計画，監査の実施状況，監査報告書の記載内容など，比較的，その範囲を確定することができる。

　これに対して，①に関する情報については，その情報が監査役の監査にとって有用な情報であるかどうかということを監査人が判断しなければならず，その範囲を確定することは容易ではない。どのような情報を監査役が必要としているかについては，公認会計士・監査審査会が公表した「監査事務所検査結果事例集」における参考資料である「監査役等から会計監査人に対する質問例〜

会計監査人とのコミュニケーションの活性化に向けて～」[2]が参考になる。

　その中で示されている「当社の監査計画と監査業務に関する質問例」には，監査人が監査意見を形成する際の判断のポイントと，そのような判断をするために実施した監査手続に対する質問が多く掲げられている点が注目される。また，監査役からは，監査役が監査を行う際の「気づき」となるような情報の提供を望む意見がある。この点については，確証的でない情報を含めた情報についての提供も要望されており，監査人がその範囲を確定することには困難が伴うものと考えられる。さらに，そのような情報の共有を正式な会議や報告会で行おうとすると，その範囲は狭いものとなってしまい，監査役が望む情報の共有が行われないおそれがある。そうすると，このような情報の共有は非公式な場でも行われることが必要となるばかりではなく，共有される情報には未確定な情報が含まれることを監査役も了解していなければ，誤解が生ずるおそれがある。このため，第3章において指摘されているように，共有される情報の範囲について，監査役と監査人とが事前に話し合い，その範囲を明確にしておくことが重要であると考えられる。

　さらに，現在監査人から監査役に対する監査報告会等の名称で行われている場での報告内容についても，その充実を図る検討が必要である。この点については，ドイツで行われている長文の監査報告書制度が参考になる。この点の詳細については，第7章を参照されたい。

(2) 公認会計士監査にとって有用な情報

　監査人の監査にとって有用な情報とは，財務諸表の重要な虚偽表示リスクとなる可能性のある事業上のリスクに関連する情報であると考えられる。これらの情報が監査役から監査人に提供されることは少ないと考えられ，その主な原因は，第3章で指摘されているように，①企業の内部情報の漏えいとなるのではないかという危惧，②監査役から監査人に対する情報提供が制度上義務化されていないので，その必要性に対する認識の不足，③提供する情報の範囲につ

---

[2] 公認会計士・監査審査会「監査役等から会計監査人に対する質問例～会計監査人とのコミュニケーションの活性化に向けて～」(http://www.fsa.go.jp/cpaaob/shinsakensa/kouhyou/20150721/02.pdf〔最終閲覧日：2016年5月31日〕)

いての判断の困難性などが挙げられる。

　これらの問題を解決するためには，ソフト・ローとして，一定の基準を明らかにするということが考えられる。つまり，監査役と監査人とは，コーポレート・ガバナンスを充実させるという共通の目的を有し，その連携を図るべきであると考えられているのであるから，監査人による監査にとって必要となる情報を監査役が提供することは内部情報の漏えいには当たらないはずである。にもかかわらず，そのような意識が監査役に根強く存在するとすれば，そのような情報を提供することが一定の義務として存在することを明確にする必要性があるように思われる。ただ，その場合，これを法的な義務として規定することには困難が伴うと考えられるのであれば，ソフト・ローとして定めることにより，監査役の意識改革を促すとともに，その必要性に対する認識を高めることにもつながる。ただし，監査人による監査にとって有用な情報を監査役が提供する義務を負う旨およびその場合に提供する情報の内容をソフト・ローとして定めた場合であっても，なお問題として残るのが，監査役から監査人に提供する情報の範囲についての判断の問題である。この点については，監査役の資格とも関連する問題であるので，項を改めて検討する。

4．監査役の資格としての財務・会計に関する適切な知見

　会社法の定める監査役の資格要件には，その専門性に関する規定は設けられていない（会社法335条参照）。しかし，監査役が，会計監査人の監査の相当性の判断，会計監査人の選任議案の決定および会計監査人の報酬等に対する同意をするには，財務・会計に関する適切な知見を有していた方が，そのような知見を有していない場合に比べ，適切な判断をすることができるものと考えられる。また，監査役は，その職務の一環として会計監査を実施しなければならないので，この点からも，財務・会計に関する適切な知見を有するべきであるとも考えられる。さらに，前述したように監査役から監査人に提供する情報の範囲を判断する場合にも，監査役が財務・会計に関する適切な知見を有する者である方が，そのような知見を有していない場合に比べ，その判断が適切にできるものと考えられる。このようなことから，監査役の中に財務・会計に関する

適切な知見を有する者の存在の必要性が高まってきている。

　ただし，監査役の職務は，会計監査に限定されているわけではなく，取締役の職務の執行全般に及ぶので，すべての監査役に財務・会計に関する知見を有することを要求することは，会計監査以外の職務に支障をきたすおそれもあり，適切ではない。したがって，監査役の資格要件として，「財務・会計に関する知見を有すること」を加えるとしても，全ての監査役に要求するのではなく，一定の範囲の監査役に要求すべきであると考えられる。このことは，2015年6月に東京証券取引所が公表した「コーポレートガバナンス・コード」の原則4-11における，「監査役には，財務・会計に関する適切な知見を有している者が1名以上選任されるべきである」という内容と軌を一にしているものと考えられる。

5．おわりに

　最後に，連携にとって最も重要となる事項を指摘することとする。
　それは，監査役と監査人との相互の信頼性の確保である。このことがなければ，連携の実りを上げることは不可能である。ただし，ここで注意が必要なのは，信頼関係はなれ合いの中に生まれるのではなく，緊張感のある協力関係の中から生じるということを意識することである。
　ではどうすれば，相互の信頼性を確保することができるのであろうか。それには日々の積み重ねが重要となり，特効薬的なものを明示することは困難である。なぜなら，相手方への信頼は，その職務の遂行が適切になされていることの評価の上に存在するので，それを高めるには，各々がその職務を適切に遂行することが，相手方の信頼の基礎となっているからである。
　確かに相互の信頼性を高めるためには，コミュニケーションの機会を増やすことが重要となるが，それは単に回数を増やすだけでは意味がなく，そこで実質的な議論ができなければならない。では，実質的な議論をするためにはどうすべきかということになると，そのためには，相互の信頼性が重要であるというように議論がトートロジーに陥ってしまう。このように議論がトートロジーになる原因は，信頼というものが，突然意識されるものではなく，徐々に形成

されるという性質を有しているからだと思われる。

　つまり，相互の信頼性を確保するためには，お互いにその職務を適切に遂行し，そのうえでコミュニケーションの機会を増やすことが必要になる。そして，相互の信頼性が確保されることにより，お互いに必要となる情報の共有化が進み，その結果として，それぞれの監査の品質が向上し，連携が実質的なものとなったと評価できることとなる。

索　引

英数

2006年会社法 ……………………… 133, 140
BilMoG …………………………………… 182
CEAOB …………………………………… 139
CGC ……………………………………… 131
Combined Code ………………… 134, 136
DAX30 …………………………………… 180
DTR ……………………………………… 135
FCA ……………………………………… 132
FRC ……………………………………… 152
FTSE350社 ……………………………… 150
GAAP …………………………………… 115
GAAS …………………………………… 119
IDW ……………………………………… 174
IDW PS 450 …………………………… 174
ISA(UK and Ireland)700 …………… 152
KAM ………………………………… 32, 105
KonTraG ………………………………… 164
LR ………………………………………… 135
MDDAX ………………………………… 180
PCAOB ………………………………… 111
SDAX …………………………………… 180
SOX法 …………………………………… 111
TecDAX ………………………………… 180
TransPuG ……………………………… 164
UKLA …………………………………… 134

あ

イギリス上場審査機構 ……………… 134
意識改革 …………………………………… 88
一般に公正妥当と認められた会計原則
（GAAP）……………………………… 115
一般に公正妥当と認められた監査の基準
（GAAS）……………………………… 119
違法性認定 ………………………………… 70
インセンティブのねじれ …… 5, 42, 104, 107

エグゼクティブ・セッション ……… 117
エンロン事件 …………………………… 126

か

海外子会社 ……………………………… 103
外観的独立性 ……………………………… 42
会計監査人との連携に関する実務指針
　　……………………………………… 193
会計監査人の独立性と専門性の確認 … 56
会計監査人の評価及び選定基準
　　………………………………… 107, 209
会計監査人の評価基準 ………………… 56
会計監査人の報酬等 …………………… 37
会計上の裁量余地 ……………………… 163
会計不祥事防止 ………………………… 53
会計不正事件 …………………………… 168
会計報告の正規性 ……………………… 177
開示規則および透明性規則 …………… 135
開示すべき重要な不備 …………… 219, 225
開示統制手続 …………………………… 121
会社秘書役 ……………………………… 131
改善勧告事項 ……………………… 228, 245
確認の付記 ……………………………… 161
確認の付記の限定または拒絶 ……… 177
株式会社の機関に関する改正試案 …… 19
株主総会決議取消訴訟 ………………… 37

257

株主総会参考書類	49	監査役の英文呼称	89
株主代表監査役	160	監査役の資格	254
監査委員会	115, 163	監査リスク	103
監査意見	68, 70	監視義務	113
監査委任書	172	監視システム	167
監査基準	64		
監査基準16号「監査委員会とのコミュニケーション」	123	企業会計の慣行	35
		企業継続	80
監査事務所の強制ローテーション	138	規制の三角形	171
監査上の重要性	67	期待ギャップ	65
監査上の重要な事項(KAM)	32, 105	キャドベリー報告書	134
監査人の独立性	75	虚偽表示	63
監査スケジュールにおける連携の状況	196	虚偽表示事案	68
		虚偽表示リスク	75, 225
監査制度に関する問題点	15	共同決定法	160
監査体制	195	共同研究	29, 76, 100
監査担当役員	105	業務監査	92
監査等委員会設置会社	94	業務執行権限	45
監査における不正リスク対応基準	74, 193, 219, 220	拒否権	37
		金融行為監督機構	132
監査日数	55		
監査人の独立性	119	グループ監査	225
監査の利害関係者	232		
監査品質	149, 232, 236, 242	経営執行の二元化	46
監査報告書	81	経営判断の原則	112
監査役(会)設置会社	91	警告義務	166
監査役会員の判断形成	175	経済監査士	173
監査役の協力者	173	継続企業の前提	67
監査役会の報告書	179	契約締結書	50
監査役監査基準	86, 89, 190	決算監査人	162
監査役監査の実効性確保	59	限定事項	228, 245
監査役監査費用	53		
監査役スタッフ	45	公開会社会計監督委員会(PCAOB)	111
監査役と会計監査人との連携を保つための実務指針	27	公正不偏の態度	65
		公認会計士・監査審査会	245
監査役等	76, 78		

公認会計士・監査審査会検査
　　　　　　　　　　227, 228, 231, 242
コーポレート・ガバナンスに関する有識者
　懇談会　　　　　　　　　　　　　　89
コーポレート・ガバナンスの状況　　3, 100
コーポレート・ガバナンス報告書
　　　　　　　　　　　　　　　136, 221
コーポレートガバナンス・コード　　30, 56,
　77, 90, 97, 131, 207, 221, 243
コーポレートガバナンス・コード原案
　　　　　　　　　　　　　　　　　215
国際監査・保証基準審議会　　　　　231
コミュニケーション　　　　　　　74, 79
コンツェルン決算書　　　　　　　　167
コンツェルン状況報告書　　　　　　167
コンプライアンス　　　　　　　　　　83

さ

サーベンス・オクスリー法(SOX法)　　111
最高財務責任者　　　　　　　　　　　41
財務・会計に関する知見　　　　　43, 255
財務情報　　　　　　　　　　　　　　63
財務諸表監査制度　　　　　　　　　　63
財務諸表の監査報酬　　　　　　　　　38
財務に関する専門知識　　　　　　　115
財務に関するリテラシー　　　　　　115
財務報告に係る内部統制システム　　121
財務報告評議会　　　　　　　　　　136
三様監査　　　　　　　　　　　　　205

支援機能　　　　　　　　　　　　　162
事業活動倫理　　　　　　　　　　　　77
事業(上の)リスク　　　　　　　　76, 98
事実認定　　　　　　　　　　　　　　72
質的重要性　　　　　　　　　　　　　80
指名委員会等設置会社　　　　　　39, 92

シャーマンパネル報告書　　　　　　139
社外取締役　　　　　　　　　　226, 243
重要な不備　　　　　　　　　　　　238
受託者責任　　　　　　　　　　　　　78
守秘義務　　　　　　　　　　　　　　66
主要なリスク　　　　144, 145, 147, 148, 153
常勤監査役　　　　　　　　　　　　　56
上場規則　　　　　　　　　　　　　135
情報収集体制　　　　　　　　　　　　45
情報提供の範囲　　　　　　　　　　252
商法特例法　　　　　　　　　　　 2, 16
職業的懐疑心　　　　　　　　　　　　66
真実かつ公正な写像　　　　　　　　167
信認義務　　　　　　　　　　　　　112
信頼性の確保　　　　　　　　　　　255
信頼の権利　　　　　　　　　　　　114

スチュワードシップ・コード　　　　　99
ストラテジックレポート　　　　　　139

誠実義務違反　　　　　　　　　　　114
誠実性の欠如　　　　　　　　　　　114
説明義務　　　　　　　　　　　　　166
攻めのガバナンス　　　　　　　　97, 99
選解任権　　　　　　　　　　　　　　36
善管注意義務　　　　　　　　　　　　35
専門的能力　　　　　　　　　　　　　65

総合的言明　　　　　　　　　　　　177
相互の意思疎通　　　　　　　　　　　56
相互のコミュニケーション　　　　　102
組織監査　　　　　　　　　　　　93, 94
存続可能性ステートメント　　　142, 146

た

第三者委員会　　　　　　　　　　　128

妥当性監査	45, 106
注意義務	112
忠実義務	113
重畳的会計監査体制	19
長文の監査報告書	159
「通常の慎重な者」	112
定期的会合	87
定期報告書	121
適法性監査	45, 106
伝家の宝刀	72
ドイツ・コーポレート・ガバナンス基準	182
ドイツ経済監査士協会（IDW）	174
同意権	78
統治責任者	226, 242, 244
透明性報告書	138
独任制	92
特別訴訟委員会	127
特別な検討	81, 230
独立性強化	138
独立性に関する指針	227
独立性要件	118
独立取締役	118
取締役報告書	153

な

内部監査	170
内部統制	67
内部統制システム	53, 82, 176
内部統制システム構築義務	114
内部統制報告書	121

二元的システム	160
日本監査役協会	43
日本経団連	45
日本公認会計士協会	42

は

ハインリッヒの法則	103
非監査業務	38
非業務執行取締役	226, 243
筆頭独立社外取締役	227, 243
品質管理のシステム	75, 227, 230
品質管理レビュー	227-229, 231, 242, 245
不正	1
不正会計	58
不正による重要な虚偽表示の疑義	219, 227, 238
不正による重要な虚偽表示を示唆する状況	244
不正の報告	176
不正リスク	80
不適切会計	58
プライム・スタンダード	180
プレミアムリスティング	136
粉飾決算	64
分類および解説	178
ベストプラクティス	46, 89, 99
報告義務	165
報告請求権	41
報酬の決定権	36
法制審議会会社法制部会	36
冒頭報告書	166
法令違反等事実	68, 69

ま

目的共同体 173
目的遵守性 163
モデル定款 134
モニタリング・モデル 111
モニタリングボード 93, 94
問題指向的監査報告 175

や

予防監査 95

ら

利益相反 42

リスク 98
リスク・アプローチ 66, 74
リスク・マネジメント 170
リスク管理 83
リスク早期認識システム 176

連携の効果 251
連携の時期・内容 192
連携の目的 250

労働者代表監査役 160

〈編著者紹介〉

秋坂朝則 [序・第10章]

　1990年佐野女子短期大学（現：佐野短期大学）専任講師，2000年日本大学商学部助教授，2005年法政大学大学院イノベーション・マネジメント研究科教授，2009年明治大学専門職大学院会計専門職研究科教授（現職）。

　主な著書に『内部統制の法的責任に関する研究』（日本公認会計士協会出版局，2013年，共著），『資本とは何か─現代商学と資本概念』（日本評論社，2008年，共著），『設例と仕訳でわかる会社計算規則』（税務研究会出版局，2007年），『全訂版ストック・オプションの実務』（商事法務，2004年，共著）などがある。

〈執筆者紹介〉【五十音順】

大川　俊 [第5章]　獨協大学　准教授。

小俣光文 [第6章]　明治大学　教授。

小松義明 [第7章]　大東文化大学　教授。

佐藤敏昭 [第1章]　名古屋経済大学　教授。

高橋　均 [第2章]　獨協大学　教授。

手塚仙夫 [第3章]　公認会計士。

橋目秀夫 [第8章]　昭和リース株式会社　元監査役，株式会社ホロンシステム　顧問。

松浦　洋 [第4章]　アイカ工業株式会社　監査役，全国農業協同組合連合会　監事。

和久友子 [第9章]　有限責任あずさ監査法人　パートナー。

平成28年8月30日　初版発行　　　　　　　（検印省略）
略称：監査役監査連携

監査役監査と公認会計士監査との連携のあり方

編 著 者　Ⓒ　秋　坂　朝　則

発 行 者　　　中　島　治　久

発行所　同 文 舘 出 版 株 式 会 社
東京都千代田区神田神保町1-41　〒101-0051
営業（03）3294-1801　　編集（03）3294-1803
振替 00100-8-42935　http://www.dobunkan.co.jp

Printed in Japan 2016　　　　　　製版　一企画
　　　　　　　　　　　　　　　印刷・製本　三美印刷
ISBN978-4-495-20491-4

JCOPY〈出版者著作権管理機構 委託出版物〉
本書の無断複写は著作権法上での例外を除き禁じられています。複写される場合は，そのつど事前に，出版者著作権管理機構（電話03-3513-6969，FAX 03-3513-6979, e-mail: info@jcopy.or.jp）の許諾を得てください。

日本監査研究学会叢書

〔研究シリーズ叢書〕
第1号『情報システム監査の課題と展開』第一法規出版，1988年6月。
第2号『中小会社監査』第一法規出版，1989年7月。
第3号『監査法人』第一法規出版，1990年6月。
第4号『地方自治体監査』第一法規出版，1991年6月。
第5号『新監査基準・準則』第一法規出版，1992年6月。
第6号『サンプリング・テスト』第一法規出版，1992年6月。
第7号『監査役監査』第一法規出版，1993年6月。
第8号『公認会計士試験制度』第一法規出版，1993年6月。
第9号『海外監査実務』第一法規出版，1994年2月。
第10号『国際監査基準』第一法規出版，1996年10月。
第11号『EUにおける会計・監査制度の調和化』中央経済社，1998年5月。
第12号『コーポレートガバナンスと内部監査機能』中央経済社，1999年11月。
第13号『会計士情報保証論』中央経済社，2000年11月。
第14号『ゴーイング・コンサーン情報の開示と監査』中央経済社，2001年11月。
第15号『監査問題と特記事項』中央経済社，2002年5月。

〔リサーチ・シリーズ〕
第Ⅰ号『監査のコスト・パフォーマンス』同文舘出版，2003年10月。
第Ⅱ号『現代監査への道』同文舘出版，2004年9月。
第Ⅲ号『政府監査基準の構造』同文舘出版，2005年5月。
第Ⅳ号『環境報告書の保証』同文舘出版，2006年5月。
第Ⅴ号『将来予測情報の監査』同文舘出版，2007年4月。
第Ⅵ号『会社法におけるコーポレート・ガバナンスと監査』同文舘出版，2008年4月。
第Ⅶ号『ITのリスク・統制・監査』同文舘出版，2009年9月。
第Ⅷ号『財務諸表外情報の開示と保証』同文舘出版，2010年10月。
第Ⅸ号『実証的監査理論の構築』同文舘出版，2012年1月。
第Ⅹ号『会計プロフェッションの職業倫理―教育・研修の充実を目指して―』同文舘出版，2012年4月。
第ⅩⅠ号『アカウンティング・プロフェッション論』同文舘出版，2013年10月。
第ⅩⅡ号『監査報告書の新展開』同文舘出版，2014年9月。
第ⅩⅢ号『監査人の職業的懐疑心』同文舘出版，2015年4月。

※バックナンバーをお求めの方は，各出版社へ直接お問い合わせ下さいますようお願い致します。

発行：日本監査研究学会
Ｂ５判
頒価：1,600円

※『現代監査』バックナンバーについて
本機関誌は書店ではお求めになれません。バックナンバーをお求めの方は，同文舘出版内 日本監査研究学会事務連絡所（FAX：03-3294-1806, E-mail：audit@dobunkan.co.jp　URL：http://www.dobunkan.co.jp/audit）までお問い合わせ下さい。